本书为江西省青年井冈学者、创新工作室领衔人冯国华阶段性
重要研究成果之一

数智化背景下
旅游产业发展与创新研究

冯国华◎著

SHUZHIHUA BEIJINGXIA LÜYOU CHANYE
FAZHAN YU CHUANGXIN YANJIU

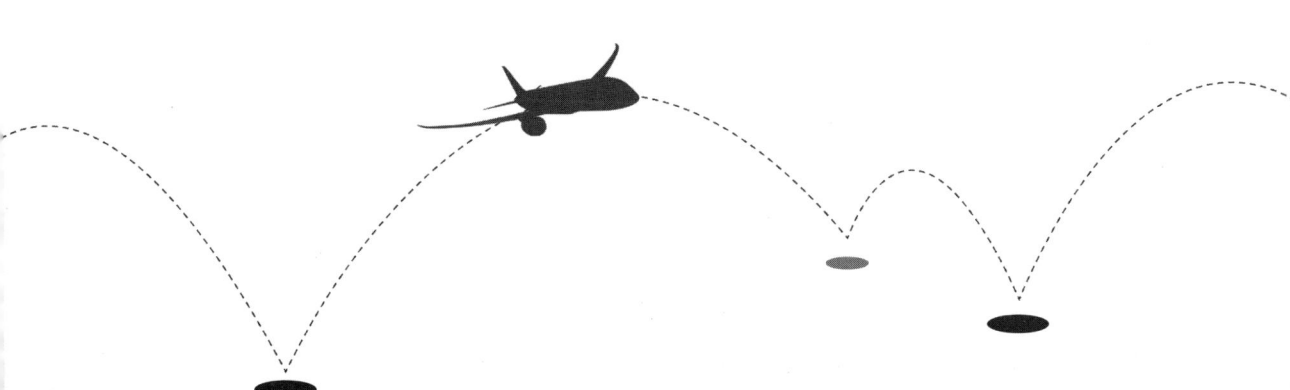

北京·旅游教育出版社

前 言

在数字化与智能化浪潮席卷全球的今天,旅游产业作为传统与现代深度融合的典范,正经历着前所未有的深刻变革与创新。《数智化背景下旅游产业发展与创新研究》一书,旨在深入探讨数智化背景下,旅游产业如何借助数字技术与智能科技的融合,重塑发展格局,激发创新活力,以更加多元、便捷、个性化的服务体验,满足全球游客日益增长的多样化需求。

本书以前瞻性的视角,系统分析了数智化转型给旅游产业链各个环节带来的深刻影响,从旅游资源的数字化采集与管理、旅游产品的智能化设计与推广、旅游服务的个性化定制与交付,到旅游市场的精准营销与风险管理,深入剖析了数智化技术在提升旅游效率、优化旅游体验、促进产业融合等方面的应用与成效。

我们坚信,数智化不仅是旅游产业升级的必由之路,更是推动旅游业高质量发展的强大引擎。通过本书的研究,我们期望能够为旅游业界同仁提供一套系统性的理论框架与切实可行的实践指南,助力他们在数智化浪潮中精准把握机遇,从容应对挑战,实现旅游产业的可持续发展与创新突破。与此同时,本书也致力于激发社会各界对旅游数智化转型的广泛关注与深入思考,共同探索旅游业未来的无限潜力与可能性。

本书由九江职业大学冯国华独立撰写。

冯国华

目 录

第一章 大数据与旅游产业概述 ·· 1
 第一节 大数据在旅游产业中的应用 ·· 1
 第二节 大数据产业协同创新 ·· 7
 第三节 旅游大数据 ·· 13

第二章 大数据对旅游组织结构的影响 ······································ 21
 第一节 数据资产 ·· 21
 第二节 大数据资产对组织结构的影响 ······································ 31
 第三节 大数据资产对旅游组织结构的影响 ································· 46

第三章 大数据对旅游组织功能的影响 ······································ 53
 第一节 组织功能研究 ··· 53
 第二节 大数据对旅游组织功能的影响 ······································ 67

第四章 大数据与旅游产业链的水平与垂直整合 ··························· 74
 第一节 产业链的水平与垂直整合 ·· 74
 第二节 大数据与旅游产业链的整合 ··· 81

第五章 大数据与智慧旅游、全域旅游 ······································ 94
 第一节 大数据与智慧旅游 ·· 94
 第二节 大数据与全域旅游 ··· 103

第六章　大数据时代旅游产业的发展和创新策略 ……………………… 111
第一节　大数据时代旅游产业的发展策略 ……………………………… 111
第二节　大数据时代旅游产业的创新策略 ……………………………… 120

第七章　大数据旅游规划创新 …………………………………………… 133
第一节　旅游规划用地问题与用地创新 ………………………………… 133
第二节　旅游产业住宿业态创新 ………………………………………… 136
第三节　旅游规划助推旅游业成为战略性支柱产业的创新 …………… 140
第四节　后现代主义城市规划视角下的旅游规划理念创新 …………… 146
第五节　基于旅游体验视角的旅游规划形式与内容的反思 …………… 151

第八章　大数据时代旅游服务创新 ……………………………………… 162
第一节　形体语言与旅游服务 …………………………………………… 162
第二节　旅游语言与旅游服务 …………………………………………… 165
第三节　翻译服务与跨境旅游 …………………………………………… 168
第四节　自助服务设施与旅游产业的发展 ……………………………… 172
第五节　导游服务 App 与智慧旅游 ……………………………………… 179

第九章　新媒体背景下旅游营销面临的挑战及对策研究 ……………… 183
第一节　新媒体及旅游营销概述 ………………………………………… 183
第二节　新媒体背景下旅游营销面临的挑战 …………………………… 184
第三节　新媒体背景下旅游营销应对挑战的对策 ……………………… 185

第十章　数字化营销对旅游景区和智慧平台乡村旅游提升建设探究 … 190
第一节　数字化营销在旅游景区领域的探究 …………………………… 190
第二节　基于智慧平台的乡村旅游提升建设探究——以江西婺源为例 …… 193

参考文献 …………………………………………………………………… 199

第一章 大数据与旅游产业概述

第一节 大数据在旅游产业中的应用

随着大数据应用热潮的出现,国内旅游产业开始重视大数据的应用,很多旅游企业、旅游研究机构、旅游管理部门也已经开始关注、研究和应用大数据。毋庸置疑,旅游产业是信息密集型产业,从旅游活动的方式看,在旅游市场流通领域活动的不是商品,而是有关旅游商品的信息传递引起的旅游者流动。从这个意义上讲,旅游产业的核心是信息。因此,对旅游企业来讲,收集、整理、加工、传递信息是重中之重,这是因为旅游商品具有无形性、不可移动性和非贮藏性等特征。

一、大数据在旅游产业中的应用现状

全球旅游热促使旅游信息化快速发展。自 20 世纪 80 年代以来,信息通信技术完全改变了旅游的商业模式和结构。特别是近年来,云计算、物联网、互联网和移动智能终端等信息通信技术的迅猛发展使旅游信息化进一步升级,同时也使传统的旅游管理模式、营销模式、游客需求和消费模式发生了颠覆式的变化。信息通信技术彻底改变了旅游组织的效率、旅游市场的驱动方式及游客与旅游组织的交互方式。提供优质的决策服务管理,满足游客多元、实时的个性化需求,提高旅游消费效率,促进旅游资源和社会资源的有效配置和持续利用等成为当前旅游业面临的最大挑战。

对于大数据在旅游产业中的应用,Hopper 旅游网站做得很精准。该网站通过应用大数据技术,为游客推荐最佳的旅游景点。除 Hopper 外,社交旅游网站 Tripl、酒店整合搜索引擎 Deal Angel、酒店声誉管理公司 Olery、有关餐厅质量检验的数据收集平台 HD Scores、行程记录和体验分享平台 Esplorio 等均已在大数据应用领域开始

了一定的尝试。"智游啦"是一家基于大数据挖掘、为游客提供"微攻略"的旅行规划服务网站。游客只要在网站点击想要去的地方,网站便会自动弹出相关的"吃、住、行、游、购、娱"产品,这些产品是基于网络评价筛选出来的精品。其他如携程、艺龙、去哪儿等平台型旅游企业也已经开始应用大数据来改进自己的产品体系,为企业发展提供数据支持。

除在线旅游企业外,旅游行政主管部门也是应用大数据的积极尝试者。例如,山东省跟百度合作,通过百度的数据准确地反映出山东省旅游的客源市场在哪里、哪些产品是消费者关注的等,为精准营销提供了重要的数据支撑。山东省对大数据的应用不仅限于营销,目前,山东省已经开展旅行社团队跟踪监测、景区人数监测,并与公安部门合作获取了公安住宿联网数据,这些数据为山东省旅游行业管理提供了重要的决策依据。

二、大数据在旅游产业中的应用前景

相对于传统的数据库应用,大数据分析具有数据量大、类型多、价值密度低、处理速度快等特点。大数据应用的战略意义不在于掌握庞大的数据信息,而在于对这些含有意义的数据进行专业化处理。旅游产业的发展离不开大数据,需要依靠大数据提供足够有用的资源。大数据在旅游产业中的应用主要表现在以下几个方面:

(一)旅游服务方面的应用

以旅游者旅游活动的六要素——"吃、住、行、游、购、娱"为数据模型,根据实际情况建立横向、纵向和时间维度分析模型,依托行业数据库进行分析推演,便可提高旅游服务质量。这就需要大力建设数据中心和服务端平台,将IT构架引入旅游产业,将分散的、海量的旅游信息更友好地呈现出来,方便旅游者计划和安排行程,并决定购买。大数据的使用可以有效地指导各地或者各景区的公共服务体系建设,真正提高旅游公共服务满意度。携程旅行网高级副总裁汤澜表示,携程将新技术全面应用于新模式、新业务、新产品和服务改进方面,在技术创新上一直走在行业最前沿。例如,携程国际机票预订平台就是由几百名工程师花了两年多时间研发推出的,操作起来非常简单、易用,是目前国内功能强大的国际机票预订系统之一。携程旅行网还自主研发了 eBooking 等系统,将线上平台优势与地面服务系统无缝融合。例如,携程在三亚、丽江、桂林等重要休闲旅游目的地构建了完善的地面服务体系,并与在线预订系统对接。这样,消费者通过网络平台预订当地的酒店、门票等,到了目的地后就能享受令人满意的地面服务。携程还创新酒店预订模式,如惠选酒店,将各种酒店代售产品储存在计算机中,利用大数据分析技术,消费者可综合所在的位置、价格、点评、星级等多个方面进行挑选,使模糊预订成为一种聪明、安心、实惠的预订新模式。

(二)旅游管理方面的应用

旅游是一项庞大、复杂的经济社会活动,利用来自各方面的数据进行产业运行情况分析和产业运行监测,对产业实施有效管理,是推动旅游产业科学发展、建设现代旅游产业的必要手段。旅游企业从企业内部管理系统着手,增强企业内部的数据化程度,进而优化内部管理流程。在客户管理方面则应该加强客户信息的收集,注重客户数据的积累,逐步通过对大量数据的分析和挖掘来指导和管理工作。例如,酒店可更加精准地推荐有吸引力的旅游产品和服务,旅游景区可更好地进行客流疏导和调控,旅行社可更方便地整合信息资源而开发出更有针对性的个性化旅游产品等。政府部门则应该整合公安、交通运输、环保、国土资源、城乡建设、商务、航空、邮政、电信、气象等相关方面涉及旅游的数据,与百度、谷歌等主要网络搜索引擎和携程等旅游电子运营商合作,创建社会数据、旅游及相关部门数据合一的旅游大数据资源,推行旅游的数字化管理,以达到与旅游产业网络化、散客化、大众化的发展趋势相一致的管理创新。

(三)旅游营销方面的应用

1. 品牌定位

成功的品牌离不开精准的市场定位。大数据战略可拓宽旅游行业调研数据的广度和深度,譬如精确了解旅游行业市场构成、细分市场特征、消费者需求和竞争者状况等众多因素。借助数据挖掘和信息采集技术,不仅能给企业提供足够的样本量和数据信息,还能建立基于大数据的数学模型,对未来市场进行预测,并在此基础上提出更好的解决方案和建议,从而保证企业品牌市场定位独具个性化。

2. 准确定位

通过聚类而形成的旅游行业大数据将成为企业市场营销的利器。大数据的采集和分析与旅游行业市场营销工作中的产品、渠道、价格及顾客等因素息息相关。首先,收集原始数据并进行统计分析,以此了解旅游市场相关信息,重点掌握竞争对手的动态与商情,明确企业产品在竞争市场中所处的地位,达到"知己知彼,百战不殆"的目的;其次,通过积累和挖掘旅游行业消费者的档案数据,分析顾客的消费行为和价值取向，以便更好地为消费者服务并发展忠诚顾客。

3. O2O 成为主要营销模式

大数据时代的旅游营销可以做到"O2O"，即"Online To Offline"。O2O 营销模式又称离线商务模式，即线上营销、线上购买带动线下经营和线下消费。O2O 通过打折、提供信息、服务预订等方式，把线下商店的消息推送给互联网用户，从而将他们转换为线下客户，特别适合必须到店消费的商品和服务。近年来，餐饮业 O2O 的发展速度飞快，在网上订座订餐然后到线下餐饮商家消费的营销模式在旅游产业中已经慢慢流行起来。排队网作为首个开创网上订餐和移动订餐的平台，立足餐饮行业，为消费者提供移动订餐等一站式餐饮服务。旅游产业可与百度等搜索引擎公司、携程等大型旅游在线服务商合作，利用外部数据进行数据分析挖掘，实现精准营销。通过网站数据监控系统和大规模数据仓库技术挖掘客户需求，并依据客户需求创新产品，制定更精准的营销策略，充分发挥社交媒体的互动传播功能，可以为精准营销提供重要的数据支撑。

（四）组织重构

在大数据时代，个性化的需求预测将颠覆一切传统商业模式，成为未来商业发展的终极方向和新驱动力。因此，传统旅游服务企业的组织架构需要重新构建。以往的旅游企业很少重视信息技术，认为安装几台电脑、几部传真电话就可以开展旅游业务了。而在大数据时代，各种价格信息、客流信息、产品评价信息、同业竞争信息层出不穷，开设独立的数据部门就显得尤为必要。同时，旅游大数据的分析涉及跨界合作，商业管理、项目开发、市场营销等领域的人才需要通力合作，挖掘大数据背后的关键信息。简而言之，大数据研究是一个数据不断整合和多学科交叉的过程，企业未来的很多商机都可以通过大数据被挖掘出来。数据部门或信息部门应该被放置在与战略部门同等重要的地位。

三、大数据在旅游产业中应用所面临的挑战

旅游业的数据具有大数据的所有特征，是大数据重要的来源之一。然而，目前大数据在旅游产业中的应用远远落后于其他产业，如生物医药、航天科技、电子商务等。其原因是多方面的，如旅游产业起步较晚，对相关新兴信息技术的应用没有其他产业广泛，目前旅游产业相对于其他产业影响人们生活和社会发展的程度较低，政府对旅游产业大数据的重视程度低和相关经济技术投入少等等。大数据在旅游产

业中应用所面临的挑战主要来自以下几个方面：

（一）大数据挖掘

自大数据成为热点以来，学者们不断尝试用传统数据挖掘方法对大数据进行分析和挖掘，但是几乎无一成功。从目前的研究来看，大数据挖掘颠覆了传统的数据挖掘方法，由传统的因果关系分析转变为相关关系分析。在大数据时代，不再追求产生结果的原因，而只关注产生结果的价值。成功案例诸如谷歌公司通过对搜索记录的相关分析成功预测 H1N1 流感暴发时间和沃尔玛超市的捆绑销售等。数据挖掘的最大难点在于需要科学有效的数据挖掘方法，而大数据颠覆了传统的数据挖掘方法，因此不得不探索新的挖掘方法。

目前，在大数据挖掘方法方面，学者们取得了一定成效，不过仍是杯水车薪。例如，有学者利用结构分析方法有效地对半结构化、混合型的异构网络信息进行挖掘，指出大数据挖掘首要的是挖掘异构网络型数据；有学者利用 Pegasus 工具分析了大量社交网络的图片信息；还有学者用体内随机试验法对 Facebook 上 130 万用户的年龄、性别等方面进行了网络影响力和敏感性分析。

目前很多文献都是研究与社交网络媒体有关的大数据，这一点正好与旅游产业相契合。旅游也是一种社交手段，很多数据也都来源于各种社交网络平台，如国外的 Facebook、Twitter，中国的 QQ、微博及各类旅游网站论坛。大数据存在复杂的关系网络，要想充分挖掘其价值信息，需要关联多个数据来源，这正是目前挖掘大数据的主要方法——相关性分析。但即使是采用相关性分析挖掘旅游数据的价值信息，其难度也比其他领域要大，因为旅游数据与其他行业数据相比，具有来源更多、冗余数据更多和数据存在形式更复杂等特点。为游客提供满意的服务需要充分挖掘旅游数据，传统的数据分析可以分析出旅游风险与旅游决策之间的关系、旅游质量及满意度对旅游忠诚度的影响程度，但如果要分析游客的旅游计划行为，可能就要关注游客对天气、交通、景点等方面的搜索。游客关注的某张图片、和朋友的微博互动都会影响他的旅游计划，因此需要对这些数据进行深入挖掘和分析。此外，对大数据的实时挖掘在旅游领域更加重要。游客的需求具有实时性，因此对旅游数据的挖掘也必须具有实时性。

（二）实验平台

实验平台是数据挖掘的基础。传统数据挖掘的数据结构简单，易于收集管理，挖掘工具对计算机的处理能力要求较低，通常在个人计算机或小型计算机集群上就能进行实验。而大数据的海量性、结构复杂性及占用空间的巨大使得大数据对实验平台的要求高很多，不可能在传统实验平台上进行实验。有效的方法是在云平台或大规模计算机集群上进行大数据的收集管理和挖掘分析，这也是目前大数据挖掘分析在谷歌、亚马逊等大型互联网公司发展较快的原因，大多数学者也都是通过与大数据公司合作来研究大数据。

目前，对旅游产业来讲，风景区或旅游部门的大数据实验平台建设相比其他行业更为缓慢。中国作为发展中国家，其大数据实验平台建设与发达国家相比也更为缓慢。大数据实验平台是一个数据共享平台，需要投入实验平台必要的硬件设施。旅游大数据实验平台的建设相比其他行业涉及更多的部门。风景区如要建设大数据实验平台的数据中心，为了数据的完备性，必须与政府管理部门、旅行社和旅游公司、旅游论坛网站等相关联。这是一项巨大的工程，协调各方利益是难点也是重点。由此可见，建立完善的大数据实验平台非常困难。造成这一困难的原因，一是旅游产业的发展起步较晚，它为国家和地区带来的价值优势、利益优势还不太明显，不过随着人们生活水平的提高和旅游的白热化，旅游产业带来的收益将会迅速增加；二是政府目前对旅游的建设投入不够，只初步建设了风景区和旅游部门的政务平台，但是随着旅游热的加深，以及游客需求的提高，政府必定会加大对智慧旅游等相关建设的投入。

（三）数据安全

大数据提倡的是数据共享，数据共享程度越低，大数据挖掘难度就越大，但是数据共享程度越高，带来的数据安全风险就越大。数据共享要求关联多个数据来源，容易造成个人用户的隐私和公司企业的商业机密等泄露。从数据收集、存储开始，人们的地理信息、手机通信、邮件、网络聊天甚至电子医疗信息等都会在所关联的数据中心留下痕迹，而这些痕迹可能被黑客非法获取。大数据挖掘分析也会涉及大量关于客户和员工、知识产权、财务等方面的敏感信息，以及商业秘密。旅游数据也不可避免地存在安全风险，如游客出行旅游，其吃、住、行、购物、电子交易等都会存储到数据库。这些数据如果完全共享，游客就会如同被放在显微镜下而变成"透明人"，完全没有了自己的隐私。如果不对这些数据加以安全管理，游客的人身与财产安全将受到影响，最终会导致游客满意度下降。旅游数据的安全管理从收集、存储到后期数据挖掘一直存在，要进行大数据挖掘，大数据的安全管理是首要前提。

目前，大数据以云平台作为存储管理中心，审计服务是保证数据完整性、可用性和避免数据泄露的有效手段。有学者提出一种基于代数特征的数据检查方案，能实时检查原始数据的完整性。目前已有的方法都是考虑数据在存储管理阶段的安全性，而对挖掘使用阶段数据的安全性则鲜有研究。旅游数据安全涉及多方群体，要充分挖掘旅游数据的潜在价值，除了要给旅游数据安全提供技术上的支撑，还必须有针对性地制定一套完善的数据共享机制、数据安全协议等。

（四）数据标准

目前，全国统一的、标准化的统计数据相对欠缺。无论是政府决策、学术研究，还是企业经营，都面临数据相对缺乏的困境。但是，如果能够应用大数据，那么旅游行业就不愁没有数据了。有了大数据，可以准确预知客流趋势，进而采取相应的措施疏导客流；有了大数据，可以知道游客喜欢什么样的产品，进而开发适销对路的产品；有了大数据，还可以知道游客需要什么样的公共服务，进而改进旅游公共服务；等等。

第二节　大数据产业协同创新

自2015年国务院印发《促进大数据发展行动纲要》至今，我国涉及大数据发展的国家政策已有多项，参与发布政策的部门包括国家发展和改革委员会、生态环境部、交通运输部及工业和信息化部等。习近平总书记在党的十九大报告中明确指出，"推动互联网、大数据、人工智能和实体经济深度融合"。这不仅为消除数据孤岛效应提供了思路，也为大数据产业的发展指明了方向。2016年，由国家信息中心、中国科学院计算技术研究所、北京大学信息科学技术学院、浙江大学软件学院、清华大学公共管理学院、财经网、京东、亚马逊等共同发起并成立了"中国大数据产业应用协同创新联盟"；2017年，教育部学校规划建设发展中心联合曙光信息产业股份有限公司及"数据中国"百校工程项目有关试点高校，共同发布了大数据行业应用协同创新规划方案。由此可见，政府、科研院所、高校及企业均高度重视大数据产业的发展。

一、大数据产业协同创新的概念及运行机制

（一）大数据产业协同创新的概念

大数据产业协同创新是指政府部门、科研院所、高等院校、企业等多主体共同

参与，以互联网、物联网、大数据应用为导向，充分发挥各单位资源优势，因势利导，最终通过挖掘大数据价值来促使大数据产业成为经济增长的重要支撑。大数据产业协同创新响应了国家"大众创业、万众创新"的号召，多元利益主体在良好的政策环境下共同提升大数据产业整体的理论研究和应用水平，进而形成健康的大数据产业发展生态。

在"互联网+"背景下，大数据产业的协同发展模式呈现多样化，主要体现在战略协同、产业协同和技术协同三个方面。战略协同主要是根据大数据产业的特殊性，在"中国制造2025"战略背景下，通过工业化和信息化的融合发展有效促进大数据产业协同创新发展。工业化和信息化的融合发展激发了制造业的创新活力，促进了大数据产业与制造业的协同创新。大数据产业的发展将促进制造业向高端化迈进，制造业又将反过来促进大数据产业的持续创新发展。产业协同主要是指在"两化"融合的基础上，抓住智能制造发展的契机，以工业大数据的深度分析为智能制造提供技术支持。工业互联网驱动工业智能化，大数据产业中的云服务、物联网等将推动智能制造业的创新发展。技术协同主要是指人工智能技术与大数据技术的相互渗透，通过利用已有人工智能技术来促进大数据产业的创新发展以及实现产品的智能化。从发展的角度可以看出，大数据产业协同创新生态体系是不断升级的，创新模式由线性向生态化发展。

（二）大数据产业协同创新运行机制

大数据产业协同创新的核心运行机制是资源共享机制。大数据产业利用协同创新平台整合相关的知识、技术、人才等资源，从而产生集聚效应，促进创新活动的开展。通过产业链上游与下游的连接，高端化的创新资源可以得到充分共享与利用。通过大数据产业协同创新，将不同参与者的运营信息进行整合、分析与处理，并将处理后的信息反馈给各参与主体，有助于为各参与者的进一步发展提供参考。通过完善价值链，实现参与主体的价值升级，并借助互联网平台实现人与信息的交互，有助于持续推动大数据产业的协同创新发展。

二、大数据产业协同创新国内外研究现状

早在1980年，美国著名学者阿尔文·托夫勒（Alvin Toffler）就在《第三次浪潮》一书中提出了大数据的概念。随后，关于大数据的研究热潮席卷全球。有学者讨论了利用几何学习技术与现代大数据网络技术处理大数据分类的问题和挑战，并

重点讨论了监督学习技术、表示学习技术与机器终身学习相结合的问题。有学者结合从业者和学者的定义，对大数据进行了综合描述，并强调需要开发适当、高效的分析方法，对大量非结构化文本、音频和视频格式的异构数据进行分析与利用。还有学者在相关研究中提到了大数据产业并构建了大数据产业发展的政策体系。

国内对大数据的研究虽然起步较晚，但与经济发展的联系更为紧密。邱晓燕等基于产业创新链视角，围绕产业链、技术链与价值链，对大数据产业技术创新力进行了分析，并通过比较案例分析法发现，在大数据产业链方面，我国与发达国家相比存在较大差距，提出从技术创新链、市场机制和评价体系三方面提升我国大数据产业创新力。周曙东通过编制大数据产业投入产出表，并利用2017年全国投入产出调查数据，测试了大数据产业对经济的贡献度，为制定大数据产业发展战略提供了重要参考。刘倩分析了大数据产业的政策演进及区域科技创新的相关要素，从驱动、集聚等角度分析了大数据产业促进科技创新的作用机制，并实证分析了大数据产业推动区域科技创新的路径。沈俊鑫等利用贵州省大数据产业发展数据，分别运用BP神经网络模型和熵权-BP神经网络模型对其发展能力进行评价，研究结果表明，后者的评价更为精确。周瑛等从宏观、中观和微观三个方面对影响大数据产业发展的因素进行理论分析，并运用德尔菲法和层次分析法实证分析影响大数据产业发展的主要因素，结果表明，影响大数据产业发展的因素由大到小依次为宏观因素、中观因素和微观因素。胡振亚等指出，大数据是创新的前沿，并从知识、决策、主体和管理四个方面阐释了大数据对创新机制的改变。王永国从顶层设计、人才队伍等角度分析了大数据产业协同创新如何推动军民融合深度发展。吴英慧对美国大数据产业协同创新的主要措施和特点进行深入剖析，以期为我国大数据战略的实施提供决策参考。

综上所述，国内外学者对大数据及大数据产业的研究已经取得了较为丰硕的成果，但学界对"大数据产业"尚未形成统一的界定，且鲜有文献对大数据产业协同创新发展进行深入系统的研究。因此，本节结合我国大数据产业发展的实际情况，探讨大数据产业协同创新的动因，并提出大数据产业协同创新推进策略，以期为我国大数据产业的发展提供参考。

三、大数据产业协同创新的动因分析

大数据产业主要以互联网为载体，产业链的上下游贯穿着消费主体对数据的利用，因此，大数据产业协同创新的特征表现为协同领域广和协同模式多样化。协同

领域广主要体现在以下几个方面：在产业领域，大数据产业协同创新有助于降低各产业的成本，促进产业增值及科学决策；在教育领域，大数据产业协同创新实现了教育决策的科学化和民主化；在军民融合领域，大数据产业协同创新推动了军民融合产业的深度发展；在城市治理领域，人们利用大数据技术，采取数据规训的方式成功实现了城市的秩序规训。协同模式多样化主要体现在三个方面：第一，战略目标协同。大数据产业协同创新必然将多个产业的发展战略目标进行有效整合，在双方达成共识后相互合作、利益共享。第二，产业梯度与差异化协同。大数据产业在协同创新发展过程中的梯度化和差异化，能够有效促进大数据产业协同创新的高质量发展。第三，法治保障协同。大数据产业的特点在于数据的无形性，因此，对知识产权的保护尤为重要，其有利于促进各主体的良性竞争。

大数据时代，我国传统的经济发展模式已不能驱动经济更高质量发展，国民经济转型升级迫在眉睫。在此背景下，大数据产业协同创新与新旧动能转换、产业转型升级等要求高度契合，是去产能、去库存的重要技术手段，是促进经济增长的新动力。信息技术的发展催生了包括大数据在内的人工智能、云计算等高新技术，持续更新升级的信息技术将为这些前沿技术的融合编织稳固的纽带。在此基础上，这些前沿技术的协同创新将具有实现超级规模数据库的建立、超快速的数据分析、超高精度的数据处理等强大性能。将这些技术应用到国民经济的各个领域中，有助于推动这些领域的创新，从而为国民经济的发展注入新动力。

大数据产业协同创新是提升政府治理能力的新途径。大数据产业协同创新将从加强政府公共服务职能、提高政府政务服务能力、完善政府信息公开制度、加强政务监管等四个方面提升政府治理能力。

首先，大数据产业协同创新有助于加强政府的公共服务职能，推进服务型政府的建立。交通、基础设施等领域是民众使用高频、需求迫切的公共服务领域。在大数据产业协同创新过程中，政府有关部门可以利用大数据技术挖掘国民对公共服务的精细化需求，为政府高效履行职能提供决策依据。

其次，大数据产业协同创新有助于提高政府的政务服务能力，推进智慧型政府的建立。大数据技术是一种新兴前沿技术，政府有关部门已开始利用大数据技术将数据的规模计算、分析、处理应用于日常管理工作。大数据技术的利用有助于政府梳理海量数据，挖掘数据价值，有助于政府开通电子政务平台，实施电子政务操作，从而推动政府治理现代化体系的形成。

再次，大数据产业协同创新有助于完善政府信息公开制度，推动开放型政府的建立。应利用大数据技术对政府工作领域内的微型数据、小型数据、大型数据进行综合分析、处理,从中挖掘出与城乡居民联系密切的有价值的数据并在政务信息中公开,以促进政府数据的开放共享。

最后,大数据产业协同创新有助于加强政务监管,推进阳光型政府的建立。大数据产业协同创新将有效汇集政府工作各个环节的数据,通过大数据技术的分析功能,识别并锁定权力运行的合理范围,对权力进行有效监督,促使权力在阳光下运行。

大数据产业协同创新是实施创新驱动发展战略的现实需求。大数据产业协同创新将渗透到各个行业,带动各个行业的创新,进而驱动整个国民经济的发展。随着大数据在工业、金融业、健康医疗业等产业的应用不断深化,产业的发展方式将逐渐转变,产业发展也将不断获得新的动力。

在工业方面,2018年6月工业和信息化部印发《工业互联网发展行动计划(2018—2020年)》,明确提出推动百万工业企业上云,而此计划只有通过工业与大数据产业协同创新才能实现。这种新型的工业发展方式是工业转型发展的有益实践,将有助于提升国民经济现代化的速度、规模和水平。

在金融业方面,由大数据处理带来的量化交易等智能投顾将为金融业开辟新的蓝海市场。这种智能投顾方式不仅能弥补传统金融交易的某些不足,还能减少交易成本。

在健康医疗产业方面,大数据产业的协同创新将有助于推动"互联网+健康医疗"数据库的建立,满足患者个性化的需求,开启多元医疗应用市场,发挥健康医疗等新兴产业拉动经济增长的引擎作用。

此外,大数据产业协同创新也将减少市场中交易主体信息不对称问题。无论在哪种市场,都可以依据某一现实应用需求采集数据,建立相应的数据库。大数据技术将帮助企业、个人从海量的数据库中挖掘出所需信息,帮助企业、个人进行交易决策,减少信息不对称问题的发生。

四、大数据产业协同创新推进策略

近年来,我国大数据产业协同创新获得了快速发展,但也存在一些问题。首先,虽然协同创新的规模大,但质量较低。低端的大数据产业协同创新难以形成规模效应,开发成本较高。其次,虽然大数据产业协同创新模式多样,但缺乏有效模式的创新。很多大数据产业协同创新模式不可复制、不可推广。最后,大数据产业与传统产业之间难以实现有效融合。产业结构的不合理给大数据产业协同创新带来了严重阻碍。基于以上问题，笔者提出以下对策建议：

（一）构建大数据产业协同创新生态体系

随着经济的快速发展和科学技术的不断更迭，大数据产业在我国发展迅速。信息通信技术的快速发展为大数据产业的发展提供了技术支持，国家大数据战略和各级政府相关政策部署加快了大数据产业的发展进程。在诸多利好因素的影响下，我国大数据产业蓬勃发展，市场潜力逐步显现。从区域发展来看，我国大数据产业区域发展差异较为明显，东部发展迅速，西部次之，中部再次之，东北部排在最后，但各地区大数据产业规模都呈扩大之势。我国具有代表性的大数据产业集聚区主要有京津冀地区、珠三角地区、长三角地区和大西南地区。其中，大数据产业最集聚的地区是京津冀地区，其辐射范围也在逐渐扩大；利用信息产业和计算中心的优势，珠三角地区不断加强大数据产业的集聚发展；长三角地区则积极推动大数据应用于公共服务领域；大西南地区利用政策优势，积极培育、引入大数据产业，以带动区域经济发展。我国大数据产业规模在2021年突破了1.3万亿元，大数据产业链初步形成。

（二）积极探索大数据产业协同创新模式

既具特色又可以复制推广的大数据产业协同创新模式可以为大数据产业的可持续发展提供动力。大数据产业作为新兴战略产业，其发展打破了传统产业发展的模式，通过注入"互联网+"的活力，与其他产业协同发展，构建出以企业为核心的大数据产业协同创新模式。有关部门应借助互联网中的云服务，引导其他产业与大数据产业协同发展，运用互联网技术优化整合两者之间的组织关系和发展关系。要结合市场化、信息化原则，推动大数据产业链向高端发展，使产业协同发展的效率不断提高。通过成立区域"协同创新战略联盟"，建立合作团队，共同规划本区域大数据产业协同创新模式。以战略联盟为纽带，形成分支智库，从技术、管理、运营等方面探讨协同创新模式的构建，并通过不断尝试，形成较为成熟的协同创新模式。

（三）推动大数据产业科技资源信息共建共享

从现有情况来看，科技资源共享主要存在有偿共享和不共享两种情况，只有一小部分是无偿共享的，但共享方式比较单一。虽然有关部门搭建了很多网络平台，但其仅仅提供某些资源的信息简介，并不展现具体的资源内容。因此，有必要搭建科技资源信息共享平台，将不同部门收集到的信息资源进行共享。政府各部门应对资源进行有效协调,保证信息沟通顺畅,解决好多种信息的管理问题;定期对资源保存单位开展监督和评价工作,为科技资源信息的共享保驾护航;处理好政府与科研单位之间的信息管理关系,因为很多科技资源信息都是由科研单位提供的,政府要求资源信息共享,难免会受科研单位的限制,因此,政府应设立专门的岗位,安排专人从事资源的共享共建工作;参与共享共建的单位应积极履行共享协议,对共享资源的利用情况及时给予反馈。

(四)促进大数据产业结构不断优化升级

大数据产业结构的优化升级主要涉及大数据对政府、企业和个人的应用价值的提升。挖掘大数据在企业方面的价值,是实现企业资源优化配置的关键所在。企业是大数据产业协同创新的重要载体,因此要利用大数据技术深度挖掘企业在大数据产业发展中的优势条件,选择优质企业来推动大数据产业的协同创新发展。大数据产业在积极挖掘商业价值的同时,也要兼顾政府和个人方面的价值,使整体发挥出的经济效益最大化。大数据分析结果可以为政府决策提供参考,有助于改善民生。政府不仅是大数据的主要支配者,也是大数据产业协同创新的主要评价者。在工业化和信息化深入融合的背景下,大数据在促进企业特别是工业企业信息化水平的提升方面能够起到至关重要的作用,而工业企业信息化水平的提升能促进相关产业链的延伸并推动产业链向高端发展。为保证大数据产业协同创新的顺利进行,政府必须做好统筹规划、协调、组织等工作。为保证市场在资源配置中起决定性作用,也要充分发挥市场的作用。此外,在"互联网+"和智能制造背景下,需要重视"未来型"大数据的建设。所谓"未来型"大数据系统建设,就是在网民不断增加的背景下,大数据在未来可以持续产生、不断积累,并被运用到社会生活的各个领域,进而为大数据产业协同创新打下坚实的基础。

第三节 旅游大数据

一、旅游大数据的广度、深度和数据边界

旅游大数据除了具有一般大数据的基本特征外,还在数据的广度、深度和数据边界等方面具有明显的特征,下面分别予以说明。

（一）旅游大数据的广度

旅游业是由产业、社会和自然等多系统组成的一个有机整体，涉及的管理对象较多，不仅包含旅游者过程管理、旅游企业管理、旅游设备管理、安全与风险管理等具体业务过程，还包含与之相对应的各级组织管理过程。旅游大数据的广度，即旅游大数据的规模，不仅包含旅游过程中各个不同业务环节的数据，而且包含旅游产业多个单位、企业的数据和不同区域的数据，还包含企业、行业和政府为完成控管任务进行协同活动而产生的数据。

（二）旅游大数据的深度

旅游大数据的深度，就是旅游大数据分析的程度。在进行旅游大数据分析时，要注意以下三点：一是不仅要考虑旅游产业当前的数据，还要考虑旅游产业一定历史时期内的数据；二是旅游大数据分析应深入生产一线，反映"吃、住、行、游、购、娱"的实际状况；三是旅游大数据分析不仅要做到对旅游产业本身进行分析评估，还要考虑政府、旅游者、社会公众等对旅游产业的评价，以及旅游产业的口碑。

（三）旅游大数据的数据边界

旅游大数据没有确定的数据边界。大数据的应用讲求创新及跨界，数据应用和收集的边界是模糊的，很难定义，也无须定义边界。首先，旅游大数据应用要收集大量的相关数据，不仅要收集旅游产业运行数据，还要收集旅游系统运行管理、安全管理、行政管理等方面的数据；不仅要收集"吃、住、行、游、购、娱"过程中直接或间接应用和生成的数据，还要收集对旅游产业运行有影响的外部数据和环境变化数据等。其次，在具体应用分析时，要从应用的目的出发，以用户自身的业务应用需要制定数据收集策略，先清楚知道什么样的数据对用户来说是重要的，再去寻找这个数据在哪里，这样才有可能知道数据边界的轮廓。

二、旅游大数据中心

旅游大数据中心是旅游信息化发展水平的重要标志，是实现信息资源集成与共享的核心平台。在旅游信息化综合体系和管理分类中，数据中心均处于核心地位，是旅游信息资源开发与应用的重要基础设施。

根据旅游大数据顶层设计，旅游大数据中心系统主要包括基础设施、数据资源、信息组织平台、保障环境等建设。基础设施建设包括机房、网络和硬件的建设；数据资源建设是数据中心建设的重点内容之一，要做好数据资源的规划和组织，建立完善的信息资源目录、元数据体系，根据需要建设若干主题和专用数据库；信息组织平台建设包括信息资源门户服务、信息组织与管理服务和信息交换等部分，可以实现数据中心的信息共享与综合开发功能；保障环境建设包括安全、备份、日常管理制度等建设。为保证大数据在旅游产业中的顺利应用，旅游大数据中心建设的重点应放在以下三个方面：

（一）数据抽取与集成

与所有领域的大数据一样，旅游业大数据具有多样性的特点，也就是多源、异构、多时空尺度，数据类型极为繁杂，其应用的第一步就是要对所需数据源的数据进行动态抽取和集成。由于大数据通常是先有数据再有模式，且模式不断动态演化，因此旅游产业信息组织对旅游大数据的清洗、抽取和集成，特别是集成模型的动态构造，具有重要的指导作用。

（二）数据分析

旅游大数据分析是根据主题化应用的需求，在信息组织模式与体系的支持下，进行数据分析与处理。大数据分析处理可以应用云计算体系下的数据挖掘、机器学习、统计分析等技术，关键是要解决好数据准备和分析等过程中的大规模计算问题，特别是在实时流处理条件下，结果是实时性和准确率间的平衡，而不是非大数据条件下的精确结果。

（三）数据应用

大数据分析结果的应用与常规数据分析结果的应用一样，需要有效的结果表示方式，以帮助用户正确理解和应用分析成果。由于旅游大数据分析的结果有复杂的时空关联关系，因此基于地理信息系统（Geographic Information System，GIS）的多维可视化、标签云、历史流、空间信息流等技术的应用是必要的。根据旅游产业应用的特点，可以让用户动态参与，并加入先验知识的大数据分析与结果展示技术，更适合旅游大数据的分析与应用。

三、旅游大数据处理程序

（一）旅游大数据预处理

传统数据挖掘先有模式后有数据，通过既定的模式，采用如 ETL（Extract-Transform-Load）等工具及查询、更新等驱动方法进行静态数据的预处理，注重维护数据的完整性、准确性，处理的数据质量较高。而旅游大数据挖掘先有数据后有模式，不是预先确定某种模式，而是随着数据的变化模型不断地变化。旅游大数据预处理主要是基于 MapReduce，融入传统预处理技术、数据流实时处理技术、多模态实体识别技术、远程自动采集融合技术等，来提高预处理过程中并行计算、迭代计算、数据合并及共享等能力，如利用 Flume 或 Sqoop 等流式计算技术和嵌入式中间件多级数据处理技术进行数据的传输迁移，实现对旅游历史数据及数据流的同步处理，提高数据即时处理效率。

（二）旅游大数据存储

传统数据挖掘的存储管理以数据仓库、操作数据库系统和文件系统等关系数据库系统为主，主要采用存储的方式将静态、确定的结构化数据以实体—联系模型或多维的数据模型存储，存储较为被动且存取方式随机，具体的模式一般由系统内部定义，灵活性和可扩展性较差，对事务 ACID 特性（原子性、一致性、隔离性、持久性）要求较高，容错能力不强。而旅游大数据挖掘的存储除包括传统的数据存储外，还包括分布式存储，可存储结构化、半结构化及非结构化数据，存储策略以列存储或行列混合存储为主，通常不支持 ACID 特性而支持 BASE 特性，而且与关系数据库相比，其支持的功能有限。此外，对于不确定数据，旅游大数据存储有相应的不确定数据库管理系统、不确定数据库管理技术等，数据以不确定关系模型存储，存储方式直接且严格按照先后次序，并且可基于内存而非磁盘构建概要数据结构，实现动态、不确定数据的直接存储处理。

（三）旅游大数据计算与分析

相比于传统数据挖掘的集中批处理模式，大数据挖掘则采用多种计算模式相融合的方式对大数据进行分布并行处理。对于少量的维度较少的静态数据，传统数据挖掘由于反复多次、精确的查询方式及联机分析处理（Online Analytical Processing，

OLAP）较强的灵活性和较快的处理分析能力，呈现出较优的查询分析性能。但面对维属性繁多及数据立方体庞大的海量旅游数据时，传统的 OLAP 无法自动深入地分析，而且以结构化查询语言（Structured Query Language，SQL）为主的查询语言难以表达需构建的复杂分析模型，因此其查询分析的质量与效率会受到严重的影响。然而，旅游大数据挖掘针对传统分析工具扩展性差和现有云平台分析功能弱的问题进行系统功能的融合，可提高原有分析挖掘的分布式并行计算能力和支撑平台的分析能力。例如，基于 Hadoop 对传统挖掘算法与现有算法进行整合改进，有助于提高旅游大数据的计算与分析能力。对于旅游动态数据，基于内存分布式的数据管理系统可支持低延迟查询处理。对于旅游大数据流，可采用面向滑动窗口模型的方法，通过概率维度索引进行单次近似连续直接处理。而基于 Hadoop 的 Apache Mahout 可将经典算法转化为 MapReduce 模式，以提升算法吞吐量和性能，且支持半结构化或结构化数据处理，并以自动交互的方式进行协同过滤及内容分析。同时，除传统查询语言 SQL 外，旅游大数据挖掘有相应的查询语言，如 Hive QL、Pig Latin 等，具有灵活的可扩展性，但查询性能较差，资源利用率不高。

（四）旅游大数据展示

传统数据挖掘的展示适用于数据量较小且关系较简单的数据结果集，主要以文本、报表及少数可视化图形的形式来反映模型效果、性能并呈现挖掘信息。然而，面对多维、海量、动态的旅游大数据，由于 I/O 限制、扩展性不强且交互方式被动，难以反映结果之间的联系，可视化效果不佳。与传统数据挖掘不具直观性且难以理解的展示相比，旅游大数据挖掘的展示则是以人机交互的可视化方式将复杂的大数据以图像、动画的形式进行直观的解释，并辅助自动的可视化分析和挖掘功能，以帮助用户探索和理解数据。其中，具有代表性的可视化技术有反映复杂社交网络的宇宙星球图、标识对象知名度的标签云、显示集群成员分配的聚类分析可视化技术、反映事物历史变化的历史流图和空间信息流等，它们主要基于并行算法技术实现，涉及数据流线化、管道并行化、任务并行化和数据并行化。然而，为实现旅游大数据高效的可视化分析，还需对基于内存的原位分析、众包与协同可视化、交互挖掘等技术进行深入研究，对可视化技术的时效、负载均衡及节点通信等技术问题进行进一步解决。

四、旅游大数据挖掘

（一）对有价值的旅游信息加以挖掘

在挖掘有价值的旅游信息的过程中，大数据针对游客对旅游网站日志的点击率进行分析，并对游客较为常见的浏览行为进行分析，进而对游客较为感兴趣的旅游目标进行搜集和掌握。结合大数据挖掘的信息，旅游管理相关部门可以对旅游信息网站进行优化设计，并尽可能地保证和游客的实际需求有一定的吻合度，保证现行的旅游服务更优质、更全面。

（二）对潜在旅游客户的挖掘

在对潜在旅游客户进行挖掘的过程中，通过对数据进行聚类性的分析，结合游客的一些访问记录，对游客的相关信息进行综合性的分析和总结，及时地关注和搜集潜在客户的喜好，并将客户最感兴趣的旅游信息加以推荐。

（三）旅游路线的优化

通过挖掘游客对旅游路线和目的地的访问情况，进行综合性的分析，进而对最具有市场潜力的旅游路线加以选择，合理地规划相关的旅游路线，同时对旅游网站的结构进行动态性的处理，并有效增加网站的黏性，进而全面提高网站的访问量。

（四）旅游项目和目的地的推荐

通过创建涵盖所有目的地的旅游数据库，并借助数据挖掘工具，对客户的行为和兴趣爱好进行分析，形成不同类型的旅游服务方案，结合游客的实际旅游爱好，对最佳旅游项目和目的地进行推荐，尽可能提高旅游客户的满意度。

五、基于云计算的旅游大数据挖掘结构

基于云计算的旅游大数据挖掘需要融合多种计算、存储模式并具有强大的分析挖掘功能，整体上呈现出云计算/客户端的结构。

（一）支撑平台层

作为大数据挖掘的资源和动力支撑，云平台通过将混杂的大数据与基于云计算的多种支撑处理技术相融合，营造具有丰富资源的云环境。这种云环境不仅可以向外界提供数据、硬件、软件等资源，还可以为多源复杂旅游数据的预处理、分析、挖掘等过程注入强大的动力。

（二）功能层

功能层依据用户需求与喜好可自动进行智能化分析挖掘。其中，分析、挖掘等工具依托云平台高效的存储、计算能力，具有较高的可伸缩性和可扩展性。

（三）服务层

大数据挖掘通过客户端与服务提供者和使用者自动地进行交互认知。其挖掘结果则通过可视化、数据源等技术以服务的形式展示给用户。

整体看来，旅游大数据挖掘呈现出云服务的模式，即功能层、服务层与支撑平台层相互融合、相互依赖，三者形成了以强大计算和存储能力为核心的分析、挖掘及展示等多种功能相互融合的挖掘云，在云中可进行大数据的实时分析与挖掘，所得结果以基础设施即服务、平台即服务和软件即服务等三种形式提供给用户。

六、旅游大数据发展存在的问题及建议

（一）旅游大数据发展存在的问题

从全球来看，对大数据的认识、研究和应用都还处于初期阶段。特别是对我国旅游产业来说，旅游大数据的发展还存在以下三个问题：

1. *数据不够丰富和开放*

丰富的数据资源是大数据产业发展的前提，然而我国数字化的数据资源总量远远低于欧美，其中政府和制造业的数据资源积累远远落后。就旅游产业已有的、有限的数据资源来说，还存在准确性、完整性低，利用价值不高的情况，这大大降低了数据的价值。同时，我国政府、企业和行业信息化系统建设往往缺少统一规划和科学论证，系统之间缺乏统一的标准，形成众多"信息孤岛"，而且受行政垄断和商业利益所限，数据开放程度较低，这给数据利用造成了极大的障碍。

2. 没有掌握强大的数据分析工具

要以低成本和可扩展的方式处理大数据，就需要对整个旅游产业的 IT 架构进行重构，开发先进的软件平台和算法。这方面，国外又一次走在我们前面，以开源模式发展起来的大数据处理软件平台及其相关产业已经在美国初步形成。

3. 管理理念和运作方式无法适配数据化决策

旅游大数据开发的根本目的是以数据分析为基础，帮助旅游企业作出更明智的决策，优化企业和社会运转。大数据本质上是一场管理革命，大数据时代的决策不能仅凭经验，而要真正拿数据说话。因此，从深层次看，要想真正发挥大数据的作用，还要改善旅游产业的管理模式，使其管理方式和架构与大数据技术工具相适配。这或许是最难迈过的一道坎。

（二）旅游大数据发展的建议

大数据有巨大的社会和商业价值，就看会不会挖掘，是否善于运用数据分析的结果。要想更好地发展旅游大数据，为旅游经济发展提供更大的动力，需要从以下4个方面入手：

1. 建立一套运行机制

旅游大数据系统建设是一项有序的、动态的、可持续发展的系统工程，必须建立良好的运行机制，以促进建设过程中各个环节的正规有序发展，实现统合，搞好顶层设计。

2. 规范一套建设标准

没有标准就没有旅游大数据系统。应建立面向不同主题、覆盖各个领域、不断动态更新的大数据系统建设标准，为实现各级各类旅游信息系统的网络互联、信息互通、资源共享奠定基础。

3. 搭建一个共享平台

数据只有不断流动和充分共享，才能具有生命力。应在建设各专用数据库的基础上，通过数据集成，实现旅游各级各类指挥信息系统的数据交换和数据共享。

4. 培养一支专业队伍

旅游大数据系统建设的每个环节都需要依靠专业人员来完成，因此必须培养和造就一支懂指挥、懂技术、懂管理的大数据系统建设专业队伍。

第二章 大数据对旅游组织结构的影响

第一节 数据资产

2012年,在瑞士达沃斯经济论坛上,"数据资产"是一个被反复提及的概念。《大数据、大影响》调研报告指出:"数据已经成为一种同货币或黄金一样的新型经济资产类别。"事实上,数据的价值已经在零售业、互联网、电信、电子商务等领域得到反复验证,数据挖掘、大数据分析也已经在这些领域进入规模应用阶段,涌现出大量提供数据服务的专业公司。数据资产管理是一种新型的数据管理理念,其改变了"数据只是企业经营活动的副产品"的陈旧观念,而将数据作为"一种同货币或黄金一样的新型经济资产类别"来进行管理。数据资产管理对于提升旅游业数据管理、应用水平,加速向数据化运营的转型有显著的推动作用。数据资产管理的核心是数据资产化,即将数据作为与实物资产、知识资产、人才资产一样的,能为企业不断创造价值的核心资产,构建完善、统一的管控架构对其进行管理,以更好地应对大数据发展给企业运营带来的挑战和机遇。

一、资产与数据资产

(一)资产

根据广义的资产定义,资产即是对企业目前和未来的经营有用处的任何东西,只要它们有助于企业目前和未来的经营,企业有权且不必再负担什么费用就能使用它们,就构成企业的资产。从这个意义上讲,企业的资产可以是货币的,也可以是非货币的;可以是有形的,也可以是无形的。因此对企业来说,能带来收益的信息、知识也属于一种资产；同样，大数据也能为企业带来收益，我们称之为数据资产。工业经济时代流行的生产力要素理论中，生产要素包括劳动工具、劳动力和劳动对象；进入信息社会，"多要素说"日渐盛行，多要素说视生产力为生产率或劳动生产率，而它的高低除受上述三要素的影响外，还取决于科学技术、经济信息等要素，数据作为一种生产力要素被进一步强化。当企业占有、运用数据资源参与企业的生产活动并使其起着越来越重要的作用时，可以认为数据已经成为企业的一项重要资产，即数据资产。

（二）数据成为资产

在未来，数据将与土地、劳动力和资本一样重要，它可被重复利用，可被组合使用，也会像设备一样被折旧。在谷歌和Facebook这样的信息公司里，数据已经被视为一个新的生产要素，原始材料在数字流水线的一端输入，而处理后的信息则从另一端输出。在亚马逊，顾客购买书籍的信息和他们浏览过的网页记录都被保存下来，技术人员通过建立个性化模型，在亿万次的点击中找到关联。这种推荐方式对客户阅读品味的了解程度甚至超过了书评家，也带来了更好的商品销量。而Facebook跟踪用户的"状态更新"和"喜好"，从而确定更优化的广告位置和推荐时机，让人们觉得信息有用而非受打扰。甚至连电动汽车的电力优化问题也与数据相关。基于大量的信息输入，如汽车的电池电量、汽车的位置、一天中的时间及附近充电站的可插槽等，IBM开发出了一套可预测电池的最佳充电时间和地点并揭示充电站的最佳设置点的系统。

在大数据时代，数据成为有价值的公司资产、重要的经济投入和新型商业模式的基石。在新媒体、新技术和新业态的冲击下，信息生产产能得到了前所未有的扩张，数据获取方式也发生了翻天覆地的变化，一些新兴产业形态利用数据采集、分析、应用等方面的优势，创新商业模式，打破产业边界，开始侵蚀出版企业的市场份额。在此情况下，一些出版企业也积极利用数据资产，带动产业转型升级。例如，雅昌文化集团在多年的艺术品印刷业务中积累了大规模的艺术品数据资源，凭借这种独一无二的数据资产，逐渐形成艺术品和艺术家数据库，通过数据挖掘，建立了雅昌艺术市场指数，将艺术家、拍卖公司、客户等联系在一起，再通过垂直整合产业链，将书画、展览、摄影、社交等内容纳入企业经营，形成以数据引领的全产业链商业模式。商业模式的创新让雅昌从印刷公司转型为文化集团。雅昌的成功表明，大数据时代拥有产业数据的企业，将是产业主宰者和规则制定者。遗憾的是，这只是罕见的个案，我国的大部分企业在数据采集、处理、应用方面仍处于起步阶段，难以让数据资产价值凸显。

那么数据具备什么样的条件，才能成为资产呢？

仅仅通过遥感、物联网、网络等直接产生的大数据不是资产，而以需求为导向，通过不同数据的重组挖掘而再生的、能支持预测的大数据才会变成资产。维克托·迈尔-舍恩伯格认为，在大数据变为资产的过程中，数据、技术和思维相互依存、三足鼎立，在大数据价值链中分享数据红利。其中，海量数据的拥有者虽然不了解数据运用行业的实际需求，不一定能从数据中提取出价值，但拥有数据是其分享数据红利的最大优势；技术拥有者并不一定拥有数据，他们仅仅根据客户的需求，运用数据分析技术，提升有限的数据价值；思维拥有者既不拥有数据也不具备技术，他们不是单纯为满足客户需求而挖掘数据，而是在为那些千百万人急需解决的问题提供答案时获得思维，进而提升数据的价值。随着大数据的运用日益深入人类生活，技术会因为日趋成熟而变得廉价，最大的获利者将是创新性思维的拥有者；而工作量最大的数据拥有者只有通过具备创新性思维能力的"数据中间人"的数据挖掘，才能发挥其所拥有的数据的价值，从而诱使人们持续使用这些数据，其自身也获得红利和持续更新数据的动力。大数据资产化秉承的主要思维是从数据的相互关系中发现价值，即数据联系其他数据后，数据才能"爆炸"，转化为价值。

二、大数据资产

（一）大数据资产的属性

数据是一种客观存在，并以一定形式表现出来。大数据是数据中的一种，随着计算机技术的发展及其内在价值的发现而进入人们的视线。简单地说，当数据具有资产属性时，就可以成为数据资产。在目前的会计分类中，数据资产应该归属到无形资产，那么大数据是不是数据资产呢？大数据是否有数据资产或者无形资产的属性和特征呢？大数据资产的内涵和外延，如图2-1所示。

图 2-1 大数据资产的内涵和外延

通过图 2-1 有关数据、大数据、无形资产、数据资产和大数据资产概念的内涵和外延的变化，可以得到数据资产概念的基本内涵：一是数据资产可以给公司和组织直接或间接带来资金、现金、等价物等，也可以是某种可能性，体现在公司和组织经营的各个方面；二是数据资产可以是物理形式的，如书本、备忘录、档案、表格、照片、记录，也可以是电子形式的文件，如数据库、日志、各种电子表格、录音录像、程序等；三是公司和组织可以自行产生数据资源，也可以从外部、市场购买和合作使用各种数据；四是带来经济利益的表现可以是货币形式，也可以不是，但随着数据资产交易量的扩张及其在国民经济中地位的增强，货币计量将是需要的，会计准则中公司和组织的资产负债表也将会明确要求将数据资产或者大数据资产纳入。

（二）大数据资产的特征

1. 大数据资产的自然特征

一是大数据资产是一种客观存在，其产生和存在可以合法或者不合法。二是大数据资产的计量具有波动性。三是大数据资产不具有实物形态。大数据资产的存在有赖于实物载体，需要存储在有形的介质中，比如计算机硬盘、移动硬盘。大数据通过数据挖掘形成资产后，虽然以抽象的形态存储于介质中，但资产价值与存储的介质无关，因而不能将其物化于某一项实物形态的资产上。大数据的商业功能即常见的商业模式，包括租售数据模式、租售信息模式、数字媒体模式、数据空间运营模式以及大数据技术提供模式。四是非消耗性。大数据资产在使用和消费中不会对大数据资产起消灭作用，也不会使大数据资产失去原来的使用价值或效用，这就是非消耗性。五是积累性。大数据资产一旦出现，不仅可以满足同时期人类的需要，而且可以通过信息的保存、积累、传递达到时间上的延续，满足后代的需要，这就是信息资产的累积性。六是增值性。大数据资产进行开发利用可以获得成倍、成百倍甚至更多的高于投入的收益。

2. 大数据资产的价值特征

通过对比经典的资产管理理论，可以得出大数据资产的6个核心价值特征：一是大数据资产是一类可供不同用户使用的资源。同实物资产、无形资产一样，大数据资产首先是一种资源，可以通过合理应用创造价值。但与前两类资产不同，大数据资产的应用范围更广，不再局限于企业内某一专业，甚至不再局限于企业内部，企业可以通过将其自身的数据资产进行出租、出售而产生效益。目前一些电信运营商就通过出售用户行为数据（去除了姓名、地址等个人隐私信息）给提供互联网精准广告服务的公司而获益，后者则通过对这些数据进行数据挖掘、分析，实现精准的广告投送而获益。二是通过大数据资产产生的价值应大于其生产、维护的成本。大数据的产生、存储、维护、管理都是需要成本的，只有那些创造的价值大于其成本的数据才可以归为数据资产。类似资产回报率，可以提出"数据回报率"的概念，即数据回报率＝数据效益/数据成本。从这个角度来看，当前企业所积累的海量数据中，可以归入资产一类的只占非常小的比例。三是大数据资产是有生命周期的。既然是资产就必然存在生命周期，简单来说就是数据会过时，不是保存越多越好、越久越好，当其价值已经无法抵消其存储、维护成本后，就应该将其进行"退役处置"，就如同设备资产一样。同时，大数据资产管理中也要实现对数据采集、存储、维护、应用、归档的全生命周期管理。四是公司和组织控制权要求。大数据要成为公司和组织的资产，作为主体的公司和组织一定要拥有控制权。目前来看，大数据所有权问题一般比较清晰，只有涉及个人信息的那部分相对模糊。五是公司和组织拥有收益权。资产能带来经济利益是共识，如果不能带来经济利益，再多的大数据也只能是垃圾，公司和组织还要为这些大数据支付额外的存储费用。六是大数据可以量化为货币，即货币化。货币是人们进行经济活动的通用语言，数据用货币计量有两个基础：首先社会要对数据的价值达成基本的共识并愿意进行交换，同时法律上要对此做出明确的规定；其次货币作为会计信息的统一计量单位，有利于不同公司和组织、不同行业用同一口径衡量反映其财务状况和经营成果。

3. 大数据资产的"雪球"效应

经济学上所谓的边际收益递增，即更高的效率，更低的成本。传统产业生产始于对自然物质资源的加工、利用，扩大再生产是以外延式即投入更多资源的方式实现的，已越来越受到物质资源有限性和生态问题的限制，生产的资源成本逐步增高。大数据具有无限增长的可能性，数据资产因此具有边际收益递增的能力。企业只有尽快启动大数据资产生产与管理策略，才能发挥"雪球"效应，才能获得更大的竞争优势，在未来的竞争中立于不败之地。

4. 大数据飞轮效应

飞轮效应是指为了使静止的飞轮转动起来，一开始必须使很大的力气，一圈一圈反复地推，每转一圈都很费力，但是每一圈的努力都不会白费，飞轮会转动得越来越快。达到某一临界点后，飞轮的重力和冲力会成为推动力的一部分。这时，无须再费更大的力气，飞轮依旧会快速转动，而且不停地转动。这就是"飞轮效应"。如图 2-2 所示，只要公司能够利用客户数据为第三方开发出增值服务，就能支持公司持续地、免费地为客户提供更多的服务，而更多的服务将产生更多的客户行为数据，利用这些数据又能为第三方提供新的增值服务，形成良性循环。

图 2-2 大数据飞轮效应

在大数据飞轮效应裹挟之下，公司从第三方获取的收入越多，能够为客户提供的免费服务就越多，尤其是基础性质的服务，如通信、语音、广播、电视、中介、医疗、文化等。

大数据的飞轮效应还远不止于此，拥有垄断性的、独一无二的数据资产，可以取代第三方的相关服务，引发产业资产重组和产业组织新的生态结构，如图 2-3 所示。

第三方依赖数据公司提供的客户行为数据，向客户提供产品或者服务。如果数据公司中止向第三方提供客户数据，第三方就变成了"聋子、瞎子"，数据公司就可越俎代庖，向客户提供原本属于第三方提供的客户数据服务。因此，凡完全依赖客户行为数据分析开展的业务，都将被大数据飞轮所吞噬。谁率先启动大数据管理，谁就能从飞轮效应中获得产业竞争优势，在产业的竞争与趋势中占据主导地位。当前，互联网业利用大数据优势侵蚀传统的金融业，而一些有实力的金融巨擘也开始进军互联网服务领域。

图 2-3 大数据飞轮效应引发产业融合

三、大数据资产评估模型

市场经济的核心问题是交易,既包括商品的交易,也包括生产商品的资产交易,而且后者往往更为重要。因此,在市场经济条件下,资产持有人在凭借自己所持有的资产进行许多业务活动时,通常都需要进行资产评估。所谓资产评估,严格地说,应为资产在价值形态上的评估——是指评估人员根据翔实的数据资料,按照特定目的,遵循法定或公允标准和程序,站在公正立场,用科学的方法,对被评估资产的现时价值或价格进行评定和估算的过程。简言之,资产评估就是对资产现时价值或价格进行评定和估算的过程。

(一)大数据资产评估模型

虽然大数据的价值众所周知,但由于标准化计量工具的缺乏,使得数据价值难以评估。2016年4月28日,中关村数据资产评估中心携手全球最具权威性的信息研究与顾问咨询公司Gartner,共同发布了全球首个数据资产评估模型,使数据价值得到客观、立体的评估成为可能。大数据资产评估模型涵盖了数据的内在价值、业务价值、绩效价值、成本价值、市场价值及经济价值6个子模型,并针对不同信息资产特性和用户使用诉求,从数据的数量、范围、质量、粒度、关联性、时效、来源、稀缺性、行业性质、权益性质、交易性质、预期效益等维度,按不同的权重配比、不同的指标量级,合理配置不同维度的数据资产评估指标项,从而实现对数据资产的全方位、标准化评估。

（二）大数据资产评估模型的组成

大数据资产评估模型由数据规模、数据活性、数据维度、数据颗粒度和数据关联性 5 个方面组成。

（1）数据规模。数据规模是指大数据的数据量的大小，毕竟数据量越大，所蕴藏的信息就越多，其价值就越大。

（2）数据活性。数据活性是指数据被更新的频次，数据更新得越快，对当前或今后的影响就越大，活性也就越大。而大量的过期数据，虽然数据量很大，但实际有用的数据并不是很多。

（3）数据维度。数据维度是指数据信息的丰富性，维度越高，越能反映观察对象的原始信息。每增加一个数据的维度，都会影响数据的分析和判断。

（4）数据颗粒度。颗粒度反映数据的精细化程度。有些大数据的数据量大，但能挖掘到的信息相对较少，只有细化到个人、单品数据，才会给人们带来较多的信息。但对颗粒的单位和标度的选择因人而异，因数据而异，有人认为是单个人、单个产品、一个门牌号等，但其核心是单位数据的大小。

（5）数据关联性。关联性是指不同维度数据之间的内在联系。由于当前不同部门数据的维度的选取不一样，数据之间存在难以融合的障碍，影响到大数据价值的挖掘，因此，关联性是大数据能否与其他数据共同发挥作用的关键，也是消除数据孤岛效应的关键。

四、金融数据资产的价值评估方法

（一）英国数据资产框架的启示

英国数据资产框架不仅提出了数据资产管理的整套方法论体系，还开发了具体的管理工具，对数据资产管理实践具有一定的示范性。数据资产框架的核心是数据审计框架，数据审计框架是 DAFD（Data Audit Framework Development）项目的研究成果。数据审计对数据资产进行审查，审计结果保存在管理工具的一个组件寄存器中，寄存器中存储数据资产清单，登录寄存器就可以利用数据资产。

1. 数据资产框架研究方法及工具

英国数据资产框架的主体是高等教育机构科研部门的领导及研究者，其客体是高等教育机构产生的科研档案。它采用的主要研究方法是结构性访谈和问卷调查，主要工具是资产审计软件。问卷调查是通过机构相关人员了解数据资产基本情况的有效方式，而访谈可以获得更为详细的信息。调查问卷主要包括两个方面：一是个人信息；二是科研及科研数据具体信息，如数据类型、数据大小、数据所有权、数据重要程度、数据保管期限、是否经常更新和备份、是否有数据专门保管人、是否制订正式数据资产管理计划等。访谈主要包括 5 个方面：研究中会产生哪些数字化资料，这些资料如何产生并保管，在管理过程中曾遇到哪些问题，所在单位的电子文件管理现状与需求如何，数字化资源管理及服务有哪些要求。开发的数据资产审计软件主要包含两个元素：一个是关于数据资产政策及管理实践的问卷调查；另一个是数据资产登记簿，每条数据资产记录都包括内容、技术及获取 3 个方面信息。

2. 数据审计框架具体实施流程

数据审计框架是一种适用于各种类型的机构及其数据的自审计方法。数据审计正是对数据资产的一种客观评估的过程，也是数据资产管理的有效手段和工具。

数据审计框架于 2008 年 10 月 1 日在英国科学院（British Academy）召开的新闻发布会上被宣布正式投入使用。这在数据管理领域引起了广泛讨论，主要是考虑如何把这个工具嵌入机构现有的科研工作流程及对科研工作者的培训中。数据审计框架的应用对象为办公室人员、档案人员、图书管理员、计算机人员和科研人员，应用最多的领域为英国高等教育机构的科研档案管理。

（二）层次分析法

1. *层次分析法的定义*

层次分析法（Analytic Hierarchy Process，AHP）是美国著名的运筹学家 A. L. Satty 等在 20 世纪 70 年代提出的一种将定性和定量分析相结合的多准则决策方法。层次分析模型是把复杂的问题分成若干个组成因素，并按支配关系分组形成层次结构。然后通过两两比较的方式，综合决策者的判断，确定决策方案重要性的总排序。具体步骤如下：

（1）分析各因素的关系，建立递阶层次结构。

（2）对同一层次的多个元素，关于上一层中某一准则的重要性进行两两比较，构建比较判断矩阵。

（3）由判断矩阵计算被比较元素对于该准则的相对权重，并检验一致性。

（4）计算合成权重，即全局权重。

2. *数据资产价值构成*

数据资产评估涉及数据的内在价值、业务价值、绩效价值、成本价值、市场价值及经济价值，同时数据还会产生数据的费用。

3. 数据资产价值评估模型

数据资产价值评估是通过适宜的数据方法对影响运营数据资产价值的主要因素量化处理，最终得到合理的评估值。

（三）会计评估法

会计资产评估主要有3种方式，即成本法、收益法和市场法。数据资产个性化特征明显，多数数据资产无法在公开市场调查中收集到相同或类似的案例作为参照物，故多数数据资产不适宜用市场法来评估。因此，数据资产主要通过成本法和收益法来进行评估。

从成本法来看，有以下3种方法。一是原始成本法。该方法是根据历史成本计价的原则，将企业数据资产取得、维护、更新过程中实际支出进行资本化计价的方法。该方法具有客观可验证性的特点，适用于有意收回数据资产原始投资额的一般性企业。二是重置成本法。该方法是假设在当前的物价条件下，对数据资产按照取得、维护、更新过程中全部支出进行资本化计价的方法。该方法反映了企业在当前市场条件下所凝结在现有数据资产上的全部投资，这样在企业收入中所收回的是数据资产的现时重置成本。该方法对那些在物价变动情况下力图使数据资产保值和增值的企业尤为适用。三是机会成本法。这种方法是考虑经营决策时采用一个最优数据方案而放弃另一个次优方案的成本法。它将已放弃的方案可能获得的收益看作被选用最优方案的机会成本，能够对最优数据方案的经济效益作出全面的评价。

从收益法来看，数据资产的时效性不同，适用的价值确定方法也不同。有些数据资产能够给企业带来长期价值增值，而有些数据资产只能在短期内甚至一次性给企业带来超额价值。收益法的应用实际上就是对被评估数据资产未来预期收益进行折现和本金化的过程，一般来说分为两种情况：一是数据资产的未来收益有限。在数据资产的未来收益具有特定期限的情况下，通过预测有限时期内各期的收益额，以适当的折现率进行折现，各年预期收益折现值之和，即为数据资产的评估值。二是数据资产的未来收益无限。当未来收益年金化时，资产评估值＝年收益额/本金化率；当未来收益不等额时，资产评估值＝前若干年各年收益额×各年折现系数＋以后各年年金化收益/本金化率×前若干年的折现系数。

（四）大数据资产的盘活

企业大数据资产的盘活，关键在建立数据回路。数据回路是指将数据获取、整合、应用和创新 4 个环节有机连接，形成正反馈，以不断提高大数据资产的价值。如果大数据资产没有形成回路，没有流动起来，就是一潭死水，难以发挥价值，也极有可能变成一种负资产。数据获取是指保障数据获取的稳定性和标准化，为数据整合做铺垫；数据整合是指结合数据的特征和应用场景，保障数据质量，为数据应用做铺垫；数据应用是指利用数据解决实际问题，并发掘更广阔的数据应用前景，为数据创新做铺垫；数据创新是指创造性地解决更多的实际问题，产生更多有价值的数据，扩展数据资产获取来源。

第二节 大数据资产对组织结构的影响

一、组织结构研究的内容

（一）组织结构研究概述

1. 影响组织结构的主要因素

战略与组织结构之间的关系。钱德勒的开创性研究清晰地揭示了战略与组织结构的关系，使人们认识到在业务领域采取某种战略需要建立一个与之相适应的组织。他通过对杜邦、通用等一百多家企业案例的研究，得出了战略与组织结构的联系。由于环境的要求，企业采取了垂直一体化和多元化等战略，导致业务（经济）活动数量的增长或者技术复杂性的提升，这就要求企业对业务活动进行分工细化，以适应不同专业职能的业务活动需要。相应地，对这些专业化的活动进行协调、评估和规划的任务就增加了，而这些管理任务需要由专门的经理人员来完成，由此产生了对专门机构的要求，也就是对新的组织结构的要求。钱德勒认为，组织结构跟随战略，而形式最为复杂的组织结构是多个基本战略相互联系作用的结果。这一结论后来获得了大量实证研究的支持。

技术与组织结构之间的关系。伍德沃德通过实证研究证明了技术是组织结构的一个普遍决定因素，总结出单件小批量生产、大批量生产和连续生产 3 组基本的技术类型，这些不同类型的生产技术影响组织结构的类型。佩罗研究了技术的不确定性（不可预测性）对组织结构的影响，具体标准包括投入的一致性或变异性、工作过程中遇到意外情况的数量，以及主要产品变化的多少。汤普森研究了技术的互倚性对组织结构的影响。互倚性是指完成的项目或要素与工作过程本身相互联系，从而使某要素的状态改变，并影响其他要素状态的情况。加尔布雷斯认为完成一组相关工作的过程中所需处理的信息量，可以表明技术对组织结构的不同要求，即组织结构的安排要针对工作中信息量的要求来完成协调。技术的复杂性、不确定性和互倚性程度不同，信息量也不同，从而形成不同的组织结构。当然，随着信息和网络技术的发展，信息技术对组织结构的影响必将成为研究热点。

还有学者将研究聚焦于新技术，强调新技术变革对组织形式的影响。如新的电子技术系统可以将分散的业务单位、公司和社会团体连接起来，从而影响到组织的空间布局，以及组织内部和不同组织之间的业务流程。

多数研究结果表明，伴随着信息技术的发展与应用，组织间及内部的纵向控制机制相应减少而横向协调机制相应增加联系。创新的组织核心是拥有较多的信息交流和良好的沟通渠道，而不是抑制信息交流的官僚层级的组织结构。

2. 组织结构的主要类型

从权力、信息沟通和组成形态3个方面对组织结构类型进行分类，主要有直线职能制结构、事业部制结构、矩阵制结构和网络型结构4种类型。

法约尔较早提出直线职能制结构，提出了权力路线和沟通路线的关系问题，主要强调纵向的权力路线，提出通过法约尔桥来解决横向沟通的需要。

斯隆提出的事业部制结构推动了组织结构创新，在纵向的权力路线上进行了分权，总部作为整个企业的战略和政策制定机构，拥有最高的决策权力，而各个独立运营的事业部拥有日常运营的决策权力；在沟通渠道的设置上，采用了一些横向联系的新角色，这些角色促进了各个事业部与总部之间及不同事业部之间的沟通。事业部制结构仍然是一种纵向的权力路线，横向沟通路线的设置仍然受到纵向权力路线的极大影响。

矩阵制结构推动了组织结构从纵向型转变为横向型，增加了正式的横向权力，使整个结构呈现为纵向和横向二元的权力和沟通路线，高层向下进行了更大程度的授权，得到授权的团队加强了横向的权力，从而更多地指向外部客户而不是内部需求，同时职能部门的权力被大大弱化，变为服务的角色，从而使横向沟通更为顺畅。

以上3种组织结构的变化总趋势：权力不断下放，横向权力加强；横向沟通得以逐渐强化；组织形态从以单纯的职能部门为主发展为逐渐增多的横向联系角色，这种角色从单个的联系人员、委员会、任务小组发展为跨职能的团队和经过充分赋权的自我管理团队。

网络型结构则是一种特殊的类型，这种结构强调打破单一组织的边界，将众多的组织联系成为一个网络，组织内部也呈现出网络化的趋势，是一种"既非市场又非等级制度的独特形式，它比市场联系更为持久和分散，同时又比等级制度的联系更加互惠平等"。业务外包趋势下，很多大公司经过重组、剥离重新回到自己擅长的业务领域，把部分业务交由外部机构来处理。很多快速发展的行业采用了这种组织结构。

3.组织结构演变

企业的发展历史表明，企业的组织结构按特定的逻辑不断演进与变革，其动力既有企业内部因素，也有企业外部环境的变化。可以说企业组织结构演进与变革的过程，正是企业不断适应外部环境与追求内部更低的组织成本，从而建立高效率的企业组织的过程。1975年，威廉姆森在《市场与层级结构》中将企业组织结构按演进的过程分为古典型、U型、H型、M型等形式，后来又发展了U型结构的变种——矩阵制结构和M型结构的变种——超事业部制结构。

U型组织结构。19世纪末20世纪初，西方大企业普遍采用的是一种按职能划分部门的纵向一体化的职能组织结构，即U型组织结构。其特点是企业内部按职能（如生产、销售、开发等）划分成若干部门，各部门独立性很小，企业实行集中控制和统一指挥。U型组织结构适用于市场稳定、产品品种少、需求价格弹性较大的环境。但是，从20世纪初开始，西方企业的外部环境发生了很大的变化，这种结构的缺陷日渐暴露。20世纪初，通用汽车公司针对这种结构的缺陷，在公司内部进行组织结构的变革，改为采用M型组织结构。此后，许多大公司纷纷仿效。

M型组织结构。M型组织结构又称事业部门型组织结构。这种结构的基本特征：战略决策和经营决策分离；企业根据业务按产品、服务、客户、地区等设立半自主性的经营事业部，公司的战略决策和经营决策由不同的部门和人员负责；同时通过权力下放，使各事业部接近市场和顾客，按市场需要组织生产经营活动，有助于经济效益的提高。与U型结构相比较，M型组织结构具有治理方面的优势，且适合现代企业经营发展的要求。

矩阵制结构。矩阵制结构是由纵、横两套管理系统交错而成的组织结构，它既有按职能划分的垂直领导系统，又有按产品（项目）划分的横向领导关系。它把按职能划分的部门与按项目划分的小组结合起来组成矩阵，使小组成员接受小组和职能部门的双重领导。它的特点是针对某项专门任务需要成立跨职能部门的专门机构，这种组织结构形式是固定的，人员却是变动的，任务完成后就可以离开。与U型组织结构相比，矩阵制结构机动、灵活，可随项目的开发与结束进行组织或解散。由于这种结构是根据项目组织的，任务清楚，目的明确，各方面有专长的人都是有备而来，克服了U型组织结构中各部门互相脱节的现象。

4. 业务流程理论的兴起

泰勒式工作方式以分工理论为基础，把整体的工作任务细分为动作和活动，按照活动相近原则分类，并予以规范化、标准化；然后利用各种计划工具进行协调，将活动连接起来，从而完成整体工作任务。这种工作方式以任务为中心，较好地解决了个体、局部工作效率问题。但随着竞争、顾客和技术等环境方面的变化，企业的绩效指标已经转向创新、质量和速度，由于分工过细、过度专业化，以及产生的部门割裂，使整个工作任务流程越来越复杂，也越来越难以协调。流程再造对传统的分工理论提出了挑战，在针对传统业务流程存在组织结构因分工过细、部门专业化割裂，从而损害顾客价值的一体化的诉求的基础上，提出要以"为顾客创造价值流程"为中心来重新组织工作，利用现代信息技术作为支持，打破传统的部门壁垒，以求获得绩效的大幅度提升。流程再造理论涉及的是工作方式的重大变革，它突破了长期居于主导地位的泰勒式工作方式。哈默等人在此基础上，提出利用数据库、专家系统等信息技术的支持，采取"合工"办法，把多项不同的工作合并为一个整体，并通过"并行工程"办法打破自动化的线性束缚，把不同性质的工作活动按照"活动相关"原则连接成为一体化的流程，实现了企业内外部的紧密衔接与协调。这种新的工作方式以流程为中心，并指向客户的需求，使组织具备了快速反馈和柔性能力。正因如此，达文波特把流程再造与信息技术的结合称为"新工业工程"。

5. 扁平化组织

管理大师彼得·德鲁克曾预言，未来的企业组织将不再是一种金字塔式的等级式结构，而会逐步向扁平式结构演进。所谓组织结构扁平化，就是通过破除公司自上而下的科层制结构，减少管理层次，裁减冗员，来建立一种紧缩的横向组织，达到使组织灵活、敏捷、富有弹性和创造性的目的。首先，扁平化组织是分权式组织，导致企业权力的分散化。其次，组织扁平化有助于组织对外界环境的变化做出反应，以满足不断变化的市场需求，提高组织的快速反应能力，如企业的快速决策能力、快速开发产品能力、整体协调能力等。最后，扁平化组织更有利于为包括基层员工在内的各方面的人才提供发挥作用和能力的空间，使员工的潜能得到释放，使个人的价值得以高度实现，同时也有利于提高决策的民主化。这样不仅在企业内部容易形成一种积极的企业文化，有助于企业目标的实现，而且能够充分发挥每个员工的主观能动性，增强企业整体的创新能力，为快速成长企业持续创新提供组织和人员保证。

(二)组织结构

1. 等级结构

现代企业的组织结构虽然经历了从直线型到 U 型(直线职能制)再到 M 型、H 型、矩阵型等变化,但管理等级制这一根本原则仍被保留下来。现代组织理论之父马克斯·韦伯认为,等级制度是组织结构的根本特征。康芒斯从制度经济学角度也认为管理意味着上下级之间的命令和服从关系。后来,管理学家和经济学家对组织的本质及其结构进行了深入研究。到 20 世纪 90 年代,美国著名的组织理论家理查德·豪尔给出了关于组织的综合性定义,比较全面地反映了组织的特征。他认为,组织是一个有着相对可辨识边界的团体,它主要有一个规范的秩序和一定的职权层级,并具有沟通系统和成员协调系统。该团体以相对持续的环境为基础而生存,从事着与一系列目标相联系的活动,为组织成员、组织本身和社会作出贡献。

2. 复杂性网络结构

网络组织早在 20 世纪七八十年代就已产生,其间很多学者从经济学、管理学、社会学、系统学等多学科视角对网络组织的形成背景、条件、形式、治理、绩效和发展进行了广泛研究,对有关网络组织的理论知识有了一定的积累,但是受限于网络理论的兴起时间较短,并且在不同的领域站在不同的视角上看待有所不同,因此目前对网络组织还未形成比较权威的统一范式。

英国学者伍德沃德最早从事工艺过程复杂性对企业组织等级结构影响的系统研究。后经伯明翰大学的"阿斯顿小组"及库拉纳进一步研究而初步揭示出,复杂性程度不同的产品需要不同的开发模式,而不同的开发模式需要不同的组织等级结构。产品复杂性越高,越需要部门自主、协调和开发并行,传统的组织等级结构将发生变形(如矩阵结构)。随着现代高新科技的发展和企业经营环境越来越复杂,企业组织结构势必会具有更加复杂的特点。在知识经济时代,由于企业将把数据处理能力放在创造信息上,其组织结构将会因此而受到影响,企业的管理层级将大为减少。其主要原因是,上级将不再像过去一样做决策,知识也会来自基层。沃菲尔德认为,任何大组织都有不一定可见但纵向一致的模式,这种模式是组织的关键性质。比如,一般的组织模式具有操作层、策略层、战略层,层内还有次级划分。关于管理复杂性,沃菲尔德提出了 20 个定理(L)、定理的分类(T)及 5 个指标(I),称为复杂性理论的 LTI 集合。

从系统进化角度,西蒙指出,层级系统的进化速度比规模相当的非层级系统快得多。西蒙认为,正式组织中存在明晰可见的层级结构,而在社会系统中,非正式组织形式的层级结构则更为常见。

斯坦福大学产业经济研究所所长青木昌彦教授视经济为"复杂系统",经济主体为"有限理性"者。青木教授可以说是从复杂性角度研究经济制度的当代最著名学者,他对现代创新的组织复杂性进行了系统而深入的研究。他从组织信息结构出发,对不同等级制进行了研究,提出了 8 种基本类型。其主要的分类依据是等级分解、信息同化和信息包裹 3 种原型。通过使用主体有限理性的"次优决策规则"(贝叶斯决策及考虑信息传输误差),青木昌彦提出了组织信息结构模式的 5 个基本命题。这 5 个基本命题表明,环境的相关性程度、任务的互补性程度、信息交流成本及信息处理能力几方面因素共同决定了组织的信息结构特征。在因素取值偏中间的情况下,组织信息结构就比较复杂。在理论分析基础上,青木认为,硅谷企业的信息结构是一种介于功能等级制(信息等级制并且同层之间信息包裹)和水平等级制(等级间信息同化)之间、企业组织和市场模式之间的复杂结构。按 W. 阿瑟和 P. 罗默的观点,这种模式具有"事后灵活性"。这种创新组织结构的复杂之处正是在于其既区别于传统等级制(即功能等级制),又具备等级结构基本特征(有信息等级,但不依赖价格机制)。

(三)组织规模

组织规模即组织的大小。所谓组织规模,是指一个组织所拥有的人员数量及这些人员之间的相互作用的关系。人员的数量在某种意义上对组织结构的影响是决定性的。组织规模影响着组织的结构,在组织发展的不同阶段,组织规模的影响又有所不同。按科斯的新制度经济学理论,组织边界受边际管理成本等于边际市场交易成本条件限制,即:

$$aM/ax=OE/ax$$

其中:M 为组织管理成本,E 为市场交易成本,x 为管理或交易对象。

(四)组织结构设计

组织结构设计必须同时满足这二重目标:①在宏观层面上,组织结构设计应以潜在商务机会与现有核心商务整合为基础,以有效控制组织适应力的转变方向,保持与组织供应链的协同演化;②在微观层面上,通过组织结构的适当调节,有利于互补资源的灵活配置及核心商务的高效执行,同时便于进行技术与流程的局域性改进,以实现组织适应力的有效转变。具体来说,组织设计的这二重目标要求组织结构应具备如下特征:

1. 组织的两面性

显然,组织中包含了两种完全不同的业务,即运作层面上专注于利用现有的能力来获取利润的业务和战略层面上专注于探索新的机遇来获取增长的业务。由于探索和利用的这两股相互冲突的力量往往是相互排斥的,就要求组织结构应具有两面性,以融合并化解两者之间的悖论。

2. 柔性与稳定

组织适应力的提高是通过配备互补性资源得以实现的。为使企业方便地整合或分解供应链中的外部资源,充分利用各方的核心能力,经常性的结构调整不可避免。同时,企业为了业务执行的效率也需加强控制和保持稳定,这就要求企业结构兼有稳定性和柔性。

3. 自我变革与创新

不断扩展与收缩的战略选择决定了企业要能够根据其他行动者行为的变化和环境资源条件的变化,调整自身行为的目标、方式以及与其他行动者的相互关系,并将其自身组织结构形态调整为最适合其资源配置与核心战略实施的状态,这种自组织的组织形态要求组织必须具有一种自我否定、自我变革与创新的能力。

4. 集权与分权

企业的行政部门及其高级管理和决策层需要高效的集权,以利于该企业的战略决策及探索相关的潜在商务。在这一层面,需要建立权威,集权是必要的。在企业的运作层面,为了迅捷地处理与供应链中其他企业的相关业务,满足客户的需要,则需要充分的授权。

二、大数据对组织结构的影响

(一)组织边界影响的经济学理论基础

市场组织、中间组织和企业组织 3 种体制组织的边界如何确定呢?威廉姆森在《交易费用经济学:契约关系的规则》一文中指出,可以用交易的不确定性、交易频率和资产专用性(即投资的专用性)3 个交易特质指标的不同匹配来解释。3 个交易特质指标的不同组合,会使不同的经济组织产生不同的经济绩效,市场选择机制会把更有效率的经济组织"选择"出来,从而使得不同的经济组织具有不同的效率边界。具体而言,当交易的不确定性、交易频率和资产专用性 3 个特质指标都处于较低水平时,市场是有效率的交易协调手段,市场组织就是最有效率的经济组织;反之，在这 3 个特质指标都处于较高水平时，企业等级规制结构替代市场规制结构就是有效率的组织安排；而当交易的特质（由二维度共同匹配决定）处于这两者之间时，双边、多边和混合的中间规制组织就是最有效率的组织结构，产业集群就是其中的一种。

（二）大数据对组织结构产生的影响

1. 对组织结构的权力分布的影响

首先，组织的权力中心由内部转移到外部。相比于传统组织结构，大数据时代下，企业所处的时代背景不同于以往，"顾客是上帝"不应该只是企业的口号，而应该成为企业的经营理念并贯穿于企业的经营管理活动中。企业的权力中心也随着卖方市场转移到买方市场，表现在客户拥有企业赖以生存的必要资源。其次，组织内权力中心也由决策部门转移至职能部门，甚至转移到一线员工的手中。在大数据时代下，互联网技术的发展使企业员工与顾客充分接触，他们能够了解到顾客的需求，并有权根据实际情况明确研发、生产产品类别等，而无须再得到高层的特别授权。权力中心逐步向顾客、一线员工、初级经营体倾斜，这也保证了企业在整个提供产品和服务的流程中都是针对顾客需求的。最后，组织的团队成为授权小组，有自我管理和决策权力。在客户导向型组织中，信息与知识沉淀在企业的初级经营单位之中。大数据技术的应用提高了信息传递速度和信息传递量。企业的领导层、管理层在充分授权的情况下，逐渐失去了决策特权，而成为组织的协调者和联络者。领导层更多的是将精力放到企业整体决策制定和战略制定上，而经理层则主要负责任务协调和统筹安排，更多关注于对员工的"选、育、用、留"上，在这种情况下，一线员工拥有了产品研发和制定的决策权。在大数据时代背景下，企业能够根据数据库分析客户需求，并根据其需求结合自身所处的内外部环境，选取与之相适应的组织结构。

2. 大数据对组织内部边界的影响

由于各职能部门都依据自身职能的特点行事，往往容易与其他部门发生矛盾和冲突。大数据时代要求一切以顾客为中心，组织结构突破各个职能部门之间的边界，真正使计划、生产和销售等各部门连为一体，形成统一的系统。杰克·韦尔奇提出，应该将各个职能部门之间的障碍全部消除，工程、生产、营销及其他部门之间能够自由流通，完全透明。组建多功能团队成为跨边界组织的首选方法。多功能团队的组建以拓展新地区、新领域、新业务为目的，将组织划分为若干具有相对独立性的单位，最终达到优化企业的各种资源的运用、增进企业应变能力和提升企业整体竞争能力的目的。

3. 大数据对组织外部边界的影响

大数据通过信息公开，把外部的边界围墙推倒，让企业与供应商、顾客、竞争者、政府管制机构、社区等外部环境融合，成为一个创造价值的系统，真正做到为顾客服务。一是供应链模式突破外部边界。对供应链中各个环节所涉及的物流、信息流、资金流、价值流及业务流进行合理调控，形成最佳组合，迅速以最小的成本为客户提供最大的附加值。它把供应商、生产厂家、分销商、零售商等在供销链上的所有环节都联系起来，各企业之间的关系变得更加紧密，信息流通变得更加频繁，组织边界变得更加模糊。二是战略联盟突破外部边界。企业通过与其他有着对等经营实力的组织签订协议、契约而结成优势相长、风险共担、要素水平式双向或多向流动的松散型组织，以实现共同拥有市场、共同使用资源等战略目标。战略联盟加强了各企业之间的联系，同时，战略联盟管理模糊了组织和各联盟企业之间的界限。三是虚拟化经营突破组织外部边界。就是说，企业在有限的资源下，为了取得竞争中的最大优势，仅保留企业中最关键的职能，而将其他的功能虚拟化——通过各种外力进行整合互补，其目的是在竞争中最大效率地利用企业有限的资源。虚拟化经营在组织上突破了有形的界限，企业虽有生产、营销、设计、财务等功能，但内部却没有完整地执行这些功能的组织。四是网络化经营突破组织外部边界。网络化经营是各种行为者之间基于信托、相互认同、互惠和互赠优先权等结成的长期的关系网络，并随时间推移而强化组织交易的一种经营方式。网络化经营所形成的结果——网络组织可看作核心企业组织边界的扩展，或者看作核心企业组织的边界模糊。

4. 大数据对组织地理边界的影响

地理边界的存在往往使得新方法、新思想局限于跨国公司的某一市场或区域内而难以传播。例如，一个在亚洲市场取得成功的营销策略，可能由于文化差异、语言障碍以及当地法规的限制，难以直接复制到欧洲或美洲市场。即使跨部门沟通顺畅，信息传递也可能因为地理距离和时间差而延迟，导致最佳实践的推广滞后，影响整体效率和竞争力。这种信息孤岛现象，不仅限制了内部知识共享，也阻碍了公司整体的创新能力。

大数据，借助云计算、物联网、人工智能等现代信息技术手段，使信息和数据在全球传播成为可能。通过构建全球化的数据平台，跨国公司可以实时共享市场调研数据、销售业绩报告、生产运营数据以及客户反馈等各种信息。这种实时的数据共享打破了传统组织的地理边界，消除了信息孤岛，实现了跨区域、跨部门的知识共享和协同创新。

不同国家的组织部门可以相互学习借鉴成功的经验，避免重复劳动，并快速推广最佳实践。例如，一个在特定市场成功的产品设计或服务模式，可以通过数据分析识别其关键因素，并快速应用于其他市场，同时根据当地文化和市场特点进行调整和优化。大数据分析工具可以帮助公司快速识别不同市场之间的差异，并针对性地调整策略，从而提高效率和成功率。

更重要的是，大数据促进了跨国组织与当地文化的融合。通过分析当地用户的行为习惯、偏好和需求，跨国公司可以更好地理解当地市场，并调整产品和服务，以满足当地消费者的需求。这种数据驱动的本地化策略，不仅提高了产品的竞争力，也增强了跨国公司与当地社区的联系，促进了文化交流和相互理解，最终实现全球化战略的成功实施。大数据不再仅仅是信息的载体，它更是一种桥梁，连接着不同国家、不同文化背景下的组织和个人，促进了全球化的协同发展，并提升了跨国公司的整体竞争力。然而，数据安全和隐私保护仍然是需要重视的关键问题，需要完善的制度和技术手段来保障。

三、大数据给组织变革提出的挑战

组织既是数据的生产者和管理者，又是数据挖掘分析应用的需求者。各种企业性组织通过收集和分析大量内部和外部的数据，获取有价值的信息，进行决策分析，为组织本身提供更多高质量的服务。但在实践中，由于受组织结构的限制，大数据发展的要求与组织结构的现状仍有差距。

跨部门协同运行的组织信息系统关键在于消除数据库之间的"障碍"，不仅要打破组织各部门之间的数据分割，更要突破结构上的藩篱。从目前的状况来看，大多数组织的数据资源集中在部门内部，人为造成隐形的"屏障"，部门之间缺少联动和资源共享，加之"条块分割"和"部门利益"的因素，数据整合较为困难。大数据要求从根本上改变部门的组织方式，模糊组织边界，增强跨部门合作的功能，使传统的纵向层级结构和横向职能部门进行精简和整合。

四、大数据影响下组织结构的变化

（一）客户导向型组织结构

在大数据时代的背景下，传统的组织结构难以有效满足需求日益多样化、消费差异化的客户需求现状,必须探讨与之相适应的组织结构,即客户导向型的组织结构。Levitt在《哈佛商业评论》上发表的《营销近视症》中首次提出"客户导向"的概念:任何企业要想成功,任何行业要想长盛不衰,都必须要改变传统的观念,真正地以客户需求为出发点,以满足市场和客户需求为归宿。

大数据时代,企业行为变化的根本在于组织结构的变革,有一套与之相适应的组织结构。高质量的客户服务能够帮助企业采取差异化战略从而增强企业的竞争力,能够提高客户忠诚度从而帮助企业获取更多的利润。自20世纪70年代以来,西方国家掀起了对客户导向的研究热潮。客户导向强调企业的整个经营活动都要以客户满意度为指标,从客户的角度出发,最大限度地满足客户需求的最大化,建立客户导向型组织结构。Day进一步拓展了客户导向概念,认为客户导向已经从营销方式转化为竞争性武器,提升了组织价值、组织结构、组织内人员履行承担责任的能力,并建立起客户—公司的双向关系的基础。大数据时代,顾客的需求是碎片化和个性化的,对于企业来说,要想快速捕捉这些需求,需要通过建立顾客驱动机制来快速感知顾客需求,而组织的这种行为又取决于组织结构。因此,要想满足这种变化的客户需求,就要建立与之相适应的组织结构——客户导向型组织结构。

(二)"工"型组织结构

"工"型组织结构如图2-4所示,其决策层充当设计师角色,其重心不仅要下移,更要前移,直接面对市场和顾客,真正实现以市场和顾客为导向。"工"型组织结构的决策层在组织结构中占有相当大的比重,呈现出类似倒金字塔的特征,处于一线的员工或团队如顾客服务系统直接进入决策层,同时内部资源分析系统将从执行层反馈来的信息进行整合集成后送入决策系统。

图2-4 "工"型组织结构

"工"型组织结构的特征：①运行手段网络化。是指用计算机网络来处理企业中的大量信息，通过网络技术和电子数据交换（EDI）技术，将企业中研发、采购、生产、销售、人事、财务、计划、库存等所有管理环节和活动都按网络连接的程序和方式做信息化处理。企业中的每一个人都是一个管理沟通的信息中心，同时又是通过网络渠道为其他人形成的信息中心服务。与此同时，在网络技术支持下，通过电子商务与供应商、顾客和协作对象构成紧密的外部网络联系。②结构特征平面化。所谓平面化就是没有层次，没有等级，公司的所有员工在工作时，都处于一个平面相交的环境中，信息交流高度透明、民主与平等，有人形容这种平面化结构就像大森林，同一层次的管理组织及成员之间相互平等，横向联系密切，像一棵棵大树组成森林那样形成横向体系。③管理模式智能化。"工"型组织结构，即智能组织结构，智能化是其主要特征，它是将人的逻辑思维用信息软件技术或其他相应技术形成智能管理工具，通过人机一体化，实行动态调度、适时沟通和整体优化，从产品的设计开发、生产制造、销售、物流配送、财务处理到顾客服务都是电子化、数字化，将企业系统中的人流、物流、资金流、信息流集成化处理。企业可以围绕组织目标和具体任务，跨越时空、人员的限制，进行优化整合。④组织性质有机化。"工"型结构是有机式的组织，以柔性结构模式替代刚性模式，以可持续变化的动态结构代替相对固定的静态组织结构，也使组织职权等级和程序规则减少，职位权威让位于知识权威，纵向沟通转变为横向沟通，是协调和控制经常依靠相互调整和具有较大灵活性的组织系统。

"工"型组织结构的优点：①彻底摒弃了科层结构官僚化的弊端，决策、沟通方式有了根本性的改变，组织中所有成员都与信息零距离接触，决策分散、高效，沟通多维、及时，信息传递准确、迅速。②具有高度的适应性和快捷灵敏的反应能力，做到管理零层次、顾客零距离、反应零时滞，能较好地适应市场的动荡和不确定性。③增强组织的创造力和活力。拆除部门间的壁垒，消除等级制，能充分发挥员工潜能，促进员工一专多能，激发员工创造活力。④管理成本大幅度降低，原有组织内大量中间层面得以消除，极大地减少了组织的运行费用。⑤具有自组织性和自我调整功能。"工"型组织结构是开放的、动态的系统，通过内部循环和与外部交换信息、物质，能不断增强组织的机能和竞争力。

（三）无边界型组织结构

随着信息技术的发展，传统的时空观念发生了根本性改变，人与人之间的距离在缩短，国与国之间的边界变得越来越模糊。扁平化组织、多功能团队、流程再造、学习型组织、虚拟企业、战略联盟、网络组织等概念纷至沓来，从不同角度阐述新环境下组织结构的变革。新的组织结构共同的特点就是组织边界的模糊化和可渗透性，理论界将其统称为无边界组织。

GE前任董事长兼CEO杰克·韦尔奇先生这样描述无边界公司的理念：预想中的无边界公司应该将各个职能部门之间的障碍全部消除，工程、生产、营销及其他部门之间能够自由流通，完全透明；一个无边界公司将把外部的围墙推倒，让供应商和用户成为一个单一过程的组成部分。无边界组织的理念认为，信息、资源、构想及能量也应该能够快捷便利地穿越企业的"隔膜"，这样，虽然企业各部分的职能和界定仍旧存在，仍旧有位高权重的领导，有具有特殊职能技术的员工，有承上启下的中层管理者，但组织作为一个整体的功能却已远远超过各个组成部分的功能之和。它是以大数据为基础，强调速度、弹性、整合、创新为关键成功因素的一种适应环境快速变化的组织。

（四）网络型组织结构

1. 外形扁平化——实行轻薄、弹性的"大幅度、少层次"的扁平式管理

网络型组织的管理机构就只是一个精干的经理班子，组织的部门化程度很低，近乎缺失，管理结构呈现"大幅度、少层次"的扁平式。管理层次的减少，大大减少了管理的费用，提高了管理的效率，使得管理工作保持高度的灵活性，保证了组织以最快的速度回应市场需求的变化，适应现今追求企业弹性化的经营管理的潮流。如今国际市场变化太快，企业必须具有非常敏锐的市场反应能力，抛开"大而全""小而全"的经营思路，不能再钟爱犹如巨龙般的架构，应讲求轻薄、弹性，能够更有效地适应市场的变化。跨国公司采用传统的组织结构，从基层到最高层有十几个层次，而一个网络组织结构的跨国公司可能只有两到三层。

2. 运作柔性化——组织可以不断地改变自身以适应新的产品和市场机会

在大数据时代，市场变化快、技术进步快、产品研制开发难度加大，企业的战略调整必须及时。网络型组织最大的优势是具有灵活性，因为网络型组织不是一个结构固定的组织，而是可以根据需要与外部机构之间以契约关系产生联结，是一个在一定的利益条件下结合而成的松散组织。它可以不断地改变自身以适应新的产品和市场机会，增强了组织对环境变化、战略调整的快捷适应力，使得组织结构的运作带有柔性化的特征。

3. 效益最大化、风险最低化——借助全球资源，增强核心竞争力

网络型组织结构的优点：一是具有全球性竞争能力。网络型组织即使规模很小，

也可以是全球性的。网络型组织可以在世界范围内获得资源,从而实现产品具有最优的品质和最低的价格,并可在全球范围内提供其产品和服务。二是劳动力的灵活性和挑战性。灵活性来自其可以按照需要购买所需服务。例如,世界驰名的体育用品制造商耐克公司,它的美国总部实际上什么都不生产,他们早已将做鞋的业务以合同承包的方式转向一些低工资的亚洲国家,核心机构只主管产品的设计、研究耐克鞋最关键的部分——气垫系统和进行市场营销管理。耐克公司这么做的科学之处就在于,合理地区分并识别出制鞋行业获得成功的关键业务,即高档球鞋行业的战略环节是真正创造最大价值的产品开发设计和营销组织管理,而不是制造环节。这不仅保证了组织最大效率地集中有限的资源从事最擅长的、最具增值潜力的环节,减少了投资,降低了成本,实现了效益最大化、风险最低化,而且灵活地优选全球最具竞争力的外部机构,借助全球竞争力,实现了优势互补,使组织保持最强的核心竞争力。

4. 组织结构虚拟化——网络型组织是一种动态"联邦制"网络联盟企业

网络型组织和与其相联结的多个外部机构之间并没有资本所有关系和行政隶属关系,其是一个外部化的虚拟企业。网络型组织在组织结构上突破有形的界限,虽有生产、营销、设计、财务等功能,但这些职能大部分是虚拟的,都是从组织外"购买"的。这些联合的成员可以是一个小企业,也可以是大企业的一个车间,可分布在不同的国家和地区。它们分别控制某项核心技术和某种产品,保证其产品设计、生产工艺、质量保证等在同行业中处于领先地位。外部机构与中心机构间是以最终产品为纽带的契约关系、信誉关系、利益关系,因此网络型组织不是法律意义上的完整的经济实体,而是虚拟企业,是在经济全球化、信息化、知识化的形势下演变而来的一种动态网络联盟企业。它最重要的特征是将传统企业固定的、封闭的集权式结构改变为开放式网络结构,形象地说就是由"集权制"转变为"联邦制"。

5. 重心两极化——积蓄主要力量创造和完成产品设计与营销管理两方面

从企业经营的过程来看,传统组织结构从研发设计、生产到营销面面俱到,尤其是中间的生产环节占用了企业主要的资源,而网络型组织集中主要资源投入产品设计和营销管理两方面,企业结构特征正在形象地由"橄榄型"转变为"哑铃型"。耐克公司总部着重研究耐克鞋的气垫系统,只完成产品开发设计和营销组织管理两方面工作。埃默森无线电设备公司在电视机、音响和其他家用电器产品方面进行设计和营销,而将制造外包给亚洲的供应商。卡西欧是世界著名的制造手表和袖珍型计算器的公司,却一直只是一家设计、营销和装配公司,在生产设施和销售渠道方面投资很少。当今世界,市场竞争加剧,技术进步加快,企业竞争双赢的法宝是品牌竞争和快速适应市场的需求。所以,企业的产品研究开发和市场销售成为当今企业的中心问题,也是资源配置的重点。网络型组织利用社会上现有的资源,不断缩小内部生产经营活动的范围,相应地扩大与外部单位之间的分工协作,使自己快速发展壮大起来。

五、大数据前景下的组织优化路径

(一)提高跨部门信息共享的核心价值认知度

大数据运用的程度与技术使用者的认知、动机和兴趣等密切相关。在实践中,不少部门对于大数据战略缺乏起码的认知,"纯技术论""纯工具论""纯部门论"仍有市场。推进数据的整合,要有"大数据思维"。所谓大数据思维,是指一种意识,认为公开的数据一旦处理得当就能为千百万人亟须解决的问题提供答案。需要组织各部门基于协同的基础,借助新一代的云计算、物联网等信息技术和应用,通过感知化、物联化、智能化的方式,使不同领域、子系统之间的关系显现出来,形成一个实时反应、普遍联系、相互促进、彼此影响、协调运作的和谐生态整体。协同的含义就是合作,而非独立行事。面对跨部门运作和跨部门信息资源流动,各部门要在工作目标上达成共识,增加跨部门、跨专业领域、跨边界的能力和信任,这决定着各部门主观能动性的发挥及后续采取何种形式去实现数据资源共享。

(二)优化数据流动结构

按照结构功能主义的观点,一个系统的结构与功能存在密切联系,功能依赖于结构。合理的结构能够保证数据运作良好,这里的"结构"指的是系统中固有的数据信息流通模式。数据信息流动方向包括向上、向下和横向流动。从某种程度上来说,数据信息流动结构也是权力结构,权力来自对数据信息选择与传播的掌控。在大数据环境下,由于各部门的专业特征和数据信息流动偏好不同,在一定程度上影响着数据融合度。数据信息流动方向决定着数据信息的传递、共享及交流的速度和准确性,如果数据信息在现有结构中无法实现顺利传送,就需要改变组织结构以实现更好的数据信息流动。

(三)搭建部门之间的沟通协调网络

加强跨部门的信息沟通与协调是充分运用大数据的基础条件。沟通协调网络按照不同的工作任务和工作内容进行调整。除了正式的沟通网络之外,还要建立非正式沟通渠道。正式的沟通网络为传递信息建立了固定的结构,而非正式的沟通渠道可以根据不同需要随时形成。沟通协调网络决定着数据信息运行的方式，随着联结人员数量和数据信息特性的变化而发生变化。大数据建设是一项有序的、动态的、可持续发展的系统工程，必须建立良好的沟通网络，以促进建设过程中各个环节的正规有序推进，实现统合，搞好顶层设计。通过部门内部或部门之间的沟通网络，使组织的数据、信息、知识、能力、应用、服务等有机整合，掌握智能化进程的先机与主动权。针对信息系统建设中的大数据应用，建立不同主题、不同模块的大数据建设标准，为实现各类信息系统之间的互联互通、资源共享奠定基础。不同领域的数据之间也有一定的关联性，这种数据间的耦合可以使大数据不断产生更大的价值。信息资源跨部门共享就是一种结构化的跨部门合作，只有通过彼此间的协商与交流，将个人的认知、愿望和力量转化为集体的共识，才能对跨部门共享产生积极的影响。因此，应通过沟通协调网络，消除数据壁垒，将现有的各条线、条块的业务系统、信息系统、网站平台等进行数据贯通和整合，实现各类信息数据的共享应用和深度整合。

（四）建立辅助性的动态合作团队

动态团队就是跨越界限的合作平台，形式多种多样，既可以在组织的同级部门开展合作，也可以实行跨级合作。动态团队中的成员在合作中地位完全平等，没有上下级，不存在命令与服从关系；在决策过程中遵循民主协商、平等自愿的原则；按照实际要求灵活合作。这种非正式组织完全可以突破行政系统内的固定边界，有助于成员之间的信息交流，而不需要考虑成员的等级，能够促进信息和资源整合与利用的最大化，加强合作与激发创新。这样一种脱离层级控制的扁平化结构本质上就构成了一个知识体系，其优势主要在于对各部门人员所拥有的知识、信息进行整合、创造和管理，促进不同部门数据信息资源共享，发挥出巨大的整体效能。

第三节 大数据资产对旅游组织结构的影响

一、旅游组织结构

（一）传统的旅游组织结构

我国旅游业是较早进行市场化改革的行业。1978年，以党的十一届三中全会胜利召开为标志,开启了中国改革开放的伟大时代,并取得了巨大的成绩。但受我国传统组织管理的影响,我国旅游企业的组织结构主要以科层组织为主。

我国旅游产业的其他部门如景区、旅游行政管理部门的组织结构也大多以科层组织为主。受到形成于制造业的管理原理和组织原则的影响和制约,旅游组织在其发展过程中逐步建立起的组织结构、运作模式与旅游企业本身所具有的职能不相协调。从组织结构角度探究,现代旅游企业主要是借鉴了工业社会的管理理论,沿袭了传统的以劳动分工为基础的组织形式,采取的仍旧是集权式的金字塔型或其变化形式的组织结构。

(二)传统旅游组织结构存在的问题

1. 沟通效率低下

传统的旅游企业组织结构是严格按照刚性管理的要求设计的,如目前我国旅游饭店的组织结构呈现包含总经理、部门经理、主管、领班、基层员工的5层甚至更多层的垂直式"金字塔形"结构,从上到下是决策输送,从下到上是信息传递,每个员工被定位在某一个以功能为核心的部门。这种严格定位、逐级负责的模式严重阻碍了企业内部信息的自然流动,已无法适应新的大数据革命的变化。以旅行社为例,"由于旅游产品生产过程和消费过程的合一化",要求旅游服务提供者在面临服务对象的新要求和环境的新变化时做出快速的反应,而传统的刚性管理体制则与快速反应的理念背道而驰,大大限制了服务水平的提高。

2. 旅游产品和服务趋同

旅游企业的产品多为感情含量高、服务含量高、精神含量高的"三高"产品,但传统的旅游企业组织结构适合生产大批量的标准产品,"三高"产品无法组织生产,导致产品和服务严重趋同,旅游企业缺乏核心竞争力。

3. 组织协调困难

旅游企业的各部门间缺乏横向联系,协调困难。科层组织结构的弊端使各职能部门往往仅从自己部门的角度思考问题,易引起各部门间的对立,从而也使上层管理者将大量时间都浪费在协调工作上。

4. 组织创新能力难以形成

旅游企业的权力集中在上层,相应的决策权也集中在上层,从而抑制了下属人员或部门创新活动的积极、及时开展。

（三）旅游企业组织结构的趋势

1. 结构扁平化

随着全球化竞争和数字经济时代的到来，扁平型组织替代金字塔式的科层制组织结构将是不可逆的时代潮流，减少管理层次、减少中层管理人员、降低管理成本，是各旅游企业特别是酒店类企业追求管理效果的内在渴求；淡化部门和岗位束缚、强化一线员工的自主管理和团队精神，是各旅游企业实现人本管理的有效途径；让员工充分了解和掌握企业信息，更多地为企业承担创造和寻求市场机会，是各旅游企业提高企业竞争力的有效举措。大数据应用为组织扁平化提供了技术支撑，当前旅行社、旅游公司等企业正纷纷向扁平型的网络化、数字化转型。

2. 决策分散化

科层制组织结构中，旅游企业全部信息的拥有权和决策权均集中于中高层领导，对市场的反应和对业务的最终决策，都需通过较长的沟通链来完成。在竞争形势瞬息万变和旅游者消费需求日趋个性化的旅游市场，网络技术使企业和市场的信息传递速度非常之快，这种集中决策的决策机制对信息的滞后作用越来越明显，正慢慢失去其存在的基础。分散决策成为旅游企业应对环境变化的有效对策，一线员工在某种程度上将成为企业直接的决策人。这种变化在旅行社的管理中表现最为明显。

3. 运行立体化

传统旅游企业的业务流程必须按先后顺序进行，各业务节点与外界联系不强，各职能部门和业务环节也是割裂开的。这种单层次的单线运行业务线路对外部信息反应迟钝，对内部往往会因某一业务节点的障碍而受到影响，导致工作中容易发生摩擦与推诿现象，严重的会导致业务丢失或错失发展机遇，从而影响管理的效率并加大协调成本。大数据要求抛弃这种单线运行组织，建立立体化动作组织结构机制。依托大数据中心提供的信息和数据，将各团队有机联系起来，保持密集的多边联系，使团队之间架有立体通道，实现团队与团队之间的实时沟通，使企业能集中最优势的资源共同处理企业各项业务和各类问题，达到企业目标。

4. 管理范围模糊化

传统组织结构的管理职能一般关注于企业内部或部门内部的运作上，对外界的信息较少涉及，组织边界分得一清二楚。由于中国加入WTO带来的全球经济一体化进程加快，我国旅游市场空间已大大突破国家和地区的界限，企业已融入世界经济一体化的循环之中；同时，旅游者的消费需求内涵和外延的变化也突破了旅游企业的传统管理边界，他们要求旅游企业将其产品、销售、服务等内容向其全方位开放。

这就要求旅游企业的日常经营管理运行方式也要模糊企业职能部门的边界，寻求一种以服务为中心的、灵活高效的、开放式的并可随时按市场需求做调整的管理组织。

5. 领导权力虚化

每位员工只能有一个直接上级，只能接受来自一个直接上级的指挥命令，不允许越级指挥和越级汇报是传统组织管理的重要原则，层级权力是维系传统组织结构良性运转的保障。在瞬息万变的外部环境和稍纵即逝的机会面前，这种层级权力面临着极大的转型压力，靠制度发号施令的运转机制已难以适应这种市场变化。大数据的应用，将会使各层级权力发生变化：基层主管的管理职能将从控制转向支持，从监督转向激励，从命令转向指导，特别是要发挥组织团队和加强协调的作用；中层领导的管理职能将从监督、上传下达转向服务和协调；上层领导则将改变高高在上的姿态，进入扁平型组织的中心位置，强调要让员工接近自己、参与决策，通过不断扩大在员工中的影响力来巩固自己的地位。

二、大数据对旅游组织规模的影响

（一）经济组织的逻辑起点和基础

1. 规模经济理论

规模经济是指在一定的技术条件下，随着投入的均衡增加，在每一个产出水平中获得的产出增加比例大于投入增加比例，同时长期平均成本在每一产出水平上呈现处处下降的趋势，即在一定的条件下，随着生产规模的扩大而增加产量，每单位产出的成本逐渐下降。这意味着在一定的产量区间内，任意产量水平上，只要增加投入就可获得更大的产出，或者说只要增加产出就可以降低成本。规模经济理论认为，在规模经济比较显著的行业中，随着企业规模的扩大，将会导致产品成本降低，经济效益提高。规模经济产生的原因之一是社会分工与专业化生产，即随着规模的扩张，企业内部就可能采取专业化技术、改良机器设备、进一步细分采购和销售业务，从而提高企业的经济效益和降低生产成本。规模经济理论适用于与专业化分工的产出和发展密切相关的企业边界理论问题的分析，侧重于动态的、系统的分析，但是对于其他的企业边界问题的解释力则较欠缺。

2. 交易费用理论

交易费用理论认为，企业的出现是为了在专业化的经济交换活动中节省交易费用，企业是作为价格机制的替代物而出现的。它把企业和市场看作是两种相互替代的配置资源的方式。市场运行是有成本的,这种成本即交易费用,交易费用是以种种形式广泛存在的,如谈判、讨价还价、编写和执行合同所带来的费用等。假设能成立一个组织或企业,允许组织或企业中的权威(如企业家)来指挥资源配置,则可节省上述交易费用。当然,企业内部组织一笔交易也是要耗费成本的,如监控成本和管理学上的"控制上的损失"等管理成本。著名经济学家威廉姆森在交易费用理论的基础上,分析和提出了决定交易费用的三大纬度:资产专用性、不确定性和交易频率。资产的专用性越高,则外在的交易费用就越高,企业内在化的要求程度也就越高,企业就会扩张边界,扩大规模。同样,交易或事项不确定性越高、交易频率越大,企业内在化的要求就越高。因此,交易费用理论认为,企业总是倾向于扩张,直到在企业内部组织一笔额外交易的费用等于通过在公开市场上完成同样交易的费用或在另一个企业或组织中完成同样交易的费用为止。交易费用理论采用的是相对静态的分析方法,即在假定背景环境不变或相对稳定的环境中,分析与交易关系密切的三大纬度,通过这三大纬度的特征来确定企业规模的大小。

3. 资源与能力理论

资源是指可以评价其价值,并为管理者所掌控的外显、静态、有形的客观物质对象。能力是通过资源的运用所显现出的价值,它最终体现为具体个人和群体身上潜在的、动态的、无形的、可以胜任某项工作或活动的主观能动性,是一种特殊的资产。资源与能力理论认为,企业是拥有一定资源与能力的结合体,它能够运用这些资源和能力从事生产经营活动,并能以自己特有的方式有效地处理现实生产经营中的各种难题。然而在市场经济条件下,大部分资源可以通过市场交易得到。在成熟的市场经济中,依靠资源来获得经营优势是比较困难的。所以企业的边界实际上就是能力的边界,企业的能力可以分属于企业内的不同个人,但企业的特殊能力表现为一个组织所拥有的、难以为其他组织所模仿的特殊资产。企业运用这种特殊能力来进行资源的优化配置,获取竞争优势。

(二)数据成本对企业成本的影响

大数据将颠覆信息不对称格局,商品的传统成本几乎完全透明,使传统成本和交易成本在成本组成中逐步从关键变量变为次要变量。在大数据时代,离散化、数字化的解构贯穿于企业之中,知识和信息成为主要的生产投入要素,企业交易成本的关键变量变成数据成本。交易跨越空间和时间,急剧降低信息交流所需的传统成本。同时,在互联网环境下,用户搜集信息的成本不断降低,搜集信息的能力大大增强。成本变革更多地表现为数据采集、存储与处理成本,大数据的海量、非结构化、稀疏化和实时性等特点使成本主要集中在数据的收集、汇总和挖掘等方面。由于信息分享复制的成本几乎为零，且能重复销售和使用，因此其定价机制不再由成本和供求关系主导，而是依据用户评价和用户对价格的敏感度来决定。大数据对于市场的意义就在于它形成了新的成本革命，在降低企业直接交易成本的同时，产生了新的间接交易成本——数据成本，因此市场的最终决定权落到了能够控制数据成本的企业手中。数据成本是指企业对数据的获取、传递、表达、存储、搜索、处理等的直接或间接支出的费用。这样的由网络、大数据与平台构成的社会智能，是当前社会企业存在与发展的主要环境，数据成本也就成为整个经济与社会的主要成本核心。随着数据成本成为整个社会产业结构调整的出发点，不同成本比例下的经济替代效应因此产生。

（三）大数据导致的成本变化

科斯对市场和企业两种制度安排做了替代性的分析，并据此得出一个关键结论：企业组织的边界取决于外部交易成本和内部交易成本的比较。然而，科斯仅仅提出了一个关于交易成本的概念性框架和研究视角，对交易成本的构成及其度量方法并未给出明确的答案。随后，阿尔钦、德姆塞茨、威廉姆森和张五常等人对交易成本的具体构成做了进一步的补充和改进，形成事前搜索信息、讨价还价、决策、监督和售后服务等交易成本内容的一般性理解。现在，大数据、云计算和移动互联网等信息技术飞速发展，交易成本的主要成分发生重大变化。除此之外，大数据经济使数据处理的交易成本演变为交易成本的主要类型。一方面，空间交易成本呈现下降趋势。存储、管理的空间成本急速下降，因为企业决策更依赖于数据处理和分析结果，要求科学合理地配置资源、调节存货，传统的仓储、管理环节要求逐步减少，空间交易成本只剩下物流成本的成分。另一方面，大数据处理技术成本上升。

（四）旅游企业边界变化的表现

从现实经济活动来看，企业边界主要沿着横向变化和纵向变化两个方向展开。但旅游企业边界沿着横向变化和沿着纵向变化的过程并不是一帆风顺的，而是经常此起彼伏。究其原因，就是在分析横向业务与纵向业务之间的关联数据方面，数据处理成本急剧上升，私企对公权的控制力加强，这是企业进行边界扩张的过程中一个不可忽视的问题。

1. 横向变化

旅游企业边界的横向变化是指旅游企业同时向消费者开展和提供各种不同的业务，增加产品或服务种类。横向变化类似于旅游企业多元化战略，主要目的是获得规模经济和范围经济。旅游企业边界的横向变化没有主次产业之分，企业业务向其他领域延伸触角，各种业务之间存在内在价值关联，消费者之间经由企业提供不同业务而形成销售量的正反馈机制。在大数据经济下，旅游企业的横向边界不断实现突破和变革，主要机制是通过对数据的超强处理能力，降低企业的成本，提高企业调配各种资源的能力和掌控力。如当前酒店企业通过大数据技术，使内部管理成本比外部交易成本下降得更快，像酒店和景区这样的旅游企业边界正在扩大。

2. 纵向变化

与横向变化不同，旅游企业边界的纵向变化是沿着旅游产业链进行的。纵向变化与企业垂直一体化发展战略具有相似之处，垂直一体化的过程就是旅游企业边界发生纵向变化的过程。旅游企业将通过融合产业链的各个环节，降低外部交易成本，这是未来旅游企业发展的一个重要趋势。如酒店通过历史纪录、客户信息等方面的大数据，开发旅行社相关业务；景区可开展住宿、餐饮方面的业务。

3. 跨界发展

跨界发展主要指企业通过对社会数据的控制，形成了在企业内部创造或者对外部社会形成类似于政府公共权力的情况，导致企业治权与政府公权之间的界限模糊化。企业形态离散化，使得企业能够跨越多个行业边界，借助大数据的价值关联，达到跨界发展。例如，淘宝通过基于广泛客户群的大数据基础，把边界扩展到银行、娱乐和零售业务；百度通过客户信息，开展网上旅游；而乐途、途牛等线上旅游与搜索引擎数据关联非常密切。大数据已然成为旅游企业生态系统中的核心资产，数据传递、信息共享已经成为旅游企业生态系统中成员的重要合作途径。由于大数据的动态配置和应用，旅游企业生态系统的合作呈现出多元化。旅游企业生态系统中各成员企业、消费者、投资商、竞争者、互补者、政府主体共同参与产品的价值创造。因此，基于大数据的连接与融合，旅游企业生态系统企业边界、旅游行业边界开放性更加明显。

4. 旅游企业价值边界无界化

大数据依赖广域覆盖和超时空互联网络的强力支撑，以海量信息价值关联为依托，打通原有各个平行行业或产业的链条约束，实现旅游全产业链和跨行业的价值融合、价值发现、价值创造。互联网能够达到的边界成为旅游企业的边界，互联网达不到的地方也可能通过旅游企业拥有的客户的影响力而成为其商业触角舒展之地。因而在大数据经济时代，旅游企业传统意义上的实体边界逐步被只拥有抽象意义的价值边界所替代。这种价值边界确立的根基，在于旅游企业所拥有的信息资源的多寡和对这些信息资源掌控、利用及据之进行价值创造的能力。

第三章 大数据对旅游组织功能的影响

第一节 组织功能研究

一、企业组织的基本功能

企业组织是通过其经营活动以实现盈利的组织。企业组织的功能是指企业组织的职能、任务、目的。一般而言,功能与机构之间不存在一一对应关系。组织的某一功能可以由数个职位或部门联合完成,某一职位或部门也可能同时承担若干个功能。从企业组织生存所需的基本功能来看,企业组织应具备跨域、生产、维护、适应和协调5个功能,具有相应的5个子系统。

(一)跨域子系统

跨域子系统负责企业组织的所有对外活动与对外关系,处理企业组织与外部环境之间的输入与输出交易。输入方面,跨域子系统取得企业生产经营所需的原材料、产品及服务;输出方面,跨域子系统将企业的产品、服务等输出到市场中去。同时,跨域子系统还负责处理企业组织的所有对外关系,如公关活动、信息采集等。跨域子系统具备信息采集能力、采购能力、销售能力和客户服务能力等。企业组织中属于跨域子系统范畴的有采购、销售、客户服务等部门。

(二)生产子系统

生产子系统负责为企业组织输出生产产品和服务,是企业在经营活动中实现价值增值的关键环节。生产子系统具备价值创造能力。企业组织中属于生产子系统范畴的有生产、客户服务等部门。

（三）维护子系统

维护子系统负责消除企业组织运营当中的障碍并对其进行维护，保证企业组织的正常运作。维护活动包括生产设备等生产工具的维护、原材料等生产资料的维护、人员的维护、组织运作规章的维护等。维护子系统具备生产设备维护能力、生产资料管理能力和员工协调能力。企业组织中属于维护子系统范畴的有设备维修、仓库管理、人力资源等部门。

（四）适应子系统

适应子系统负责企业组织因环境变化而进行的变革活动，负责观察、预测组织内部和外部环境的变化，评估变化对企业经营活动的影响，并根据需要对企业活动、组织架构、生产技术等做出调整。适应子系统具备环境适应能力（企业组织针对市场环境变化和技术环境变化的反应能力）和技术研发能力。企业组织中属于适应子系统范畴的有技术研发、市场研究等部门。

（五）协调子系统

协调子系统负责指挥协调其他功能子系统的运作。协调子系统具备信息分析能力、组织控制能力和决策能力。企业组织中属于协调子系统范畴的有董事会、总裁、董事长、各部门经理等具有决策权力的部门与人员。

二、组织功能研究的内容

（一）组织功能

人类活动的系统应由人类活动这个要素组成，人类活动系统的结构就是这些活动的相互关系，要描述组织的系统结构，就要找出组织内人的活动，以及这些活动的逻辑联系。也就是说，企业是实现生产或商业目的的一系列不同性质和种类的人的劳动或力量的协作系统。根据维纳等人的系统观，系统不是静态的，它具有智能和行为。组织的系统行为是组织相对它的环境做出的内部交互和环境交互活动，组织的功能就是通过组织行为所引起的功能对象的变化呈现出来的。所以，组织的系统功能是由组织的运行结构（或称行为关系）决定的。

（二）以资产专用性解释组织结构和功能

在交易成本经济学的企业理论中，奥利弗·威廉姆森更倾向于把"资产专用性"看作引发企业组织演变的一个不同寻常的结构性和功能性概念。

1.资产专用性、交易频率和不确定性是企业组织的3个维度

企业组织的具体情况根据这3个维度——交易频率（x）、不确定性（y）和资产专用性（z）的不同组合而加以界定。在数学意义上，企业组织（或治理）结构（A）与这3个维度之间不是函数关系，而是一种组合关系。依据威廉姆森的设计，它们之间存在着组合关系。由于交易频率（x）、不确定性（y）和资产专用性（z）这3个因素均是变化的，所以在非严格数学意义上，可以分别被看作是决定和影响企业治理结构的变量。

2.在交易中减少不确定性，节省交易成本，形成有效的治理结构

威廉姆森的理论主要（但并非仅仅）强调组织或合约安排的目的和功能在于保护"专用性投资"免受"套牢"或"敲竹杠"机会主义行为的侵害，并且以"交易成本最小化"作为理论核心。在企业资产受到外部威胁的时候，专用性资产投资方就会寻找签订长期契约的可能，或是采取一体化的措施，前向进入销售领域，或后向进入供给采购领域，形成统一的治理结构。交易成本经济学认为一体化的目的是节省交易成本，但结果主要是节约了生产成本。因为一体化形成了规模经济，降低了成本，形成了竞争力。总之，当专用投资导致的准租金变得更显著及与事前承诺相关的收益增加时，预期双方将更频繁地选择纵向一体化或长期合约。所以，资产专用性成为在任何经验分析中都应考虑的必要的变量。

3.资产专用性所有者控制企业是有效的制度安排

按照威廉姆森的理论，把企业所有权赋予资产专用性较强的一方，并由其监督资产专用性较弱或没有专用性的一方，就是一种有效率的契约安排。这种思想源于西方经济学中传统的"比较优势原理"，这一精神在波斯纳原理、巴泽尔的"产权合约"和克莱因的团队理论中都得到了体现。

4.资产专用性是理解交易费用经济学企业组织的枢纽

科斯坚持用"交易成本"来解释企业的性质，威廉姆森则阐述了具有专用性投资的企业是如何节省交易成本的，这种更实用的做法是把企业（至少从多个人的目标来说）作为一种治理结构。这种治理结构取决于"资产专用性"的大小及交易频率的高低，并且只要对经济组织问题进行认真的研究，最终势必把以下3种概念综合起来：一是有限理性，二是投机思想，三是资产专用性的条件。从目前所掌握的

文献来看，威廉姆森的"资产专用性"形成了基本的概念层系。从这个角度来说，"资产专用性"是在交易成本框架下的一个基本概念，在分析企业的性质时它却不像"交易成本"那样具有全面性，但其内涵比交易成本更为准确，更具有可操作性，对企业的特征也有一定程度的把握。资产专用性在交易成本经济学企业理论中具有积极意义。

（三）市场机制

就企业组织和市场机制来看：第一，企业组织按照利润最大化原则独立地从事生产经营活动并承担全部风险，这种组织形式的优势在于可以组织大规模的生产，筹集巨额资金，以及通过专业化的管理与监督提高生产效率。由于市场交易中信息成本的存在，使得专门从事信息产品生产的"市场中介"机构逐渐从传统的企业组织中分化出来。而随着生产技术的标准化进程发展和一些新型契约的推广，以及信息化和网络化的广泛应用，传统上高度一体化的企业组织形式正在逐渐被"服务外包"或合同转让等方式所打破。第二，市场经济是以市场为基础的资源配置方式和经济运行调节方式。市场机制是在没有政府直接控制的条件下，以供求规律为基础的价格机制和竞争机制，它只有在商品流通打破狭隘的空间或地域限制的情况下，即只有在社会分工、生产专业化和社会化的条件下才能达到或实现。因此，市场机制能充分发挥作用的条件是生产者为数众多、产品同质化，单个生产者都只能作为价格的接受者而不是操纵者，即市场非垄断化。造成市场"不完全竞争"，即市场垄断化的根源，一是出现规模经济效益并降低成本，二是存在"进入壁垒"。第三，市场机制的局限性在于：经济行为目标的短期化；经济波动的周期性；在规模经济显著的产业市场有产生垄断的倾向；另外，市场也无力解决外部某些现象，如环境污染、社会不公平等问题；无法克服高风险投资等障碍；难以规避由于信息不对称导致的欺诈行为等。

（四）社会责任

现代社会组织功能包括追求市场平均利润的经济价值、多元的社会价值及混合价值。而市民社会机制的核心内容是经济组织或个体在志愿的基础上，以互惠、互助或自助的方式自主供给某些人们共同需要的产品或服务。这种机制的优势在于：在公共物品的提供中具有简便灵活和运行成本较低的特点，社会互助和自治有助于培养公民的合作、团结及公共精神，为公民大众的"利益表达"和"利益集结"提供广泛的交流平台和沟通渠道。

三、主要旅游企业的内部职责与功能分工

（一）旅行社组织功能

根据旅行社的经营目标、旅游行业的特点及国家相关法规政策，被调查的某旅行社特设总经理、计调部、业务部、前台及导游部、财务及后勤部等部门。各部门任命专人负责管理本部门的日常工作，其具体工作职责如下：

1. 总经理

即旅行社职业经理人，是经过国家旅行社职业经理人考试并取得旅行社职业经理人资格证书，或在旅游行业有一定作为，受聘于旅行社，统领旅行社日常工作的一种职业经理人。总经理应配备一到两名文员，协助总经理工作。也有的公司根据工作需要，设立副总经理职位，协助总经理对公司内部工作进行管理，更好地实现公司经营目标。总经理主要的岗位职责及功能：

①以身作则，遵守公司的各种规章制度。②领会公司经营目标，贯彻细化公司董事会的经营计划，根据公司经营目标及董事会经营计划，确定公司的部门设置及人员编制。负责部门经理的人事安排，制定公司各种规章制度，全权向公司董事会负责。③制定公司的发展战略规划，制订经营计划，组织监督各项规划和计划的实施。全面协调公司的对外营销，确立公司在市场上的形象和地位。④提高综合分析能力，加强组织协调能力。推行公司制度化管理工作。积极向公司董事会提供对公司发展有利的决策。⑤负责公司的综合管理，坚持原则，实事求是，清廉公正，自觉抵制不正之风。积极采纳员工合理化建议，负责布置员工专业知识培训工作。⑥严格监控各部门工作，发现问题果断采取相应措施，及时解决问题。⑦负责对部门经理的绩效考核，有权建议对各级管理人员和职能人员的奖惩、任免及晋升。⑧关心员工，体察下情，发扬民主，倾听不同意见，明辨是非，知人善用。善于发现人才、使用人才、培训人才、提升人才、推荐人才，发挥各类专长人才的作用，调动他们的积极性和自主性，为公司发展储备人才。

2. 计调部

为实现旅行社对旅游资源的整合，开发设计旅游线路，设立计调部。计调部设立计调部经理一职。其下可根据旅行社的经营范围，设立商务人员、国内线路计调人员和国外线路计调人员。计调部经理负责计调部门的管理工作，由总经理任命，报经董事会批准。计调部工作职责：①负责公司旅游资源的研发采购，开发设计旅

游线路。②维护与旅游景点、旅游饭店、旅游交通部门及合作旅行社的关系。负责旅游景点门票、旅游饭店的预订，负责导游人员、旅游交通的调度等。③加强自我学习，提升开拓创新能力，根据公司经营目标、季节变换及社会实时活动等，开发新型旅游产品。④协助公司管理人员对导游、前台及业务人员进行旅游专业知识培训。⑤收集、听取其他部门的反馈信息，努力提高旅游产品质量，降低成本，对旅游产品定价提出合理化建议。

3. 业务部

为开发市场，实现旅行社的经营目标，加强公司对外宣传，完成公司的营销计划，树立企业形象，设立业务部。业务部设立业务经理一职，负责业务部的日常管理工作，由总经理任命，报经董事会批准。根据公司的营销计划和开发市场的实际需要，业务部可配置业务人员若干，统一由业务经理领导。业务经理的职责：①以身作则，遵守公司的各项规章制度。②明确公司的营销策略，领导业务部人员完成公司的营销计划。③提高业务管理能力，加强组织协调能力，及时把握和分析市场动态，掌握最新营销信息，并运用于工作中。④招聘和培训业务人员，增强业务部整体业务素质，提高团队的业务能力。⑤制订业务计划和业绩目标，负责要求每一位业务人员制订工作计划和业绩目标，监督和督促其完成目标，必要时给予帮助。⑥根据每一位业务人员的实际情况（性格、学识、喜好、经验、人际关系等），帮助其制定一套符合自身特点的工作方法。⑦加强对客户关系的管理。了解业务人员的客户关系管理情况，对其重点客户及难攻客户关系的管理予以帮助。

4. 前台及导游部

设立前台及导游部的目的是做好对公司来访人员的接待工作，负责对来访人员进行信息登记，并接待散客。导游是旅游产品销售的最后一个也是最重要的环节，直接影响着旅游产品的质量，关系到公司的整体形象。前台及导游部设部门经理一职，负责管理和分配前台及导游的工作并对其进行专业知识和技能培训，协助计调人员对导游进行调度。前台及导游部的工作职责：①接待公司来访人员，进行信息登记，并通知相关人员接待。②接受散客预订，为散客办理相关手续，交给计调和财务人员。③收集、整理游客的反馈信息，接受游客投诉，交给公司内部相关工作人员进行处理，把处理结果反馈给游客。④加强自我业务学习，接受公司安排的培训，努力提高专业技能和服务水平。⑤自觉加强自我职业修养，维护公司形象。

5. 财务及后勤部

为加强对公司财产的管理，控制公司的营业成本，提高公司利润，根据国家对企业管理的相关法律政策，设立财务及后勤部。财务及后勤部设立部门经理或主管一职，负责公司的财务和后勤部门的工作。负责人必须具有国家审计和财政部门颁发的相关职业资格证书，或有一定的财务管理经验和超强的财务管理能力。财务及后勤部负责人由总经理或董事会直接任命，对公司财务管理负责。根据工作需要，财务及后勤部应配备具有国家审计和财政部门颁发的相关职业资格证书的工作人员。财务及后勤部的职责：①负责筹措资金，开辟财源，对资金的投放、分配和使用实行统一的监督管理。②保管好现金和各种有价证券，以及有关印章、空白支票等，确保资金安全。③保管和整理会计凭证、账簿等资料，定期向领导提供财务报告和财务数据信息。④将业务往来账款及时通知相关人员，督促并协助业务人员追收未收账款。⑤对公司工作人员进行业绩评估，发放相应的工作报酬。

（二）酒店各部门职能

1. 行政部工作职能

行政部是酒店内负责行政事务及后勤保障的部门，分管行政车队、制服房、员工饭堂等。主要任务是：①为员工做好后勤保障工作；确保酒店的食品饮料及饮用水符合卫生标准；负责酒店车辆的保养；与政府部门联系，负责办理酒店的卫生许可证等资质的报批及复验工作；负责对酒店内部各合资、合作、承包项目的卫生管理并协调解决有关事宜。②设计组织机构并编制定员。应在酒店决策层的领导下，根据酒店规模、等级和经营特点确定酒店的组织机构及各部门的人员编制。③制定人力资源管理制度。根据酒店的人力资源方针、政策制定各项管理制度，如员工守则、晋升与离职制度等。④计划并实施员工的招收。根据酒店经营业务的需要，制订酒店所需员工的招收计划，并组织实施。⑤做好工资、福利及劳动保护工作。根据国家有关劳动工资的政策和酒店的规定，做好员工的工资定级、调整等工作，并监督各部门劳动保护措施的执行情况。

2. 财务部工作职能

①编制财务计划，加强计划管理。财务部应根据有关部门规定的方针政策、制度、纪律及本酒店的实际情况，编制财务计划，并监督、检查计划的执行情况；筹措各项资金，并管好、用好资金。②做好经济核算，控制成本费用。财务部应通过核算反映并监督酒店的经济活动及其成果，并对核算过程进行控制和管理；应利用会计资料监督酒店运行过程中的倾向性问题，尽力降低成本，节约费用，从而提高酒店盈利水平。③加强财务分析，提供决策参考。财务部应根据财务计划严格考核各项经济指标的执行情况；通过深入实际的调查研究，分析酒店经营管理状况，为酒店决策层提供财务信息资料，以促进酒店经营管理的改善。④坚持会计监督，维

护财经纪律。财务部应严格遵守财经纪律，按照国家有关方针政策来组织经济活动和财务管理工作；对违反财经纪律和化公为私、损公肥私、铺张浪费等行为应坚决予以制止，以保证酒店资产的保值、增值。

3. 采购部工作职能

①编制酒店采购计划。采购部应根据酒店业务经营需要制定酒店所有物资的采购计划，在总经理授权范围内审批各部门的采购申请，会同财务部一起控制采购资金的使用。②组织物品采购。采购部应根据各部门的采购申请及物资的库存情况，按时、保质、保量地组织所需物品的采购。在采购过程中，应货比三家，严格控制采购价格。③做好进货的验收、库存与发放工作。采购部应认真做好购入物资的验收、库存、发放及账务登记、核算等工作，制定并执行相关的规章制度，特别应做好酒店所有进口物资的报关、纳税等工作，并按程序及时提取物资。④提供货源信息。采购部应经常进行市场调研，注意收集有关物资的各种信息资料，反馈给物资使用部门，并提出物资使用和管理的意见及建议，以降低酒店费用支出，提高经济效益。

4. 餐饮部工作职能

①掌握市场需求，合理制定菜单。餐饮部应了解本酒店目标市场客源的消费特点和餐饮要求，掌握不同年龄、不同性别、不同职业、不同国籍和民族、不同宗教信仰的客人的饮食习惯和餐饮需求，并在此基础上制定出能够迎合目标市场客源的菜单，满足客人对餐饮服务的各种需求。②进行餐饮创新，创造经营特色。酒店餐饮服务要具有吸引客人并与其他饭店和社会餐馆、酒楼竞争的能力，最重要的是必须创造自己的经营特色。这就要求餐饮部应努力挖掘人的潜力，积极继承传统，研究开发菜点品种，并配以与之相适应的餐饮环境和特色服务。③加强餐饮推销，增加营业收入。餐饮部应在酒店营销计划的指导下，研究、分析餐饮客人的消费需求，精心拟定推销计划，开展各种形式的促销活动，积极招待各种宴会，努力做好节假日和酒店特色餐饮的宣传推销，以争取更多的客源并尽力提高来店客人的平均消费水平。④控制餐饮成本，提高盈利水平。餐饮经营的目的是在满足客人饮食需求的基础上为酒店创造利润。要想提高餐饮盈利水平，除了扩大餐饮销售之外，还必须严格控制餐饮成本。首先是降低食品成本，餐饮部应根据酒店星级和目标市场客源的消费水平合理定价，控制食品原料的采购价格、数量和质量，加强食品原料的验收、库存和发放管理，减少原料的损耗和浪费；其次是尽力降低劳力成本，餐饮部应做好营业量预测，根据劳动定额合理组织劳力和安排服务员的工作时间，并加强培训，提高服务员的劳动效率，从而降低劳力费用；再次是减少低值易耗品的消耗，

餐饮部应确定低值易耗品的消耗标准，在满足客人需求的基础上，尽量减少浪费和损耗，增加盈利。

5. 工程部工作职能

①保证酒店的能源供应。确保为酒店供应能源的设备（如供电、供热、制冷、供气等）的正常运行，并根据酒店各营业部门的需要，保质、保量地供应能源，同时还应尽量节约能源消耗。②加强设施设备的保养。根据设施设备的种类、结构、性能、运转时间和技术要求，制订相应的保养计划，确保设施设备的正常运转。同时，还应对各部门使用设备的员工进行上岗培训，培训内容是他们在工作中使用的设备的维修保养要求。另外，工程维修人员应对酒店所有的设施设备进行巡回检查，及时发现设施设备的任何不正常状况，及时解决。③进行设施设备的更新、改造。为了发挥设施设备的综合效益并避免其老化，增强酒店竞争能力，酒店的设施设备每隔数年即应进行更新、改造。如果是小范围的局部项目，工程部应尽量自己施工；如果是大范围或重大项目，由外单位施工时，工程部应做好监理工作。此外，当酒店举办重大活动，如大型的宴会、会议等时，工程部应协助配合布置场地。

6. 销售部工作职能

①制订销售计划。应根据酒店的经营目标，收集并分析各种市场的流向动态，制订酒店招徕客源的销售计划，并组织实施。②与客户建立良好的协作关系。应与旅游行政管理部门、外事部门、各旅行社、航空公司、火车汽车轮船客运站和驻本地的商社、办事机构、企事业单位等保持密切的联系，并经常进行沟通，了解客人需求，建立长期、稳定的良好协作关系，以促进酒店产品的销售。③进行酒店产品的宣传推销。应根据本酒店的实际情况确定目标市场，并及时对目标市场开展各种宣传、促销工作，以保证完成酒店下达的销售任务。④反馈各种信息。应将收集到的各种客源市场的信息反馈至酒店，参与研究酒店产品创新和组合开发，以使酒店产品更符合目标市场的需求，从而提高销售量。

7. 公关部工作职能

①提高酒店知名度和美誉度。应充分利用新闻媒介来提高酒店的知名度和美誉度。当名人来店住宿、著名厂商代表来店举办会议、酒店参加社会公益活动时，应及时通知各新闻媒体，通过新闻报道的方式提高酒店的声誉。②取得公众的理解和支持。应加强与内外公众的信息沟通，与公众建立良好的关系，从而取得他们对酒店各项工作的理解和支持。在酒店内部，应加强与员工、各部门和股东之间的沟通，创造一个关系融洽、凝聚力强的内部环境；在酒店外部，应增加与客人、新闻媒介、政府各职能部门和社区之间的沟通，创造一个有利于酒店生存与发展的外部环境。

③反馈公众信息，分析环境形势。应将社会对酒店的评价（如酒店的特点、优势、服务质量等）、员工和股东对酒店的态度等信息提供给酒店决策者，起到决策参谋作用；同时，还应随时了解并掌握有关信息，如国家政策、法律法规的变化，社会舆论的导向，公众意向，经济形势及酒店市场的变化趋势等，及时向酒店决策者汇报。④树立酒店形象，维护酒店声誉。树立和发展酒店形象是促进酒店发展的重要手段之一。因此，应密切关注公众的心理、意向变化，使用酒店的公关策略，树立酒店的良好形象，从而为酒店的发展不断创造良好的社会舆论环境。当一些不利于酒店形象的情况发生时，应临危不惧、迅速反应，争取舆论的支持，并妥善处理，以维护酒店的声誉。

8. 前厅工作职能

①销售客房。配合销售部开展各类宣传促销活动；受理客房预订并对预订工作进行管理；接待客人（无论有无预订）；为客人办理入住登记手续，安排客房并确定房价。②提供各类前厅服务。主要有去机场、车站、码头等地迎送客人的服务，行李服务，问讯服务，邮件服务，贵重物品的保管服务，投诉的处理，通过电话总机的各项服务等。③联络、协调对客服务。在销售客房的过程中将掌握的客源信息及时通报至酒店其他相关部门，使各部门能根据客人的需要提供针对性的服务；将受理投诉时了解到的客人的意见及处理情况及时反馈给有关部门。④建立客账。酒店为登记入住的客人提供一次性结账服务，因此，应分别为每一位住店客人设立账卡，接收各营业点转来的客账资料，及时记录客人在住店期间的消费情况；每天晚上进行累计并予以审核；为离店客人办理结账、收款或转账等服务。⑤处理各种信息、资料。作为酒店的信息中心，应将每天接收到的大量有关客源市场需求情况、产品销售情况、营业收入报表、客人对酒店的意见及建议等的信息进行分类处理，及时向酒店客户经理报告或传递至相关部门；同时，应为来店客人建立客史档案，记录客人的基本信息和客人在酒店的消费情况，提供给其他业务部门参考；还应将各种信息进行收存归档，以便随时取用。

9. 客房部工作职能

①做好酒店清洁保养工作。②提供各类客房的对客服务。客房部应在客人住店期间提供优质对客服务，主要有迎送客人服务、电话服务、洗衣服务、客房送餐服务、会客服务、擦鞋服务、租借物品服务、遗留物品处理服务等。③进行客房产品创新。根据客人的需求和本酒店的特点进行客房产品创新，从而以科学合理的使用功能及美好的艺术形式为客人创造一个美观、舒适的生活环境。客房产品创新的主要表现：客房种类的调整，如根据客源特点，适当减少标准房数量而增加单人房数

量，增设无烟客房（楼层）、女士客房（楼层）、残障人士客房、儿童套房、商务套房等；客房陈设布置的变化；服务方式的变化。④加强设备、物品控制。制订本部门的设备、物品采购计划，把好验收关和报废关；制定设备、物品的管理制度；做好设备的保养和报修工作；努力寻求降低客房成本的新举措。

10.培训部工作职能

培训部是酒店负责提高人员素质及合理利用和开发人力资源的职能部门。①负责组织、指导酒店的培训工作。②洞察酒店情况。③定期对员工进行考评。根据员工各方面的工作表现，通过一定的项目或目标进行定期考查，并形成制度，从而对员工进行科学、有序的分析和评价，公正、合理地确定员工的工作实绩及其在酒店中的价值。

（三）旅游景区部门工作职责及员工岗位职责

1.总经理职责

制定和实施景区总体战略与年度经营计划；建立和健全景区的管理体系与组织结构；主持景区的日常经营管理工作，实现景区经营管理目标和发展目标。具体工作职责：①根据董事会或集团提出的战略目标，制定景区战略，提出景区的业务规划、经营方针和经营形式，经集团或董事会确定后组织实施。②主持景区的基本团队建设，规范内部管理。③拟定景区内部管理机构设置方案和基本管理制度。④审定景区具体规章、奖罚条例，审定景区工资奖金分配方案，审定经济责任挂钩办法并组织实施。⑤审核签发以景区名义发出的文件。⑥召集、主持总经理办公会议，检查、督促和协调各部门的工作进展，主持召开行政例会、专题会等会议，总结工作，听取汇报。⑦主持景区的全面经营管理工作，组织实施董事会决议。⑧向董事会或集团提出企业的更新改造发展规划方案、预算外开支计划。⑨处理景区重大突发事件。⑩推进景区企业文化的建设工作。

2.副总经理职责

协助总经理制定并实施企业战略、经营计划等政策方略，实现景区的经营管理目标及发展目标。具体工作职责：①协助总经理制定景区发展战略规划、经营计划、业务发展计划。②将景区内部管理制度化、规范化。③制定景区组织结构和管理体系。④组织、监督景区各项规划和计划的实施。⑤开展企业形象宣传活动。⑥按时提交景区发展现状报告、发展计划报告。⑦指导景区人才队伍的建设工作。⑧协助总经理对景区运作及各职能部门进行管理，协助监督各项管理制度的制定及推行情况。⑨协助总经理推进景区企业文化的建设工作。⑩完成总经理临时下达的任务。

3. 营运总监职责

策划推进景区的业务运营战略、流程与计划，组织协调景区各部门执行、实现景区的运营目标。营运总监管辖范围有出租部、停车场、浴室、合作单位、游客服务中心。具体工作职责：①制定及执行景区战略规划及与日常运作相关的制度体系、业务流程。②策划、推进及组织、协调景区重大运营计划，进行市场发展跟踪和策略调整。③建立规范、高效的运营管理体系并优化完善。④制定景区运营标准并监督实施。⑤制定景区运营指标、年度发展计划，推动并确保营业指标的顺利完成。⑥制定运营中心各部门的战略发展和业务计划，协调各部门的工作，建设和发展优秀的运营队伍。⑦完成总经理临时交办的其他任务。

4. 安保总监职责

协助总经理制定并实施企业的安全保障策略方针，实现景区的安全保障目标。具体工作内容和职责：①负责制定全体安保人员的思想教育、业务学习的制度并组织实施。②负责制定景区治安、保卫、巡逻、消防、水上救援、设施保障等任务的措施并组织实施。③负责安全保障业务的检查指导、合理分工、科学组织工作。④负责制定保卫、消防、救生、工程等器材用具物品的申领、保管、发放制度并组织实施。⑤协助总经理工作，做好下属部门主管考核，开好例会。⑥完成总经理交办的其他工作。

5. 行政总监职责

统筹管理景区政务、事务、财务、内部服务与对外联络工作。具体工作职责：①参与制定景区年度总预算和季度预算调整，汇总、审核各部门上报的月度预算并参加景区月度预算分析与平衡会议。②制订行政系统年度、月度工作目标和工作计划，经批准后执行；主持制定、修订景区的工作程序和规章制度，经批准后组织施行并监督检查落实情况；负责景区行政方面重要会议、重大活动的组织筹备工作；接待景区重要来访客人，处理行政方面的重要函件。③组织景区有关法律事务的处理工作，指导、监督检查景区保密工作的执行情况。④负责协调景区系统间的合作关系，先期调解工作中发生的问题；定期组织做好办公职能检查工作，及时发现问题、解决问题，同时督促做好纠正和预防措施工作。⑤领导行政系统的培训和考核工作，提高行政系统人员的业务素质。⑥按程序做好与相关系统的横向联系，积极接受上级和有关部门的监督检查，及时对系统间争议提出界定要求。⑦制定直接下级的岗位描述，定期听取下级述职并对其工作做出评定；及时、准确传达上级指示并贯彻执行；定期主持、参加总经理办公例会及其他重要会议。⑧向上级或有关部门提供政策性建议，受理直接下级上报的合理化建议，按照程序处理。⑨培养和发现人才，根据工作需要按照程序申请招聘、调配直接下级，负责直接下级岗位人员任命的提名和隔级下级岗位人员任命的批准。⑩领导做好本系统文件、资料、记录的保管与定期归档工作；代表景区与外界有关部门和机构联络并保持良好的合作关系。

6. 工程部工作职责

①执行上级领导的指示，管理部门的员工。主管对下属人员和所属系统设备负有全部的管理责任。②制定本部门的组织机构和管理运行模式，并有效保证景区设备设施安全经济地运行和建筑、装潢的完好。③制定和审定员工培训计划，定期对员工进行业务技能培训。④负责组织指导各管理处完善管理景区内的房屋建筑。⑤全面负责工程部的节支运行，跟踪控制所有水电等的消耗，并控制好维修费用。⑥分析工程项目报价单，重大项目应组织人员讨论并现场检查施工质量与进度，对完工的项目组织人员进行评估和验收。⑦建立完整的设备设施技术档案和维修档案。⑧随时接受并组织完成上级交办的其他工作事项。

7. 办公室工作职责

①负责景区日常工作的综合协调、文书文秘、制度完善、信息宣传、档案管理、公务接待、后勤保障等工作。②负责景区工作会议的组织、实施，重要会议决定的督办、检查。③负责各部门之间的工作协调及重要事项的督促、检查。④负责景区人员编制及人事劳资、员工培训、员工考勤等人力资源管理工作。⑤负责做好景区办公室的日常管理、精神文明建设、景区文化建设和员工队伍建设工作。⑥负责办公用局域网及网站的建设和维护。⑦完成景区领导交办的其他工作。

8. 财务部工作职责

①根据国家的财经法规、政策，组织制定景区各项财务制度、会计核算办法及实施细则。②负责制定年度工作计划，并组织实施。③负责组织和安排景区财务成本决算与年度财务成本预算工作，布置审核成本核算分析报告，提出整改意见。④负责每季度的经济利润分析工作，准确地为景区旅游市场定位和策划、拓展提供财务数据，定期向上级汇报各项财务数据，为领导决策提供真实的依据。⑤负责景区票务制度的落实，定期抽检票务销售工作，保证票款统一，并对有关的财务工作程序执行情况进行监督和检查。⑥负责对项目承包单位的欠缴租金、水电费及应收账款的清欠工作。⑦负责库房管理制度的执行和检查工作。⑧负责辖区环境卫生责任景区的清理和清除杂草工作。⑨负责景区各类合同、财务资料和档案的安全保密工作。⑩负责完成领导交办的其他临时性工作。

9.保安部工作职责

保安队长的职责：①坚持贯彻并执行总经理的指示、方针，做好安保总监在保安部工作上的参谋和助手，对景区的安全负有重要的责任。②有高度的责任心和事业心，有现代景区管理的经验，并不断积极地学习吸收先进的管理理念及方法。③爱岗敬业，坚持原则，不徇私情，秉公执法，作风正派，吃苦耐劳，勇于献身，带领和监督保安员做好景区安全保卫工作，确保景区人员财物的绝对安全。④负责制定和健全景区安全保卫制度、各岗位工作流程，部署保安部工作计划并安排和检查落实；负责制定并实施保安员的专业知识培训，使每个保安员的专业水平达到景区规定的标准；督促景区各部门落实安全管理岗位职责，分析存在的问题，及时提出改进意见，促使各部门加强安全管理，确保景区及游客的人身和财产安全；根据下属保安员的工作表现情况，每月进行一次综合评估，建议上级奖励或直接签单处罚。⑤定期组织人员检查景区各部门的消防设施；定期组织各部门员工进行消防知识学习及消防演习；维护景区内部治安秩序，经常巡检景区各重要器材设备，确保设备处于良好状态；坚持景区保安管理工作的规范化、程序化、标准化、制度化，坚持以身作则，最大限度地调动部门员工的工作积极性，并领导保安员开展全面质量管理活动。⑥负责部门员工的工作分派，带领本部门员工努力做好工作，保障员工和游客的生命安全，对景区经济部位和要害部位的安全加强管理；与当地执法部门、司法部门及其他保卫部门保持密切合作关系，配合执法部门侦破违法犯罪案件；受理景区部门和游客的投诉。⑦协助培训中心组织开展以防火、防盗、防破坏、防自然灾害为中心的安全教育和法治教育。⑧完成景区领导及上级业务部门交办的各项临时性保安工作。

保安队员的职责：①员工上班后，对员工外出进行管制，凡在岗期间外出，必须持有其部门经理开具的放行证明，证明必须具明外出事由、外出时限，凡未履行正常程序，一律不得放行。若强行冲岗，保安员将直接记录其姓名、所在部门，报人事部处理。②对外出物品进行严格管制，凡外出物品，必须有财务、仓库或物品所属部门负责人签署的放行条，放行条必须具明放行物品名称、种类、数量及放行原因。当班保安员收到放行条后必须认真查验物品是否与放行条内容一致，凡发现物品与放行条内容不一致可当场予以扣留，并立即通知队长处理。③员工凡外出必须从员工通道，即后门通道岗外出，外出时必须主动配合当班保安员的例行检查。当班保安员在检查过程中，凡发现疑似景区部门物品时，应直接通知队长进行处理。凡对例检不配合甚至无理取闹者，当班保安员有权拒绝其外出，并通知其部门负责人及保安队长进行协调处理。做好来访登记工作，凡外来人员必须填写来访登记,来访登记必须具明来访人姓名、单位、来访事由、来访时间及被访人姓名、部门,凡拒不履行登记手续者,保安员有权拒绝其进入;密切关注进入营业场所的闲余人员,对可疑人员保安员有权进行劝离,对故意闹事者可直接通知队长并报警;做好岗位周围的卫生保洁工作,卫生必须达到区域内无纸屑、无杂草、地面无污渍,随时干净整洁的标准。④严格履行景区安检巡逻程序,安检巡逻中应密切关注各水电设施的开启状态,督促各部门节能降耗,并对安全隐患及发现的问题及时处理或上报,同时,当班保安员必须对安检结果与各部门值班人员进行交接,签字确认后方可进行下一次安检;保安员必须了解扑救火灾的基本方法,会使用景区配置的消防器材,熟悉景区各消防器材的具体位置、配备情况并做好日常维修保养工作。⑤禁止任何人员携带易燃易爆品、放射源、化学危险品及管制刀具、枪支等进入景区;提高警惕,加强对景区建筑物楼内的巡逻,维护正常的景区秩序。⑥车辆进入停车场停放时,要指挥整齐有序停放,不得堵塞消防通道,要随时保障车道的畅通;对进入停车场停放的车辆,应及时提醒驾驶员车内不要存放贵重物品,贵重物品需自行妥善保管。⑦积极参加专业培训及部门组织的各项活动。

第二节 大数据对旅游组织功能的影响

一、大数据对产业的影响

阿里巴巴基于用户海量的购物行为推出大数据商用产品"聚石塔"。2012年7月,"聚石塔"正式上线。在"聚石塔"的发布会上,马云宣布了阿里巴巴集团的新战略:平台、金融、数据。"聚石塔"为客户提供数据存储和数据计算两类服务。客户可以通过"聚石塔"对整个淘宝电商系统中的数据进行整合分析,了解消费者对产品的喜好及相关的消费行为数据,以便及时修正营销策略。投资者也开始注意到数据的潜在价值,那些拥有数据或者能够轻松收集数据的公司,其股价会上涨。事实上,自2017年以来,国内一系列对互联网入口公司的收购也完全可以被看作是对拥有大数据潜力资产的收购:高德——出行路径数据,微博——信息偏好数据,搜狗——搜索行为数据。如果将数据价值注入互联网公司,将看到完全不同的另一面:微信——朋友圈的社交数据和个人偏好数据,支付宝——信用数据,淘宝——交易数据,evernote——知识数据。从更宏观的层面来说,根据专家预测,到2025年我国数据产业市场将形成超过 5 万亿元的规模，是 2012 年大数据产业 120 亿元产值的数百倍。大数据正在像以往的能源、材料一样，成为制约国家发展的重要战略资源。

（一）大数据技术对组织功能的影响

大数据技术涉及一系列的现代信息技术变革，这里为研究方便，将从信息技术层面研究大数据对组织功能的影响。

1. 基于大数据辅助办公技术的应用

迄今为止，辅助办公技术都是企业组织主要采用的信息化技术之一。辅助办公技术的应用改变了企业组织的复杂性及其运作方式。通常，辅助办公技术能够提高企业员工的个体工作效率，但不一定能够减少整个团队的运作成本。团队有可能因此而配备相关的维护人员或者引进具有更高办公软件使用水平的成员，因此，应用辅助办公技术引起的人员增减将引起组织在复杂性方面的改变。由于辅助办公技术的应用，企业组织一般会向无纸化办公的方向迈进，这将导致组织运作方式的改变。辅助办公技术的应用将增强企业组织的价值创造能力、生产设备维护能力和生产资料管理能力。对于非制造类企业，特别是旅游企业，辅助办公技术对生产力的提高作用显而易见，因为这类企业的生产活动多与文书处理有关。

2. 基于大数据通信技术的应用

通信技术是企业大数据化过程中采用的主要信息技术之一。通信技术的应用将改变企业的组织结构和功能。企业组织中原来负责信息传递的部分成员可能会变得冗余，如处于中级管理层的部分人员及基层团队的领导人员。这些人员的工作将由通信系统来承担，企业可以裁减这部分成员以降低成本。同时，通信技术也为企业内部异构应用系统之间的整合提供了途径。如蓝牙技术就专门被用于应用系统之间的通信和应用整合。通信技术的应用加快了信息的流动速度，增加了信息获取的渠道。企业可以更快捷地获得源于市场或者企业内部的数据。而企业的采购能力、销售能力、客户服务能力和环境适应能力都部分依赖于信息采集能力。因此，在外部信息采集能力增强的同时，内部采购能力、销售能力、客户服务能力和环境适应能力也会得到增强。通信技术促进了企业运作方式的延伸，提高了与信息交流密切相关的生产活动的效率，也使原来不能作业的远距离生产活动可以进行。最明显的例子就是 SOHO（家庭式办公室）。SOHO 的工作方式能够节约企业的运营成本，而且能够保证成员完成任务的灵活性，适合那些独立性强的任务（很少依赖企业组织其他成员支持就能独立完成的任务）和具有强烈独立工作意识的组织成员。可见，通信技术将增强企业的价值创造能力。通信技术将改变组织成员的沟通方式，使组织成员之间的空间距离、时间距离和人际关系距离发生改变，也促进了企业内部文化的融合。通信技术可以提高企业组织部门与部门、成员与成员之间，尤其是处于企业最前端的组织成员之间的协作程度。这些最前端的成员是纯粹的指令承受者，通信技术的应用可以增强他们接受上级指令的能力和提高信息反馈的效率，从而有利于增强企业的组织控制能力。

3.数据挖掘技术的应用

数据挖掘技术是企业大数据化过程中采用的主要技术之一。不同规模和不同经营方向的企业对数据挖掘技术的要求各有不同。小型企业组织仅对其中的数据存储功能有需求，用以克服辅助办公软件数据管理能力薄弱的缺点。而对于大中型企业来说，对数据分析能力的要求就高得多，因为企业规模可能已经不允许其采用传统的方式管理企业的数据，而采用先进的数据分析方式能够减少分析误差、提高信息萃取质量。不同经营方向的企业，对数据挖掘技术的要求也有差异。商业企业在信息化的时候比较注重数据挖掘技术的应用，而生产型企业对数据挖掘技术的关注程度较低。数据挖掘技术具备数据存储和数据分析两大功能。它的应用无疑将增强企业的信息采集能力和信息分析能力，并且影响其他相关的能力。企业的客户服务能力依赖于客户信息的管理能力和客户数据的分析能力。数据挖掘技术使企业组织能更好地管理客户信息，也为企业分析客户价值提供了计算能力。环境适应和技术研发本身是数据分析的过程，通过对外部市场数据和内部运作数据的分析，可有效地监控市场和企业本身状况的变化，也有利于技术研发的进行。

4.基于大数据的预警技术的应用

预警技术的应用将增强企业的价值创造能力和环境适应能力。预警技术和自动化技术相结合，可对生产过程中出现的异常状况进行监控。预警技术可被集成到提供自动化能力的设备中。预警技术通过对数据挖掘技术的扩展，对市场的变化和内部运作环境进行监控，有利于提高企业的环境适应能力。

5.基于大数据的决策支持技术的应用

决策支持技术的应用不仅将增强企业的决策能力，而且将在一定程度上改变企业的决策模式。传统的企业的决策模式可以归纳为经验＞智慧，而应用决策支持技术后，企业的决策模式将转变成：科学的市场分析和预测＞智慧＞经验。

（二）大数据产生新的组织功能

《大数据时代》的作者维克托·迈尔-舍恩伯格描述了大数据价值链的三大构成，即三种类型的大数据公司。第一种是基于数据本身的公司。这些公司拥有大量数据或者可以收集到大量数据。例如，前文描述的很多把持互联网入口的公司，都具有这种属性，如 Facebook、Twitter 及地图类应用等。第二种是基于技能的公司。它们通常掌握了专业技能，但是并不一定拥有数据，往往是技术供应商、分析公司或者咨询公司。比如，在国内已经出现了一大批进行数据挖掘、个性化推荐的大数据创业公司，它们围绕着不同的行业进行数据收集、分析，提供解决方案。第三种是基于思维的公司。就像 19 世纪的莫里，通过大数据的思维优化了航海路线，让年轻的海员们不用再亲自去探索和总结经验，而是能够通过图表立即得到成千上万名经验丰富的航海家的指导。

基于数据本身的公司在价值链中处于最核心的位置，无论是美国的谷歌、苹果、Facebook、亚马逊，还是中国的腾讯、阿里巴巴、百度，都居于这样的位置。它们想方设法把自己打造成基础设施和平台，使得数据在自己的平台上发挥出最大的效用。而具有数据思维和数据技术的公司，则在未来的竞争中处于有利地位，围绕着数据化变革，将衍生出新的商业模式。

数据资产存储。既然数据是一种有价值的资产，人们就有存储和保存的需要。现在已经有了 evernote 这样的知识存储工具，而随着知识数量的暴增，人们也愿意为了获取额外的存储空间而付费。也许有一天，人们所有的社交关系、知识、信用、财产都在网络上，数字面孔对应着现实中的人，那么不仅仅是对数据保存的需要，对数据安全的需求也会越发地被重视。

数据资产定价。个人的网络信用到底价值几何？就像微博账号能够被定价一样，其他的数字资产也是有价值的。美国创业公司 Klout 使用在 Twitter 上得到的各种数据点来计算"Klout Score"，计算的指标包括锐推、粉丝数、List 的成员数量及一些独特的指标，以此来决定账号在 Twitter 上的真实影响力。这已经是给网络声誉定价了。事实上，未来仅是给数据的潜在价值贴上价格标签，也可能给金融部门带来无限商机。

数据资产中介。一些有大数据思维的公司可以通过做数据中间商来谋利。比如，美国一家叫 InfoChimps 的创业公司，希望成为信息中间人，第三方以免费或者付费的方式共享他们的数据。这些数据公司想为任何手中有数据的人提供数据出售的平台。还有的公司收集免费的数据制成数据库，通过数据的加工和组合产生新的价值，出售给有需要的人。

数据资产管理。以往的丑闻、不雅照片、网络评论，都会长久地保留在互联网上，成为一种负面资产。无论是个人还是企业品牌，都希望过去的负面资产能够尽快抹去。于是，在线声誉管理业务开始兴起。一家叫 Reputations.com 的网站声称自己的客户已经超过100万人,并分布于世界上的100多个国家,该网站提供的此类服务对每名客户收取的起始价达到了1200英镑。谷歌执行主席埃里克·施密特(Eric Schmidt)预计,未来很可能出现一种叫作"身份管理者"的服务,用以维护个人在互联网上的形象。

数据驱动的解决方案。大数据对传统行业的影响,更多是新技术的扩散与渗透性质的,那些拥有大数据思维的传统行业操盘者将在竞争中获得优势。对于传媒行业来说,从最早的结绳记事,到印刷术的发明,到报纸的诞生,再到电波、电视、互联网的普及,发展为一条人们记录信息、呈现信息的脉络。而从信息技术产业的发展历程来看,所有的技术进步都是为了不断地提高处理速度,增加可测量的数据,提供更强大的分析问题的能力。现代信息系统使大数据成为可能,但是大数据发展的核心动力源于人类测量、记录和分析世界的渴望。信息技术变革随处可见,但是过往信息技术变革的重点是在"T"(Technology,技术)上,而不是在"I"(Information,信息)上。

二、大数据对旅游组织功能的影响

大数据将在两个方面深刻影响旅游产业。首先,大数据将颠覆传统旅游产业的价值链,使以生产、采购为中心的生产模式向信息时代以旅游者为中心的生产模式转变。洞悉旅游者的消费心理,准确、快速响应旅游者的消费需求,甚至是潜在需求,是当代旅游企业个性化生产、服务的关键。而大数据的处理和分析技术将使旅游企业具备实时洞察消费者的能力。旅游者实际上介入了企业,引导企业价值转身趋于整合,驱动组织价值链智能化和柔性化。这在研发、生产、供应、营销和售后服务等价值链环节都要有所体现。旅游者的消费需求和爱好将实时反馈到旅游产品的设计、开发和消费之中,企业员工和旅游者的界限逐渐消失,柔性化和个性化生产将得到真正的实现。以旅游者的需求为中心,将成为旅游企业运营的核心主线。

其次,大数据的营销价值使旅游企业更加注重精准营销。海量异构数据可能蕴含着目前未被认识到的全新知识。旅游企业如果能在这些非结构化数据中挖掘出新的知识并与业务融合,则不但其决策的依据将会更加全面和准确,而且可能形成核心竞争力。海量异构数据能使旅游企业获得更完整的旅游者描述,通过关联预测,就可准确预测消费行为,从而优化营销策略,实现广告精准投放,最终实现从商业智能到消费智能的转变。

（一）大数据驱动功能

从广义的角度，所有企业的行为都是数据驱动的。比如，一个企业的新品上市，肯定要做市场调查，收集市场信息并分析整理，结合公司内部实际情况，确定方向，做出下一步部署。从狭义的角度，数据驱动讲究客观地量化数据，数据的主动采集并支持决策就是数据驱动。因此，数据就像人体的血液，给组织运行带来所需的养料、动力和信息，也成为组织间联系的媒介，驱动旅游企业的运行，激发旅游企业的服务提升与创新的冲动。旅游企业大数据驱动将推动旅游企业探索新型商业和服务模式，支持大规模、多源、异构数据的全面整合和深度分析，为广大旅游者提供以数据为中心的创新服务。

（二）大数据系统维护

旅游企业大数据系统要根据企业业务要求，设计和建设硬件和软件系统架构。首先，要求系统构成简洁，能满足旅游产业内数据处理的要求，降低复杂度。至于涉及的气象、交通等其他系统数据，可以购买数据服务。其次，要有数据获取的自动化能力，让大数据驱动旅游企业的业务活动和管理。最后，能够整合旅游产业的内部数据和第三方数据，提供针对当前具体问题的加工后的数据产品。所以，旅游企业大数据系统构建的目标不是构建海量数据的聚合平台，而是构建更清晰灵活的支持小数据（MicroData）计算处理的平台，完成对旅游产业有价值的大数据应用。当前，旅游大数据涉及线上、线下企业运行空间，旅游类 App 也应运而生，这些数据都蕴藏着巨大的商业契机和市场前景，旅游企业要在数据采集、存储、处理、挖掘、交易、安全、可视化展示等方面形成大数据技术、产品或系统等方面的管理和维护能力，并形成职能，只有这样才能紧跟大数据快速变化的步伐，在激烈的市场竞争中获得竞争优势。

（三）大数据收集功能

旅游企业大数据不仅要收集企业、行业历史数据，还要及时收集第三方数据，这样才能形成完整的数据链和数据集，更重要的是要不断更新游客的动态数据。可结合通信部门的基站定位技术，针对景区、人员密集地域或特定地域的人员数量、来源地及各种行为模式进行数据采样，通过数据分析，可为旅游企业提供人流量监控统计、预警短信及时发送等应用。

(四）大数据挖掘功能

当前，获得数据的成本和难度逐步下降，移动互联网、可穿戴计算设备、人工智能技术的发展，使数据以近乎为零的成本在产生。量的积累才可能揭示新的规律，在大数据时代获得了新的诠释。数据量的积累并非简单的规模扩张，其本质在于能够驱动分析思想、方法、模型和工具的革新，从而实现对数据的深度挖掘，最终揭示新的规律。旅游企业要充分收集、分析、整合各方旅游资源数据，通过对游客的消费习惯、消费时间、旅游线路等信息数据的挖掘，实现最优调配服务资源，分析游客消费动向，并及时调整、制定相应的策略，为游客提供更好的服务，也极大地提升景区的管理效率。

（五）大数据管理

一是要求旅游企业加强对数据的分类、更新、管理和加工，有效提高大数据市场价值；二是要有大数据保密职能。大数据涉及个人隐私、国家安全、商业机密等多方面，旅游企业在使用大数据的过程中，要根据大数据类型、时间等方面的应用，设置保密级别和用户权限，加强大数据管理。

第四章 大数据与旅游产业链的水平与垂直整合

第一节 产业链的水平与垂直整合

一、产业链

(一) 关于产业链的研究

产业链的思想最早出现于英国经济学家亚当·斯密的《国民财富的性质和原因的研究》有关分工的论述中,尤其是他举的"造针"的例子,形象而生动地表述了产业链的功能。而为产业链的深入研究提供理论基础的是美国经济学家贝恩提出的"结构—行为—绩效"理论。虽然产业链的思想最早由西方学者提出,但西方学者只是在微观层面上研究了与产业链相关的价值链、供应链等方面的问题,而对于产业链本身的研究几乎处于空白状态,从英文文献及EBSCO数据库的"产业链"关键词检索结果来看,这方面的文献寥寥无几。中国学者姚齐源和宋武生于1985年提出"产业链"一词,之后对产业链的研究在中国拉开了帷幕。近30年中,中国学者对"产业链"的研究,从最初的农业领域拓展到信息技术业、能源产业、高新技术产业、制造业、物流业、生物制药产业等众多领域。如成德宁对农业产业链整合中存在的整合模式进行了分析,对农业产业链的优化整合实践给出了理论指导;刘玉芹和胡汉辉对电信产业链横向、纵向、侧向维度进行了交互分析;张小蒂和曾可昕认为,以构建共享要素平台为核心的产业链治理,可促进群内各相关主体之间交易费用的降低和共生利益的形成，从而化解市场失灵，实现外部经济的由降转升，这一逆转可通过全要素生产率的估计等测度予以初步验证。对于产业链基础理论的研究也取得了累累硕果，主要集中在产业链的内涵、类型、运行机制、纵向关联、优化整合、区域应用等方面。如邵昶和李健用"波粒二象性"原理分析了产业链，对如何整合产业链、完成产业创新和实现产业价值提供了理论依据；杜龙政、汪延明和李石将产业链界定为资源驱动型、市场主导型和技术主导型三种基本类型，提炼出资源、市场、技术、协调四种关键要素，并在此基础上构建了产业链的三种基本模式。

（二）产业链表现形式

产业链是从供应商开始，经生产者或流通业者，到最终消费者的所有物质流动。产业链有3种表现形式，即产品链、价值链与知识链。罗伯特·林格伦有句名言："真正的问题所在是价值，而非价格。"在工业经济时代，企业的任务是制造产品和销售产品；在信息经济时代，企业的任务是创造价值和传递价值，它是一个信息管理的价值传递系统；在知识经济时代，企业是一个利用知识为顾客创造价值的创新体系。波特认为，任何企业的价值都存在于价值体系中，这个体系由供应商、制造商、分销商和消费者的价值链相互连接而成。可以想象，不管前面的产品设计是多么完美，如果最终产品交到消费者手中时，是低劣的产品或服务，那么整个产业价值链的努力都会付诸东流。所以，产品的市场需求依赖于成功的价值创造，成功的价值创造的前提则是关于顾客需求、产品生产、服务提供的一系列知识的整合。产业链在本质上是以知识分工协作为基础的功能网链，通过知识的分工和知识共享创造递增报酬，为顾客创造价值，产品的生产联系和由此产生的物质流动只是产业链的外在表现形式。产业链是企业的集合，企业是产业链的载体。产业链包含生产和交易两大过程，其关联关系有时间的次第性和空间的区位指向性。产业链起始于初始资源，终止于消费市场。产业链的关键是产品的"链接"和"衍生"，核心是"供应"过程中的"价值"增值。产业链的内涵非常丰富。产业链概念起源于对社会分工导致的现象和结果的描述，并且产业链理论沟通了产业和企业之间的研究，导致对产业链特性、本质、结构和形成机制、治理模式的研究更为复杂。

（三）产业链的内涵

1. 供需链

产业链描述了相同产业内不同企业间的关联程度，这种关联程度本质上是一种企业之间供应和需求的结构关系供需链。产业链上下游企业之间的供需关系形成了供需链，即上游企业向下游企业输送产品和服务，下游企业和上游企业之间存在大量的信息、物质交换。伴随着产业链上企业之间分工协作紧密程度的增加，这些企业之间的联系还可以通过产权关联、准市场关联等契约方式满足供需关系。

2. 价值链

产业链的导向是产品价值的创造和传递，反映了从原材料到消费品的价值增值过程。产业链是由社会分工导致的，在市场交易机制的作用下，产业链组织不断发生变化。随着产业内分工不断向纵深发展，传统产业内不同类型的价值创造活动逐步由一个企业为主分离为多个企业的活动。产业链背后所蕴藏的价值创造的结构形式，代表了产业链的价值属性。在通常情况下，产业链上的价值分布是不均匀、非静态的；产业链内部不同的组成关系也会影响价值链的分布。产业内具有垄断地位的企业和产业链上的"链主"企业，通常能获得较高的价值体现。

3. 产品链

产品链反映了由自然资源到消费品的生产加工过程，产品链上的每一个企业都需要完善产品的使用功能。产品链是由产业中产品生产企业或配套企业组成的产业链条。产品链上的企业既可以由一个上游企业同时向下游节点的多家企业提供配套产品，也可以由处在同一节点上的几家上游企业同时向下游的同一家企业提供配套产品。从功能角度来看，产品链上游企业到下游企业是产品或服务功能不断加强的顺序过程。

4. 技术链

每个产业要存在和发展都需要主导技术，这些主导技术是最终形成产品或服务的支撑环节。因此从技术角度来看，技术链是产业链的重要特性之一。产业的主导技术和产业本身之间是互动发展的关系，技术的创新可以促进产业的发展，产业的发展又会推动技术的进步。同时需要注意的一个现象是，随着知识管理在各个领域的兴起，从知识的视角探讨产业链的研究也越来越多。将知识链归结为技术链的范畴，主要的原因之一是显性知识最终要表现为技术这种形式；而对应的隐性知识由于难以描述，主要蕴含在具体行为中，在产业链的概念中难以清晰表述。

5. 空间链

空间链表现了产业链在不同地理空间上的分布特性。从当前产业链发展看，发达的产业链都会在空间布局上表现为在某一地区的"扎堆"现象，即产业集群。通过对产业链空间分布状况的研究，提供一种产业链升级的思路，优化产业链的空间分布是产业链研究的重要内容。

二、产业链整合

(一) 微笑曲线与产业链价值

2005年,宏碁电脑董事长施振荣在《再造宏碁:开创、成长与挑战》一书中提出了"微笑曲线"这一创新概念。微笑曲线描述了产业链上各个环节附加价值的形态。曲线将业务流程分成左、中、右3段,左段为技术、专利的研发,中段为制造、组装,右段为服务、品牌,而曲线代表的是获利,微笑曲线的中段位置为获利低位,左、右两段位置则为获利高位,如此整个曲线看起来像是个微笑符号。微笑曲线的含义是:要增加企业的盈利,绝不是持续在大规模、低成本的制造、组装位置投入,而是往曲线的两端,在研发和服务、品牌上有所行动。有数据显示,处在产业链两头的企业,利润率在20%~25%,而处在中间段的加工生产企业利润只有5%。

能产生高附加值的两端,正是创意产业最能体现其优势的区域,而创意产业中的许多行业也正是在"微笑曲线"的两端,即新技术、新产品开发,品牌、服务等的推陈出新中发展起来的。在曲线左端,可以通过在传统产品上复合具有文化或其他创意的内涵使其增值;在曲线右端,可以通过使体现文化、精神、品味的品牌和服务商业化来提高附加值。而旅游业包括了微笑曲线中所有的企业,在竞争中都会本能地从低利润向高利润方向转变,从而引发产业链不断地裂变与重组,在动态中不断整合。

(二) 产业链整合演进的阶段

1. 专业化分工时代

随着工业化程度的加深,先进的技术、高效率的制度安排等资源对系统竞争力的提升和市场份额的扩大有着重要意义。在新经济增长理论的启示下,人们开始借助于专业化分工的"干中学"原理来加速其发展,希望通过专业化分工,内生地推动制度创新的进程,同时获得专业化知识和高素质的专业人才。这一时期,随着微软视窗系统和英特尔微处理器互相咬合搭配所构筑的"温特尔平台"的出现,使得生产方式从垂直一体化型结构转向水平分工。其强调的是集聚效应,特点是通过细化的产业分工,每个企业只专注于某一个部件或产品的一个部分,获得规模经济效应。同时,不同企业之间的相互配合,又可以获得范围经济效应。"温特尔平台"在成为标准后可以锁定消费群,形成强烈的报酬递增效应,同时标准制定者成为事实上的市场垄断者。在"温特尔主义"下,竞争的重点不是投资,也不是降低成本,而是标准的提升和锁定客户群。

2. 模块化生产

基于专业化分工经济的产业链整合，其宗旨是以创造顾客价值为导向，通过对产业链的需求管理，实现敏捷供给，即协调产业链上的供应商、分销商，使整个产业链能够对顾客的需求"快速响应"，要求链条的集成度较高，信息交换迅速。模块化时代，信息技术的来临和普及不仅导致生产方式的变革，同时也促进了产业的融合与发展。网络、合作、知识等高级资源成为经济系统增强竞争力和提升抗风险能力的重要因素，而以功能再整合为基础的模块化则是发展高级资源的最佳选择。所谓模块化，就是将产业链中的每个工序分别按一定的"块"进行调整与整合，形成某种具有独立功能的半自律性的子系统。其中包含三个层次的内涵：①产品体系中或者产品设计的模块化；②生产的模块化；③组织形式的模块化或者企业内部系统的模块化。模块化生产方式的出现，打破了传统的福特主义生产方式下垂直一体化的结构，其本质是通过公司间、地域间可编码信息的交流、传递，把分散的节点整合为一体的虚拟的产业化组织方式。大量"弹性专精"的模块供应商在总体上表现出生产池效应，即品牌供应商能够很容易地与所需要的模块生产和服务能力结合起来，迅速地把自己的创意和设计转化为现实的产品。由于品牌厂商有众多的模块供应商可以选择，而模块供应商也拥有数量众多的潜在客户，这样就从在产业链整合模式中占主流的、单一的主导厂商与零部件供应商之间的上下游配套关系，转变为多个品牌厂商与多个模块供应商之间的网络关系，以降低由专业化分工导致的资产专用性提高进而产生的违约风险和交易成本。对于进行模块化生产的产业链整合，通常以创造顾客价值为宗旨，以产品的功能性整合和分工为基础，以标准模块化制造网络的共享为核心，其特征表现为"柔性制造""成组加工"的模块化生产方式。这种分工方式，一方面可以节约学习时间，减少产品生产成本和顾客成本，从而获得报酬递增的经济效益；另一方面，模块知识的隐性化减少了产品生产过程中的交易费用，避免了潜在的顾客成本增加，更重要的是实现了知识创新的分工，大大提高了产品创新机会。模块化成为跨国公司以业务外包为基础、以产品设计为龙头、以开放共享为标准的跨界或跨区域的全球范围的生产组织形式。

3. 网络化时代

随着模块化的进一步发展，企业生产某一种产品时，无须再把所有的工序集中在一个地方，从事"产品一体化的内部生产"。相反，把每个工序加以分割，通过向各自优势资源集中的形式，不断深化行业重组，形成企业间的生产网络，效率更高。至此，企业间的关系已经不再仅仅局限于交易双方保持一定距离的贸易关系或者靠出资方联系起来的上下游关系，而是包含技术合作在内的多样化网络关系。此时的企业往往以信息网络为依托，选用不同公司的资源，并与这些具有不同优势的企业组成靠信息技术手段联系的经营实体，企业成员之间的信息传递、业务往来和并行分布作业模式都主要由信息网络提供技术支持。网络化时代的产业链以构筑以信息共享、资源整合、知识互动为目的的创新体系为重要因素，建立跨区域的生产体系，并形成跨区域的产业链和非均衡的价值分布。由于网络状产业链的价值创造来源于知识分工及在此基础上所形成的创新体系，且处于动态的演进过程，因此，如何对知识分工进行管理，尽可能充分地实现报酬递增、减少交易费用，从而实现顾客价值创造的最大化是问题的关键。

（三）产业链整合的意义

为了分析产业链整合，有必要先界定整合。所谓"整"，可以理解为整顿、整理，而"合"则可以理解为组合、合成等，因此整合的本质就是对处于分离状态的事物或现状的重塑。产业链整合是产业链各环节之间通过某种途径和方式实现协同的过程，其实质就是纵向产业链上及链条每一环节内部的企业之间建立某种协同联系。这些联系包括知识联系、资金联系、产品联系、物流联系、管理联系。

1. 降低交易成本

当企业通过市场交易来完成与上下游生产环节的联系时，会产生较高的交易费用，而且会面临契约不完善、信息不对称、交易不确定等问题。进行产业链整合后，企业之间的交易就变成企业内部的协调，从而大大降低了交易成本。

2. 获得规模经济和范围经济

一个产业的发展依赖于原材料、能源、运输等上下游诸多产业的支撑，产业链整合有利于各企业的持续协同发展，从而可以获得规模经济和范围经济。

3. 扩大市场占有率

通过横、纵向整合，企业可以控制产业链上的关键资源，提高整个产业链的联动能力和控制能力；并能对所在行业的企业进行横向收购，迅速提升自身在市场上的占有率。

4. 降低经营风险

企业与外部其他企业进行交易时，由于各方面的不确定性会产生一定的风险。企业介入产业链整合后，其外部交易变成内部协作，从而使交易变成稳定的协作关系。

5. 获得多元竞争能力

面对全球竞争日益激烈的市场，企业需要通过产业链整合进行相关多元化发展，以获得更多的竞争力。

6.合理配置资源，促进产业结构的优化和升级

通过产业链整合，企业可以提升产品的综合配套能力，优化原有的产品结构，提高市场竞争力。

三、大数据与产业链整合

（一）大数据背景下产业链整合的内涵

在大数据的语境下，产业链整合虽然具有丰富的内涵，但本质上可以从跨界、融合、增值3个层面进行理解。

（1）跨界：在互联网的基础上，大数据意味着两个或两个以上不同的领域或行业的数据共享与挖掘。

（2）融合：在大数据概念界定的基础上，将大数据技术应用于多个行业或领域。

（3）增值：用大数据将多个领域或行业"相加"，不是简单做加法，而是实现两者或多者的互利共赢，在创新基础上实现增值和追求溢价。

（二）大数据产业链发展特点

大数据可以对产业链上的各类信息进行有效集成，数据互通有无，使产业链变得更加紧密，大大降低交易成本，提高产业链效率，其主要体现在以下4个方面：

（1）广泛集成性：企业厂商集成多种系统的数据，包括从物联网、供应商、管理信息系统、终端用户等多处获取数据来共同制造产品。在保护商业机密和个人隐私的前提下，高度融合的大数据平台将使产业链中各级企业从研发设计阶段到全寿命周期维护都实现协同工作。

（2）提高工作流程和决策准确性：大数据使决策制定发生根本性改变。通过可控的产业链大数据分析实验、定点测试，指导企业制定投资决策及改变运作方式。

（3）创新基于产业链大数据的商业模型：产业链大数据催生了新型分析公司。建立以"智能应用"驱动的商业模型、公共开源SDK与API，并在产业链价值中发挥桥梁作用，从"占据全价值链"到"建设开源生态"再到交叉领域模型，以产业链大数据为载体的知识社会创新成为大数据时代的最佳选择。

（4）改变用户体验：面向用户的企业长期利用数据来细分和定位用户。大数据实现了用户定制的质的飞跃，使实时个性化成为可能，多品种、小批量智能产品的

生产也加速了信息流动和企业转型。

(三) 大数据与产业链多层整合架构

1. 大数据产业链整合与传统数据产业整合的差异

大数据产业链整合与传统数据产业整合存在巨大的差异,见表4-1。

表 4-1 大数据产业链整合与传统数据产业整合的差异

	传统数据整合	大数据整合
特点	业务驱动数据	数据驱动业务
功能	数据分析	数据挖掘、系统重构功能
价值实现方式	产业链核心企业单方面实现	产业链上主体间共同实现
产业链运行宗旨	客户满意	客户成功
顾客在产业链中的角色	被动的产品接受者	协同生产者
组织方式	序贯、链式	链式、辐射、星座式
分析方式	探究数据因果关系	多维度分析

2. 大数据与产业链多层架构整合

随着大数据技术的发展,以互联网为基础,大数据的内涵日益广泛,功能也日益多样化,早已超越单向信息传播、数据数字化、固定终端相连的时代。大数据涉及物联网、云计算、移动互联网、社交互联网、自媒体等新兴信息技术,以互联网为基础延伸出的大数据功能也日益多样化。大数据技术必将在多层次、多功能基础上全方位、立体式地服务于现代产业链,主要包括"应用技术+网络服务+云端服务"。从服务现代产业链的角度,应用技术主要包括移动终端、物联网、电子商务、电子结算、手持终端等多种现代信息技术;网络服务主要包括信息传播、信息交互和远程监控等;云端服务则主要包括大数据汇聚、存储、挖掘和软件平台研发等。

第二节 大数据与旅游产业链的整合

一、我国旅游产业组织结构的特点

(一) 综合性、开放性和产业边界不清晰

旅游业综合性、开放性强,产业边界不清晰众所周知。旅游是一项一揽子的经

济活动,包括吃、住、行、游、购、娱等多项要素。旅游活动的这种特点,客观上要求旅游业能够提供满足旅游者各方面需要的组合型产品,也就是说,一个完整的旅游产品必须是各个行业和众多部门通力协作的结果。为此,许多行业、部门便联合起来,组成了现代旅游业。从这个意义上说,旅游业是一个出售风景名胜、民俗风情、特色服务、美食和旅游购物的大产业,在组织结构上具有很强的综合性和开放性,产业触角又多又长。按照各个行业参与旅游活动的程度,可以把旅游业分为核心旅游行业和相关旅游行业。核心旅游行业包括旅行社业、旅游饭店业和景观业,相关旅游行业包括交通业、餐饮业、娱乐业、商业和服务业等。根据有关部门统计,核心旅游行业和相关旅游行业遍布 70 多个产业部门,可以说,几乎国民经济的所有领域都与旅游业有关。这种状况使得旅游产业的边界不清晰,很难用一个统一的模式去规范管理。由于各个行业提供的单项旅游产品不同,技术特征、经济规模和组织结构不一样,不可能用一个简单标准判断其市场行为是否合理,而应当根据各个行业的具体情况制定相应的产业政策和管理方式。

(二)市场集中度低,布局与结构松散

长期以来,旅游业一直呈现出市场集中度低、布局与结构松散的特点。究其原因,主要是:第一,随着旅游需求激增,旅游市场不断扩大,旅游业一度呈现出的高利润率,促使众多行业或部门转向旅游业,加上旅游业的市场壁垒较低,经济规模有限,技术含量也不高,其他行业和部门很容易进入,由此造成了整个旅游业的市场集中度较低;第二,自 20 世纪 80 年代以来,旅游业的重要作用凸显,许多地区将旅游业作为振兴地方经济的先导产业或支柱产业,并为此出台了一系列的政策措施,鼓励不同地区、行业和部门的企业进入旅游业的某一领域,因而导致整个旅游产业的布局与结构比较松散。

(三)资产专用性高

组织结构刚性强,产品链条不顺畅,从而导致旅游企业的固定资产专用性较强,向其他产业转化比较困难,即进入壁垒较低,退出壁垒较高。例如,旅游饭店只能提供以食宿为主的服务性产品,且资金占用量较大,不易另作其他用途,在景观业上也存在类似的情况。这说明旅游产业和其他产业之间的相互替代性较差,当宏观控制不当、产业规模过大时,想通过存量调整来改善旅游产业的组织结构是难以如愿的。这也是我国旅游饭店业和某些地区的景观业总量失衡、竞争过度的主要原因。与其他产业部门的产品有所不同,一个完整的旅游产品是由各个单项旅游产品组成

的，一方面，每个旅游企业的生产过程都是整个旅游生产过程的一个环节，其生产出来的单项旅游产品都是旅游产品的一部分；另一方面，对每一个旅游企业而言，它的生产过程却是独立的，生产出来的单项旅游产品则是能够满足旅游者某种需要的最终产品。也就是说，各个单项旅游产品之间没有明显的初级产品、中间产品和最终产品之分，由此造成旅游业的产品链不顺，无法像加工业那样形成以最终产品或核心产品为龙头、环环相扣的产品链条，导致各个旅游行业和旅游企业的分工协作关系不明确，整个旅游产业的组织结构很难调整和优化。

旅游产业组织结构的上述特点，主要是由旅游业和旅游产品本身的属性造成的，也有管理体制、产业政策等方面的原因。认识这些特点，就可以更加深入地认识我国旅游业的本质属性和运行规律，为我国旅游产业组织结构的建设提出更加有效的建议。

二、旅游产业链基本形态

（一）旅游产业链基本结构

旅游产业链是以旅游产品或服务为对象，以游客流动为纽带，以价值增值为导向，以满足游客需求或创造顾客价值为目标，由从上游产业资源开发到下游旅游产品消费全过程的物质和信息投入产出关系，以及这种投入产出过程中涉及的相关企业部门所共同构成的链条体系。旅游产业链包括旅游资源规划与开发、旅游产品生产、旅游产品销售、旅游产品消费等。

其中，旅游资源规划与开发环节打造旅游产业的上游资源基础，旅游产品设计、旅游景区、基础设施、城镇环境都为旅游产品生产提供重要资源。在旅游产品生产环节，根据当地资源特征和环境进行旅游产品设计和生产，包括直接提供吃、住、行、游、购、娱产品与服务的企业，它们之间是建立在旅游产品组合基础上的并列关系，可根据旅游的需求进行任意组合。旅游产品销售环节连接旅游产品生产企业和旅游者，其根据旅游者的需求对旅游产品进行组合设计，并销售给旅游者，包括传统旅游销售商和网络旅游销售商。经过销售环节，旅游产品最终提供给各类旅游者进行消费。旅游产业链从上游到下游实现了有形资源开发—无形产品生产—体验式消费的过渡，这3个环节正是旅游产业链独特性的体现。

（二）旅游供应链的结构演进

在社会不断发展与学术研究的逐步深入下，内部的异质性和外部的不确定性推动了旅游供应链的结构不断演进。旅游供应链经历了一个由简到繁的过程。人们最初对旅游供应链结构的认识是直线型旅游供应链，如图4-1所示，可以一目了然地明确各主体的相对位置及相互关系，但对不同空间的各主体之间沟通及信息反馈无法体现。

图4-1　直线型旅游供应链

网络型旅游供应链结构，纳入了更多的供应链主体，如图4-2所示，其增加了旅游间接供应商，凸显了旅游产品和服务的跨层次流动，强调了信息流与产品和服务流的反方向流动。

图4-2　网络型旅游供应链与信息流动

在互联网技术日益成熟的背景下所形成的是高级网络型旅游供应链结构，而新的供销渠道——网络中间商也随之出现，比如，去哪儿网、艺龙网等。以旅游网络中间商（电子商务）为平台，游客比较和购买旅游商品更加方便快捷，资金流以网络平台为基础直接完成转移，价值增值显著提高。

大数据旅游供应链结构是在大数据旅游平台的强处理下即时实现资金流、信息流的流动，供应链的上下游由政府进行监控，旅游目的地居民在旅游规划与开发中发挥作用，游客投诉、建议、评论渠道更加多样、高效，各节点之间联系更加紧密。大数据不是单向、单点地提供旅游资讯，而是对旅游整个过程中的空间、时间的所有资讯的获取、重新整合与设计，为旅游者带来由技术创新所提供的便利性与独特性体验。由大数据所提供的充分数据信息来支撑对游客的走向、流向、满意度的准确捕获。

三、旅游大数据在旅游中的应用

（一）面向企业的应用

在旅游供应链中涉及吃、住、行、游、购、娱6类供应商，在智慧旅游中能够充分运用大数据的主要有酒店、航空公司、旅行社和景区等住、行、游这3类供应商。对于这些企业而言，大数据的应用主要有两个方面：一方面是对于企业自身而言，实现企业管理信息化和内部的运营监管；另一方面是面向游客进行营销宣传。企业与主要的搜索引擎和旅游电子运营商合作，对游客大数据进行充分的分析挖掘，掌握旅游消费者的需求信息，为制定旅游营销策略提供依据。目前很多网络平台型旅游企业（如携程、艺龙、去哪儿、蚂蜂窝等）已经开始应用大数据开发自己的产品体系，从而更好地实现与酒店、旅行社等旅游产品供应商服务的拼配与对接。它们具有专门的技术人员，在提取旅游攻略引擎中的用户信息，提取酒店、购物、拍照、点评等关键信息后，进行系统化的分类整理，经过人工分析和编辑后形成旅游攻略和调查报告，为旅游产品供应商提供更加精准的产品研发和营销策略。例如，国内知名自助游网站蚂蜂窝与酒店合作开启反向预订模式，大大提高了酒店的销售量；Hopper旅游网站利用大数据为旅游者提供旅游景点推荐。因此，大数据的应用可以使企业以全新的方式销售旅游产品。

（二）面向政府的应用

在大数据时代，数据就是资本，政府运用大数据不仅能够实现旅游行业管理的宏观调控，而且能够掌握公共服务的主动权。对于政府自身而言，要全面提高电子政务水平，构建电子政务集群体系；要加强与交通、气象、海关、公安等部门的横向合作，同时将互联网旅游企业、典型的旅游投资、散客消费等纳入统计系统中，实现跨部门、跨行业、跨地区的资源共享；要建立旅游大数据交换平台，形成数据互换和共享机制。对于企业而言，政府要提高宏观引导能力，依据大数据监测平台及时准确发布有关旅游经济运行的数据信息，提高信息引导能力；要依据大数据技术提高舆情监测和动态分析能力，创造有利于旅游业发展的舆论环境。对于游客而言，政府要提高公共服务能力，例如，开发旅游公共服务应用 App，向游客及时推送交通、天气、签证等信息，为旅游提供指引；要加强对旅游景区等场所公共Wi-Fi 服务设施的建设。通过免费 Wi-Fi 可以获取游客的相关信息，推送旅游 App。依据大数据技术不仅能够高效处理游客投诉、抚慰游客情绪，而且能够实现事故预警、应急处置，提高旅游呼叫中心的工作效率，有利于树立景区口碑和促进景区的长远发展。

（三）面向游客的应用

游客是旅游产品的消费者，是实现智慧旅游的核心价值。广大游客在智慧旅游中的消费信息是旅游大数据中需要挖掘的重要内容，依托大数据技术对其进行分析，可以制定出更加适合游客的旅游产品。旅游大数据产生于游客，又服务于游客。当游客想去往一个陌生的景区旅游时，在出游前，第一，在搜索引擎收集出行的信息，体验虚拟旅游；第二，确定旅游目的地，下载景区 App；第三，下单订购门票或实时支付。出游中，第一，手机接收二维码；第二，利用智能交通软件规划路线；第三，刷二维码进入景区；第四，使用 App 增强现实，语音导览；第五，遭遇紧急突发事件求助；第六，查周边吃住行购信息，刷二维码完成消费。出游后，第一，分享景区游玩心情；第二，点评分享旅游经验。游客在整个自助智慧旅游过程中，都能感受到智慧旅游带来的全新的体验。为了满足广大游客的消费需求，刺激旅游消费，智慧旅游系统平台建设需要进一步深化，做到旅游景区立体化和形象化，使游客在手机上就能够身临其境般地感受景区的真实特征，从而提高游客的出游欲望。要依据大数据技术，在为游客制定出行路线的同时评估出行费用，方便游客出行。要完善景区 App 终端，除了为游客提供景区信息外，还要提供一键呼救、游客位置信息、轨迹信息等多种服务，充分保证游客的安全和利益。

四、大数据在旅游产业链管理中的核心作用

（一）需求管理作用

旅游需求包括游客对旅游产品或服务的需求。对旅游需求进行深入研究，可以更加准确地掌握游客做出旅游决策的本质原因。其需求管理在供应链管理中起着重

要的作用，其将旅游供应链的各个流程连接起来，旅游需求的预测将为供应链上的各个节点提供重要的信息。旅游供应链上以服务业为主，而服务又具有不可储存性和无形性的特点，这就决定了如果需求预测不到位，将会扩大竞争与成本的风险。如果准备不足，会造成游客用户体验的破坏、服务的过度使用及员工的过度负担等；如果准备过剩，会造成劳动力和其他资源浪费。大数据创新旅游行业的需求开发，通过对数据的收集、统计及分析，了解整个行业的商情动态，知晓自身产品在整个市场中所处的地位，积累和挖掘消费者的档案数据，分析出消费者的消费行为和价值取向，从而更精确地为消费者提供产品或服务，培养顾客的忠诚度。

（二）收益管理作用

收益管理近年来受到旅游行业人士的强烈关注。收益管理就是设计与生产出合适的产品与服务，在合适的时间、适当的地点，以合意的价格经过适宜的销售渠道出售给相宜的顾客，目的是实现企业的收益最大化。大数据是推动需求预测、细分市场、进行敏感度分析的有效手段，而此三项又是实现收益管理目标的重要环节。传统的数据分析大多是企业采集自身的历史数据来进行预测与分析，往往具有片面性，忽视了整个旅游行业的信息数据。如果旅游企业自身在实施收益管理的过程中不仅仅依靠自己的数据基础，还依靠大数据公司所提供的自动化信息采集软件来收集更多的旅游数据，了解更多的市场信息，将会对制定更合理的收益策略从而得到更高的收益起到积极的作用。研究表明，不协调性存在于收益管理与顾客之间：首先，客户会觉得收益管理存在不公平性，若交易信息不足、定价策略不合理，可能会导致客户流失；其次，以需求为导向的定价策略，如旅游产品在淡旺季价格差距过大，会造成游客与旅游部门之间的不信任性；最后，如果只考虑成本的缩减，会对整个供应链产生多重不良影响。总的来说，如果仅仅是为了追求收益的增长而进行收益管理，往往不会得到长久的发展，反而会忽视顾客的价值及不利于与客户建立长期的发展关系。所以，应利用大数据平台将收益管理同顾客关系管理连接起来，从而达到一个长期稳定的发展结果。

（三）信息流的循环流动与信息共享作用

由于旅游产品具有不可移动性和无形性的特点，这就决定了游客如果想要了解或者购买一件旅游产品，则必须要到其生产地或者景区。由于数据信息不共享造成旅游市场的信息失衡，使处于不同信息地位的供求双方的风险和收益不对称。并且，处于供应链上下游的企业由于各自使用自身的数据信息，无法全面地分析整个旅游市场的变化，从而导致资源的重复使用及产品同质性的增加。这些都会损害整个旅游业的满意度并导致效率的降低。以大数据为核心的旅游供应链，信息流在整条供应链上循环流动，使得供应链上的企业共享整个行业的信息，从而降低了整个市场的不可预测性。比如对于游客在旅游过程中所滋生的各类信息，要及时共享分析，并对游客下一步的需求进行预测，从而提供给游客更加满意的产品或服务；而旅游供应商通过准确的定位信息来掌握游客的各个时间、空间节点，及时地保障准确的服务时间并提高生产效率。

（四）协调作用

以大数据为核心的闭环旅游供应链，在信息共享的前提下，要求各节点企业在进行决策的时候也随着信息的变更而即时地改变。而传统旅游业中吃、住、行、游、购、娱六大要素产业具有独立性与多样性的特点，以及在供应链中各节点企业有相互竞争冲突与相异的目标，使得传统旅游供应链中的核心企业很难协同各节点、整合各要素。以大数据为核心的旅游供应链通过信息的共享，减少了供应链上各个环节的相互冲突并建立共同目标，减少了旅游供应链全面整合的难度，协同供应链上各环节共同发展，实现了整体利润的最大化。

五、大数据与旅游产业链整合方式

2021年中国在线旅游收入已达到约1.2万亿元，占旅游总收入的比例约为25%。预计在未来5年内，中国在线旅游收入将以每年约20%的速度增长。国内互联网行业的三大巨头百度、阿里、腾讯也看好在线旅游产业，积极布局在线旅游。例如，百度旗下拥有去哪儿网、百度地图和百度旅游；阿里巴巴收购了高德地图、穷游网，还有自创的淘宝旅行；腾讯入股了艺龙、同程和大众点评网。

（一）互联网技术嵌入传统旅游产业链

由于旅游者对信息的依赖性、旅游产品消费不依赖于物流等特点，使得互联网与旅游业的融合发展成为水到渠成之事。互联网技术优化提升了旅游业的整体素质和产业竞争力，使旅游业由以往的科技含量低、劳动密集型的生产方式向高科技、知识密集型的生产方式过渡，实现了旅游产业的跨越增长、转型增长。作为高新技术的互联网技术具有渗透性，它以嵌入的方式渗透到传统旅游行业，并使得传统旅游产业链由单一、僵化的旅游产业链向具有更高柔性、经济性的旅游价值网转变。

这个过程实际上是互联网价值单元与传统旅游产业链包括的价值单元之间的协同过程。传统旅游产业链由旅游消费者、旅游产品供应商、旅游中间商构成，成员间的配合和协作都是按固定协议与模式进行的。这种纵向、单一、封闭的产业链运作方式使得整个产业链的运行效率较低，运作质量不高，限制了产业链的整体价值提升和对社会经济发展的总体贡献。互联网技术嵌入旅游产业链中，并非仅在原有的旅游产业链中增加了一个环节，而是带来了旅游产业链的革命性变化。首先导致了原有旅游产业链的解体，在此冲击下，解体后的旅游产业链成员间在保持原有关系惯性的基础上处于盲目状态；其次互联网价值单元以其大众性、开放性、工具性的特点重新梳理、整合了旅游产业链的各个价值单元，重新塑造了原有旅游产业链成员间的关系，从而改变了整个旅游产业链的运作方式，由僵化、单一、封闭的风格转化为柔性、多样性、开放性的风格，由过去单一的旅游价值链迅速转化为旅游价值网。正因为如此，整个旅游产业链的社会渗透能力增强，旅游产业素质进一步提升，产业规模进一步扩大。

（二）旅游价值链过渡为旅游价值网

大数据技术改变了传统旅游产业链的游戏规则和运作模式，旅游产业链模式从原本僵硬的"一对一"模式向网状模式过渡，并开始形成旅游价值网。在旅游价值网中，产业链各环节成员间的关系是多样化的：互联网的迅猛发展和对社会的全方位渗透，为旅游产品供应商提供了虚拟市场，他们对市场的开发不再受地域限制，并且可以与旅游消费者和旅游中间商两者都建立起业务联系；通过互联网，旅游中间商也能大范围地对旅游产品进行组织，可以借助互联网取得更多的供应商和客源。通过互联网平台可以慢慢地将众多的旅游供应商、旅游中间商、客源地旅游者融合起来，并且他们之间的关系不再表现为传统的直线关系，而是多种联系方式的网状结构。

这种网状的产业链模式由旅游者、OTA（网上旅行社或旅游电商平台）、传统线下旅行社、旅游产品供应商共同组成，各环节成员间的联系更为广泛、灵活，形成了一个庞大的线上线下相融合的组织系统。从横向看，旅游产业由很多子行业组成，并且由子行业相互配合来运行旅游这一综合产业。旅游供应商环节是由吃、住、行、游、购、娱等旅游企业共同组成的，旅游集团、旅行社、旅游公司则组成了旅游中间商。从纵向看，旅游价值网上的所有企业都依托互联网平台，以此来传递旅游消费者、旅游供应商、旅游中间商之间的信息，有效地提高了交易效率，同时也使得整条价值链的交易时间缩短、交易成本降低。以互联网为交易平台的旅游价值网表现出了开放性、协作共赢性和创新性。

六、旅游产业链的解构

（一）裂变阶段

旅游集群式供应链的发展经历了从点到线、由线到面逐步扩大的过程，在这个演变过程中，最为重要的影响因素是旅游核心企业的竞争力。旅游核心企业为了提高核心竞争力，采取外包形式将供应链中自身无法或无须亲自实施的环节分离出去，即"裂变瘦身"，将大量为之服务的中小企业聚集于自身周围，而自身则走"极化"之路，专注于提升自己的核心竞争力，并在旅游产业集群中起到聚集、黏合中小企业的作用，在旅游产业链形成中起到基础性作用。

（二）重构阶段

选择截取一些能够满足旅游者需求和构建完整旅游产品的最优或者核心的价值环节，并把这些产业链条环节或者价值活动单位按照一定的产业链逻辑进行产业链系统的重构，重构后意味着原有产业的产业链的解散和新的整合型产业的产业链的形成。例如，高技术产业向传统旅游业以渗透方式发生的旅游产业融合，是相关高技术产业的产业链以整体模块的形式渗透、嵌入原有的旅游产业的产业链中，从而引起传统旅游产业链的变革并形成一种新的业态形式，因此，相比较而言，传统旅游产业的产业链的分解程度不会太高。而发生于旅游业与相关产业间的延伸融合形式，则是传统旅游产业链与待整合相关产业的产业链包含的产业链环节——分解，然后根据旅游需求重新整合成一条代表新业态的产业链，因此，以这种方式整合的旅游产业链和关联产业的产业链分解度是最高的。

（三）聚集阶段

旅游产业链发展到聚集阶段时，其发展目标是网络式供应链系统，此时旅游核心企业由过去的主导地位变得次要，而相关的中小旅游企业则由次要地位上升为主要。因为此时旅游产业集群要让更多的旅游大企业加盟，必须依靠相关的中小企业来吸引，数量众多的中小旅游企业意味着有更多的配套企业、更多的选择余地，使欲加盟的旅游核心企业的交易和生产组织费用更少。在大量中小旅游企业的黏合作用下，集群式供应链不再处于单链状态，而是向网络式供应链转变，单链之间不似之前那么独立与封闭，而是处于相互交融的混沌网络状态。

（四）扩散迁移阶段

扩散迁移阶段是聚集阶段的延伸和强化。聚集阶段把单链式结构提炼成网络组织，随着旅游集群式网络供应链系统的不断发展成熟，旅游集群式网络供应链企业间的协作与竞争关系渐趋稳定，大、中、小型企业间的协作配套渐趋完善，外来企业的进入速度日趋减缓。在这种情况下，旅游集群式供应链的演化方向趋向于扩散性膨胀，即波浪式地层层推进，具体表现为旅游核心企业在集群中的地位不断加强，黏合聚集作用更加明显，而弱势企业逐渐迁移到集群式供应链的外层，整个旅游集群式供应链的组织架构更加清晰成熟。

七、大数据与旅游产业链的整合方式

大数据技术和旅游产业对接，将使旅游业迸发出前所未有的巨大影响力。那些拥有大量旅游者并能洞察旅游者行为的企业，开始掌控旅游产业链。从价值链整合来看，以客户为中心的生产要求将客户需求信息通过价值链反向传递给企业，接近旅游者的企业因为能够更方便地接触旅游者、理解旅游者，控制了需求信息的传递，有很强的话语权，从而得以聚合周边的资源以延伸企业的边界。从事消费者大数据收集、存储和挖掘的数据公司或在线公司，与传统的旅行社、酒店、交通公司或景区相互并购，以增强竞争力，这就是水平整合。当然，如果酒店拥有大数据优势，也会将景区、旅行社或旅游交通公司并购进来，实现旅游产品生产、消费的一体化，从而取得所有利润，这是垂直整合。在水平和垂直整合的同时，由于分工的细化，许多具有核心能力的企业团队会从母公司脱离出来，建立专门从事数据采集、出售、挖掘、空间运营的小公司，为旅游企业服务。所以，大数据时代，旅游业将迎来新的发展机遇与挑战。

（一）大数据技术打破了传统旅游业边界

作为一种空间移动行为，游客对于旅行活动的便利性和信息对称的需求是无止境的。旅游还是一个综合性的产业，涉及吃、住、行、游、购、娱等多个领域，消费既要跨越空间距离，又要跨越行业藩篱。这些市场需求和产业特性给了大数据技术巨大的生长空间，使其在旅游领域不断地创新、演化，形成新型业态。一是在线旅行商——如携程、去哪儿，这些企业运用互联网大数据技术为游客提供资讯、旅行预订等服务;二是搜索引擎公司——这类企业如百度、谷歌,它们对其掌握的搜索数据进行开发,向消费者提供旅行信息,推送精准营销;三是在线旅游及搜索引擎企业的下游企业——这类企业如智游啦、蚂蜂窝,它们对互联网数据进行大数据挖掘,为游客提供攻略等旅游规划服务。根据艾瑞咨询报告,2013年中国在线旅游市场交易规模超过2200亿元,占2013年全国旅游总收入的15.6%,成为旅游经济的重要组成部分。这些新兴业态改变了传统旅游产业边界,使旅游业生机焕发。

(二)纵向产业链整合

旅游产业链纵向产业体系由上游核心企业和下游节点企业组成。产业链上的核心企业——大型旅游运营商,主要包括处于客源地的组团社、大旅行社(如中青旅、广之旅)和大型网站(如携程)。旅行社是衔接旅游者和旅游目的地的中介,作为产品"分销商",其又是旅游产业链的"资源整合者"。旅游网站作为旅游运营平台,掌握了大量游客信息及市场话语权,也可成为核心企业。核心企业作为旅游环节的掌控者,在整合上下游资源时,实质是帮助旅游产业制定产品和渠道策略。产业链上的节点企业——处于下游的旅游服务供应商,包括为旅游者直接提供吃、住、行、游、购、娱等旅游产品或者服务的节点企业,它们以横向关联方式直接面对旅游消费者。

纵向产业链延伸包括核心、节点企业之间纵向扩张和节点企业延伸两个方面。产业链纵向扩张包括纵向一体化和纵向约束两种情况。纵向一体化是指企业向其上游产业或下游产业的扩张,包括前向一体化和后向一体化两种形式。旅游交通运营商为了更好地利用客源销售渠道,向上游兼并旅行社就是前向一体化;大型旅游运营商为了节约成本,直接收购景区就是后向一体化。纵向约束是核心企业对节点企业施加的若干限制行为,包括权利限制和价格限制,而旅游产业链延伸中以价格限制为主。节点企业可以根据自身特色,延伸出若干产业链条。例如,处于节点位置的餐饮企业,对餐饮部门上游企业(农产品及特色产品种植企业、农产品加工企业、包装企业)和下游企业(运输企业、销售企业)进行整合,使自身向上游拓展、向下游延伸,在加强企业核心竞争力的同时,打造出一条食品产业链。

(三)横向产业链整合

横向产业链整合,即对产业链核心企业或节点企业实行兼并、重组等方式,扩大经营规模或组建产业链的若干子链。产业链横向(水平)整合有两种方式:一种是进行横向(水平)合并;另一种是建立横向联盟,典型的就是价格联盟。旅游产业链横向整合的目的不是提高市场势力、增加垄断利润,而是减少横向分散风险性。产业链横向整合主要表现为横向"对接",即实现旅游产业链中六部门(吃、住、行、游、购、娱)的连接及旅游产业链中企业之间的联合和重组,包括同一类旅游资源的对接。如旅游景区横向兼并、收购当地的饭店、宾馆、旅游纪念品生产制造商、地接社、旅游车队等企业,以及旅游景区之间的横向合作等,从而实现链条横向延伸。

第五章 大数据与智慧旅游、全域旅游

第一节 大数据与智慧旅游

随着网络技术和信息技术的飞速发展,旅游产业作为第三产业的重要组成部分也正走在逐步转型的道路上,智慧旅游应运而生。智慧旅游充分运用物联网、云计算、移动通信、信息处理、数据挖掘、数据分析等先进技术收集各种旅游资源信息,并对旅游资源信息进行最大限度的开发利用,以更加及时、准确、智能的方式为旅游消费者、旅游企业、旅游管理机构提供各种信息服务和应用程序。

一、智慧旅游

(一)智慧旅游的定义

智慧旅游是智慧地球和智慧城市的一部分。关于智慧旅游的定义众说纷纭,其内容大致有:在旅游消费层面,具有导航、导游、导览、导购、投诉等功能,旅游消费的各个环节都可以通过网络完成,免去种种烦琐的手续,省去很多精力和时间;在旅游经营层面,市场调研、设计产品、市场营销、接待服务、客户管理、财务管理、人力调配和安全监控等各个方面均可实行数字管控;在旅游管理层面,调查统计、宣传推广、政务发布、行业管理和市场监控等各个方面都可以通过网络完成,实现政务数字化。

代表性的观点如下:

张凌云等认为,智慧旅游是基于新一代信息技术,为满足游客个性化需求,提供高品质、高满意度服务,而实现旅游资源及社会资源的共享与有效利用的系统化、集约化的管理变革。

姚国章等认为,智慧旅游是指以游客为中心,以应用互联网、物联网、云计算、5G通信、三网融合、GIS等"智慧技术"为手段,以计算机、移动设备、智能终端等为工具,以智慧服务、智慧商务、智慧管理和智慧政务为主要表现形式,以全面满足游客"食、住、行、游、购、娱"的服务需要为基本出发点,以为游客、旅行社、景区、酒店、政府主管部门及其他旅游参与方创造更大的价值为根本任务的一种旅游运行新模式。

沈杨、张红梅等认为,智慧旅游是物联网、云计算、下一代通信网络、高性能信息处理、智能数据挖掘等技术在旅游体验、产业发展、行政管理等方面的应用,使旅游物理资源和信息资源得到高度系统化整合和深度开发激活,并服务于公众、企业、政府等面向未来的全新旅游形态。

任瀚认为,智慧旅游是以物联网、云计算、移动通信技术、人工智能及其集成技术为基础,可以充分满足旅游者个性化需求,提高旅游企业的经济效益,提升旅游行政监管水平,构建新的服务模式、商务模式和政务模式的智能集成系统,是旅游产业重要的技术、服务和监管革命。

付业勤、郑向敏认为,智慧旅游是一种融合最新科技成果,以旅游者自主体验为核心,以全方位、一体化的旅游行业信息管理服务活动为基础,服务于旅游者、旅游企业、目的地政府的全新旅游发展理念与运营方式。

徐波林、李东和等认为,智慧旅游是在云计算、物联网、移动智能终端的支持下,为旅游行业政府主管部门、旅游企业、旅游者提供各种旅游信息,以实现旅游资源、社会资源共享和有效利用的具有高科技集合特点的旅游形态。智慧旅游的内涵在于将智能技术应用于旅游业,以促进旅游资源和信息的全社会共享及充分利用,提高旅游管理水平、旅游服务质量和旅游体验质量。

赵明丽、张长亮等认为,智慧旅游即利用云计算、物联网等技术,通过互联网、通信网、移动互联网等,借助便携的智能终端等上网设备,主动感知旅游资源、旅游经济、旅游活动、旅游者等方面的信息,并及时发布,让人们能够及时了解这些信息,及时安排和调整工作与旅游计划,从而实现对各类旅游信息的智能感知、方便利用的一种旅游形态。

智慧旅游主要体现在服务智慧、管理智慧和营销智慧三个方面。

1. 服务智慧

服务智慧是指从游客出发到旅游结束的整个过程中,通过信息技术的使用,游客在旅游信息获取、旅游计划决策、旅游产品预订支付、享受旅游过程和回顾评价中都能感受到智慧旅游带来的全新服务体验。主要表现在：科学的信息组织和呈现形式，使游客方便快捷地获取旅游信息，帮助游客更好地安排旅游计划并形成旅游决策。基于物联网、无线技术、定位和监控技术，实现信息的传递和实时交换，使旅游过程更顺畅，从而提升旅游的舒适度和游客的满意度，为游客带来更好的旅游安全保障和旅游品质保障等。

2. 管理智慧

管理智慧是指通过信息技术，在及时、准确地掌握游客的旅游活动信息和旅游企业的经营信息的基础上，实现旅游行业监管从传统的被动管理、事后管理向过程管理和实时管理转变。主要表现在：与公安、交通、工商、卫生、质检等部门形成信息共享和协作联动，结合旅游信息数据形成旅游预测预警机制，提高应急管理能力，保障游客安全；实时处理旅游投诉及旅游质量问题，维护旅游市场秩序；主动获取游客和旅游企业的信息，全面了解游客的需求变化和旅游企业的变化，实现科学决策和科学管理；在旅游企业广泛运用信息技术的基础上，优化经营流程，提高管理水平，提升产品和服务的竞争力，增强游客、旅游资源、旅游企业和旅游主管部门之间的互动，高效整合旅游资源，推动旅游产业整体发展。

3. 营销智慧

通过旅游舆情监控和数据分析，挖掘旅游热点和游客兴趣点，引导旅游企业策划对应的旅游产品，制定对应的营销主题，从而推动旅游行业的产品创新和营销创新。主要表现在：通过量化分析和营销渠道的判断，筛选效果明显、可以长期合作的营销渠道；充分利用新媒体传播特性，吸引游客主动参与旅游营销，并通过积累游客数据和旅游产品消费数据，形成自媒体营销平台。

（二）智慧旅游的发展

2006年，美国宾夕法尼亚州波科诺山脉度假区引入RFID手腕带系统。游客在佩戴RFID手腕带后不用携带钥匙就可以在活动区内打开自己的房间门，进入不同的餐馆、商店，消费时只要用"手腕带"碰一下感应设备即可。

2010年，江苏省镇江市在全国率先创造性地提出了"智慧旅游"的概念，开展"智慧旅游"项目建设，开辟"感知镇江、智慧旅游"新时空。在技术创新上，镇江市投入各种资源，研发智慧旅游的核心技术"感动芯"，并获得成功，为智慧旅游项目建设提供了专业技术支撑。"感动芯"技术在北京奥运会、上海世博会上得到应用。

2011年4月，江苏省南京市举办"智慧旅游"建设启动仪式，专家介绍：面对越来越大的体量和越来越多的旅游产品，越来越高的需求水准和越来越激烈的市场竞争，要想把旅游产业做强，使旅游产业快速健康发展，就必须依靠现代科技的力量，采用一种低成本、高效率的联合服务模式，用网络把涉及旅游的各个要素联系起来，这就是智慧旅游。智慧旅游能为游客提供智慧化的旅游服务，为管理部门提供智能化的管理手段，为旅游企业提供更高效的营销平台和广阔的客源市场。

2011年9月，苏州"智慧旅游"新闻发布会正式召开。苏州市旅游局（现为苏州市文化广电和旅游局）正式面向游客打造以智能导游为核心功能的智慧旅游服务，通过与国内在智能导游领域领先的苏州海客科技有限公司进行充分合作，将其"玩伴手机智能导游"引入智慧旅游中，大幅度提升服务品质，让更多游客获得旅游新体验，为提升苏州整体旅游服务水平打下了良好的基础。

2011年11月，河南省洛阳市为适应旅游业新形势的发展，建立了洛阳旅游体验网、洛阳旅游资讯版和洛阳旅游政务版等旅游网站。同年牡丹文化节期间，洛阳市政府还与洛阳移动公司联合推出电子门票，开通洛阳市旅游局官方微博等，形成立体交叉的互联网、物联网旅游服务体系。

2012年初，南京市旅游局（现为南京市文化和旅游局）结合理论研究与实践操作经验，全力推进"智慧旅游"项目建设。游客下载"游客助手"程序后，就可获得全面的服务。"游客助手"平台分为资讯、线路、景区、导航、休闲、餐饮、购物、交通、酒店等九大板块，集合了最新的旅游信息、景区介绍和活动信息、自驾游线路、商家促销活动、实时路况、火车票等信息。

2021年1月，文化和旅游部资源开发司公布2021年智慧旅游典型案例，故宫博物院"智慧开放"项目等27个典型案例入选。典型案例分为"智慧旅游景区、度假区、乡村建设运营典型案例"和"智慧旅游公共服务平台建设运营典型案例"两种类型。其中，"智慧旅游景区、度假区、乡村建设运营典型案例"包括故宫博物院"智慧开放"项目、唐山市南湖·开滦旅游景区智慧旅游探索、大连市发现王国"智慧潮玩"新模式等15个案例，"智慧旅游公共服务平台建设运营典型案例"包括北京市延庆区打造"长城内外"全域旅游数字化生活新服务平台、黑龙江省黑河市智慧旅游服务平台一站式无障碍服务、"君到苏州"文化旅游总入口平台提升文旅综合服务效能等12个案例。

2022年4月20日，国务院办公厅印发《关于进一步释放消费潜力促进消费持续恢复的意见》指出，适应常态化疫情防控需要，促进新型消费，加快线上线下消费有机融合，扩大升级信息消费，培育壮大智慧零售、智慧旅游、智慧广电、智慧养老、智慧家政、数字文化、智能体育、"互联网+医疗健康""互联网+托育""互联网+家装"等消费新业态。

（三）智慧旅游的功能

智慧旅游主要包括导航、导游、导览和导购（简称"四导"）四个基本功能。

1. 导航

游客可以通过位置服务随时知道自己的位置。确定位置有许多种方法，如 GPS 导航、基站定位、Wi-Fi 定位、RFID 定位、地标定位、图像识别定位等。当游客确定位置后，相关最新信息将通过互联网主动弹出，如交通拥堵状况、交通管制、交通事故、限行、停车场及车位状况等，游客还可查找其他相关信息。随着位置的变化，各种信息也会及时更新，并主动显示在网页和地图上，体现了直接、主动、及时和方便的特征。

2. 导游

在确定了位置的同时，网页和地图上会主动显示周边的旅游信息，包括景点、酒店、餐馆、娱乐场所、车站、活动、朋友或旅游团友等的位置和大概信息。游客可以在非导航状态下查找任意位置的周边信息，还可以根据自己的兴趣规划行走路线。

3. 导览

从某种程度上讲，智慧旅游就像一个自助导游员，游客只要提交起点和终点的位置，即可获得最佳路线建议（游客也可以自己选择路线），获得沿途主要景点、酒店、餐馆、车站、活动等资料。当然，智慧旅游有比导游员更多的信息来源，如文字、图片、视频和全景图像等。

4. 导购

经过全面而深入的在线了解和分析，游客只需在网页上点击"预订"按钮，即可进入预订模块。在智慧旅游中，游客可以利用移动互联网随时随地进行预订，安全的网上支付平台可以为游客带来更好的旅游体验。

（四）智慧旅游的构成

刘军林、范云峰认为，智慧旅游系统可以简要概括为"一心、两端、三网"。"一心"主要指建立旅游超大数据库或者云计算中心，"两端"是指服务端和使用端，"三网"是指物联网、互联网和移动通信网。

姚国章认为，智慧旅游发展框架包括服务体系、应用体系、应用支撑体系、信息资源体系、基础设施体系、制度体系、法规与标准规范体系、信息安全与运维保障体系。

沈杨、张红梅等认为，智慧旅游应该包括"信息化的基础设施""信息化的游客应用"及"信息化的产业应用"三个层面。

（五）智慧旅游的技术谱系与功能

智慧旅游需要的支撑技术很宽泛，包括信息计算与存储、信息通信、景物感知及安保、旅游资源管理、旅游产品体验、旅游营销等诸多方面。智慧旅游的功能主要通过技术支撑与整合得以体现。智慧旅游可以为旅游景区提供智能化景区监控、现代化企业管理系统；为旅游管理机构提供智能化监管、灾害预警、灾害救助、交通保障、旅游资源开发监管等系统；为游客提供自助导游导览服务、虚拟旅游体验，以及完备的旅游体验保障系统，消除游客的多种信息障碍。

1. 信息计算与存储技术

信息计算与存储方面包括云计算中心（中心机房）、高性能终端机等，其功能主要是对旅游信息进行计算、筛选、处理、存储等，是智慧旅游的核心构件。云计算可以有效地进行计算资源的合理配置，就像电力资源在不同行业的使用与分配。旅游云计算系统不仅可以实现在旅游行业内部的计算资源再分配，还可以在整个社会中实现计算能力的再分配，达到资源使用配置效能最大化，降低单体企业购置、维护成本，提高社会计算资源的使用效率。智慧旅游需要拥有超强的计算功能、海量的存储能力、强大的技术支撑和专业及时的系统维护，为用户提供强大的数据存储、计算和交流服务，来满足用户自动完成处理、查询、计算等的需求。

2. 信息通信技术

信息通信方面包括光纤通信、移动互联网通信等远程通信技术和 Wi-Fi、蓝牙、近距离无线通信（Near Field Communication，NFC）等近场通信技术，以满足旅游信息远程通信和近场通信的需要。

3. 景物感知及景区安保方面需要的技术

景物感知及景区安保方面需要的技术支撑涉及较广。例如，通过射频识别技术、视频技术、红外感应技术、定位追踪技术、激光扫描技术、气体声音感应技术等对文物、灾情高发区、危险景点等进行实时监控，对重要物件、人流等进行定位跟踪或者监控监管。

4. 景区资源管理技术

景区资源管理方面需要景区规划管理系统技术、动态资源管理系统技术等。建立景区的规划辅助决策系统，可以为景区规划决策提供依据，辅助领导和专家进行会审。规划辅助决策系统可以根据实际需要，导入预选方案，对方案进行通视、视域、控高、日照模拟、天际线、立面、红线等空间分析；对指定的空间范围进行二维或三维空间数据分析；对规划开发空间范围内的未来建筑参数效果、拆迁相关信息、绿地信息等进行相关统计分析，确保规划落地的实际效果、景区整体景观效果和可持续利用与开发等。景区动态资源管理主要对已建、在建和规划项目进行实时监控管理，对景区资源变化信息进行动态监控管理，对景区环境变化进行实时动态监控管理。

5. 旅游产品展示体验技术

旅游产品展示体验方面包括自助导览系统、街景地图、360度全景图片、虚拟现实、人机交互系统等，为景区远程体验、现场体验和旅游产品展示营销提供广阔的空间。自助导览系统为游客提供最直接的智慧旅游体验，游客可以通过扫描二维码或下载景区App，在智能手机上获取景点图文并茂的随身讲解；可以直观查询景点、路径、餐饮、厕所等设施相关信息；可以获取景区人工咨询服务信息；等等。街景地图可以直观展示景区景点实景风貌，优化游客预游览效果，提升景区产品的吸引力。同时，街景地图也可以进行实地导游，让游客拥有更丰富的现实与虚拟之间的转换体验。

6. 旅游营销技术

旅游营销方面的技术包括旅游电商平台技术、大数据市场精准分析技术、网络营销技术等，在利用旅游营销信息为旅游者提供免费服务的同时，可积累大量的信息资源和决策信息资源。旅游电商平台技术主要为旅游产业及关联行业提供在线交易的平台。例如，景区旅游电商平台可以将景区内部的所有可交易旅游服务产品放在平台之上，游客可以预购门票、挑选并预订餐饮和住宿、预订景区产品或特殊服务、预订景区周边餐饮住宿服务等。电商平台运营商可以从在线交易额、进入运营平台费用、平台宣传费用等方面获得收益，并通过对加盟商标准化提升景区及周边旅游要素服务质量，提升景区的整体服务水平，提升景区总体竞争力。

智慧旅游的技术谱系与功能中所涉及的信息计算与存储技术、信息通信技术、景物感知及景区安保方面需要的技术、景区资源管理技术、旅游产品展示体验技术、旅游营销技术的基础是大数据的积累、挖掘和分析，因此从某种程度上讲，大数据是智慧旅游系统的基础。

二、智慧旅游中大数据系统的建设

（一）数据中心建设

数据中心建设要求在旅游数据编目、交换及共享等方面出台地方标准，逐步规范各级旅游局数据中心建设，为区域旅游大数据系统建设奠定坚实基础。

1. 建立数据编目规范

智慧旅游所涉及的信息数据范畴已远远超出传统旅游类数据所涉及的内容，扩展至互联网类、物联网类及其他类信息数据；游客所关注的信息已远远超出旅游主管单位所管辖的范围，扩展至公安、交通、测绘、环保、卫生和气象等其他涉旅单位主管的信息数据。因此，原有的数据编目规范已不能适应当前旅游大数据发展状况，亟须根据当前智慧旅游发展及游客的需要，进一步对现有数据编目规范进行扩充和修订。标准化的数据编目不仅在大数据分析中起到重要的信息汇聚作用，更有利于提升数据之间的关联性，降低数据分析的复杂度，并大幅度提高大数据分析的准确性。

2. 建立数据交换标准

智慧旅游数据中心建设应整合公安、交通、测绘、环保、卫生和气象等相关方面涉及旅游的数据，同时与百度、谷歌等主要网络搜索引擎和携程等旅游电子运营商，以及电信、移动和联通等通信运营商进行合作，建立社会数据和旅游及相关部门数据合一的旅游大数据资源，推行旅游的数字化管理，以达到与旅游业网络化、散客化、大众化的发展趋势相一致的目的。

3. 建立数据共享标准

智慧旅游数据中心建设的最终目的是将汇聚的数据共享给旅游企业及游客，从而为游客提供更优质的服务。因此，需要建立数据共享的标准，让汇聚的数据发挥作用。通过数据共享，旅游企业可以从企业内部管理系统着手，增强企业内部的数据化程度，进而优化内部管理流程；逐步通过对共享数据的分析和挖掘指导和管理工作，如酒店根据游客特征和偏好更加精准地推荐有吸引力的旅游产品和服务，旅游景区更好地进行客流疏导和调控，旅行社整合信息资源而开发出更有针对性和个性化的旅游线路产品等。

（二）软件系统建设

大数据技术的战略意义不在于掌握庞大的数据信息，而在于对这些含有意义的数据进行专业化处理和分析，只有通过分析才能获取更多智能的、深入的、有价值的信息。

1. 建立数据分析模型

以游客旅游活动的六要素——"吃、住、行、游、购、娱"为数据模型，根据实际情况建立横向和纵向的多维度扩张的分析模型，在大数据分析的可视化分析、数据挖掘算法、预测性分析能力、语义引擎、数据质量和数据管理5个基本方面建立数学模型，依托旅游行业数据中心进行分析、推演和预测。

2. 建设监测预警系统

旅游是一项庞大、复杂的经济社会活动，利用来自各方面的数据进行产业运行情况分析，实行产业运行监测，对产业实施有效管理，是推动旅游业科学发展、建设现代旅游产业的必要手段。因此，应在数据汇聚及数据分析的基础上，设置科学合理的行业运行监测指标，运用科学化的手段对行业进行监测预警，防患于未然。

3. 建立应急指挥中心

建立旅游应急指挥中心，推进旅游运行监管及应急指挥向数字化、网络化、自动化、标准化迈进。旅游应急指挥的控制中心应具备行业管理、监管调度、监测预警、应急指挥、信息发布等多项功能，逐渐形成省、市、景区三级一体的旅游运行监管及安全应急管理联动指挥体系，实现旅游应急管理"看得见、联得上、呼得应、调得动"的目标。

（三）服务平台建设

在现代通信新技术的应用支撑下，在大数据的基础上，采用结构化系统，构建一个资源统筹、信息贯通、应用丰富的综合服务平台，以创新旅游管理、优化旅游资源利用、改善旅游体验、提升旅游服务。

1. 建立旅游咨询服务网站集群

通过行业协会的主导作用，面向旅游企业建立省、市（州）、县（市、区）三级一体的旅游营销与咨询服务网站集群，整合省级旅游产品和旅游营销宣传信息，形成统一的对外营销推广和宣传体系，发布景点图片、旅游文化信息、景点天气预报等公共服务信息，采集、汇总"吃、住、行、游、购、娱"等旅游要素的相关资讯，建立政府、旅游企业、游客三位一体的交互式信息营销推广体系，为政府、旅游企业和游客提供旅游信息服务。

2. 研发移动终端咨询服务系统

利用智能移动终端随时、随地、随身的优势，建立基于移动手持终端的营销及咨询服务系统，以便游客能通过智能终端及时获取准确的旅游资讯，享受体贴的在线咨询服务。游客可根据实际需求，通过网络实时从数据中心提取信息，以获得智慧服务体验。

3. 打造旅游咨询服务体验中心

构建政府主导的公共服务和企业主导的有偿服务联动模式。在机场、火车站、汽车站、高速公路服务区、商业集中区等游客集中区域分级、分类建设旅游咨询服务体验中心。各级旅游职能部门可积极协调相关部门制定切实可行的激励政策，实施旅游咨询服务体验中心示范工程，引导各地快速、有序地建设旅游咨询服务体验中心。

4. 建立统一的呼叫中心

呼叫中心主要服务内容应包括热线咨询、营销推广、旅游投诉受理、旅游紧急救援和政策发布等。呼叫中心客户服务可以与"旅游营销与咨询服务网站"的在线客户服务进行有机融合。呼叫中心的建立必将极大地提高系统的公共信息服务能力，提升旅游系统的服务形象，为提高广大游客对旅游服务的满意度作出贡献。

第二节　大数据与全域旅游

一、全域旅游

（一）全域旅游的内涵

全域旅游是指在一定区域内，以旅游业为优势产业，通过对区域内经济社会资源，尤其是旅游资源、相关产业、生态环境、公共服务、体制机制、政策法规、文明素质等进行全方位、系统化的优化提升，实现区域资源有机整合、产业融合发展、社会共建共享，以旅游业带动和促进经济社会协调发展的一种新的区域协调发展理念和模式。区域内的产业、景观等自然要素和人文要素不是一成不变的，而是随时间动态变化的。认识全域旅游，需要从时间的角度来考察区域内的自然和人文要素的动态变化。

全域旅游中的"全"包括全景、全时、全业、全民、全配套、全治理等六个方面，称为"六全"模式，也有人在此基础上加上全程，称为"七全"模式。

全景即全域景区景观化，以全景化体验吸引游客。旅游目的地的整体形象建设十分重要，不仅景区内要风景宜人，景区外也要做到环境优美，实现"处处是旅游环境"。

全时即全天候旅游体验和全感官项目设计，使旅游不分昼夜，留住游客，包括春、夏、秋、冬，旺季、淡季。

全业即以旅游业为主导带动服务业与其他产业全业融合，提升传统产业附加值。"吃、住、行、游、购、娱"六大要素，在发展中逐步拓展出旅游新六要素，即"商、养、学、闲、情、奇"。

全民即通过"全民共建＋全民营销＋全民共享"构建主客共享的旅游目的地，实现旅游惠民、便民、富民。

全配套即旅游服务全域配套。全域旅游要求服务全域覆盖，构建温馨便捷的服务。全域旅游不只注重景点、景区、宾馆、饭店，更注重公共服务的系统配套。

全治理即旅游治理全域覆盖。发展全域旅游，需要构建大旅游综合管理治理体制机制，在旅游资源富集、旅游产业具有突出优势的区域，整个区域管理体制机制都应有旅游理念和标准，围绕旅游来统筹经济社会各方面发展，推动新型城镇化发展、美丽乡村的建设，推动相关产业的调整发展，推动基础设施的建设，探索出发展新模式、新路径。实现旅游业与经济社会相互促进、相互提升，区域治理体系和治理能力现代化与旅游业转型升级的同步发展。

全程即以游客体验为中心，以提高游客满意度为目标，整体优化旅游服务的全过程。全域旅游的旅游质量和形象由整个社会环境决定，以前旅游从业者是导游、服务员，现在整个区域的居民都是服务者，都是主人，都是旅游环境的一部分。

（二）全域旅游提出的过程及现实背景

1. 提出的过程

2014年8月，国务院印发的《关于促进旅游业改革发展的若干意见》中，就树立科学旅游观、增强旅游发展动力、拓展旅游发展空间、优化旅游发展环境、完善旅游发展政策五大方面二十个小点提出了今后旅游业发展的基本方向，这些内容基本上具备了全域旅游发展的雏形。2015年8月，全国旅游工作会议首次提出发展全域旅游；2015年9月，国家旅游局（现为文化和旅游部）出台《关于开展"国家全域旅游示范区"创建工作的通知》；2016年1月，全国旅游工作会议谋划"十三五"和全域旅游发展思路；2016年2月，国家旅游局（现为文化和旅游部）公布首批创建"国家全域旅游示范区"名单。

2. 现实背景

一是和谐社会建设。国家构建"四个全面"（全面建设社会主义现代化国家、全面深化改革、全面依法治国、全面从严治党）、"五位一体"（经济建设、政治建设、文化建设、社会建设、生态文明建设）、"五化"（工业化、产业化、生态化、城镇化、一体化）同步等国家总体战略部署，为全域旅游发展优化整体环境。

二是现代交通体系的支撑。高铁、高速公路、航空、水运等综合交通运输体系的快速发展为全域旅游构建了现代交通网络支撑。现代移动互联网迅猛发展，为整合分散的旅游需求和供给提供了更加便捷智慧的信息服务网络，为全域旅游发展插上了科技翅膀。

三是美丽中国建设。美丽中国建设，生态文明建设，资源节约型社会建设，全社会审美意识的增强，林业、水利、国土等不同部门对自然资源、文化资源、生态环境的保护等，将为全域旅游构建更加优美的生态环境和自然人文景观基础。全域旅游是共享美丽中国的有效载体，也是共建美丽中国的有效途径。

四是城乡一体化。新型城镇化、美丽乡村建设、城乡一体化等战略的实施，为全域旅游提供了空间支撑。通过城乡一体化，推动旅游与现代农业融合发展，促进公共服务向农村延伸，将全域旅游区建成农民的幸福家园、城镇居民的休闲公园、游客的旅游乐园，使农民实现了就地城镇化、就地现代化，旅游区没有边界、没有围墙、没有门票，主客共享、旅居相宜，实现"城在园中、村在景中、人在画中"，让市民感受乡村田园气息，让农民享受城市生活品质。

五是现代产业融合发展。各类产业融合发展，为全域旅游发展提供了产业支撑。现代产业的边界日益模糊，特别是旅游业，正在逐渐拓展成为一个无边界的产业。"旅游+""+旅游"已经成为时代大趋势，以旅游业为龙头发展第三产业，将带动第一、第二产业结构调整升级。

（三）全域旅游的理论基础

1. 地域系统

地域系统是地球表面一定的区域内所有物质构成的系统，包括由岩石圈、生物圈、水圈、土壤圈和大气圈构成的自然系统，以及由社会制度、人口、生产力、生产关系、经济制度和社会文化构成的人文系统。首先，地域系统是一个开放的系统。

地域系统通过不断地与外界进行物质、信息、能量和资金交流，使区域系统"负熵"增加，从而促进区域系统要素不断得到优化组合，并促进区域系统的整体发展。其次，组成地域系统的各要素是相互联系的统一整体，在一定状态下，形成一定的等级结构和比例关系，其中一个要素的变化会引起其他要素的相应变化。

2. 区域经济增长理论

在最初的均衡区域内，由于资源禀赋、区位条件和外部环境的差异，增长并非出现在所有地方，而是出现在优势行业，于是出现增长极。增长极不仅能迅速增长，而且能通过乘数效应推动其他部门的增长。增长极形成与发展的过程中会产生两种效应：极化效应和扩散效应。扩散效应包括两层含义：一是指所有位于经济扩张中心的周围地区，都会随着扩张中心地区的基础设施的改善，从周边地区获得资本、人才，并刺激、促进本地区经济的发展，逐步赶上经济发达的地区；二是指在经济发展过程中，优先发展起来的地区可以在消费、就业等方面惠及其他地区，带动其发展。

3. 区域产业结构理论

区域产业结构由三部分构成：一是专业化部门，包括主导性专业化部门和辅助性专业化部门，其建立在区域有利条件的基础上，是区域经济发展的火车头，是区域产业结构的核心和骨架；二是协作配套部门，即为专业化部门提供原料和动力的上游部门及处理工业污染源产生的废水、废气和固体废弃物的下游部门；三是基础结构部门，即为专业化部门和协作配套部门提供服务的部门。

（四）全域旅游的特点

1. 全局性

首先，全局性体现在旅游发展视角的全局性。在新的历史时期，旅游产业不再只是简单意义上的单个产业的发展。因具有关联性、综合性强的天然特性，旅游产业的发展已经关系到区域经济社会的整体发展，已经成为"稳增长、调结构、惠民生"的优势产业。因此，全域旅游发展是站在区域经济社会发展全局的高度，通过发挥产业优势，对区域内经济社会资源，尤其是旅游资源、相关产业、生态环境、公共服务、体制机制、政策法规、文明素质等进行全方位、系统化的优化提升。

其次，全局性也体现在旅游发展要素视角的全局性。落实到旅游经济社会发展层面，要打破以单一景区景点建设为核心，以观光旅游要素为主的传统封闭的旅游发展观念，向"吃、住、行、游、购、娱"传统六要素和"商、养、学、闲、情、奇"新六要素并行发展的综合目的地统筹发展的全局性观念转变；由"旅游业一个部门单打独斗式的散兵发展"向"全社会多个部门有机合作式的全局发展"转变。

最后，全局性还体现在旅游发展管理视角的全局性。全域旅游是对资源配置、产业发展、市场结构、组织运作、制度安排、体制机制、基础设施、公共服务、保障措施等多个方面的全盘统筹考虑，要建立符合旅游业发展特点的复杂管理系统，以满足旅游业发展的复杂性特征。

2. 空间性

首先，发展全域旅游要从点式向面式转变。应该深刻地认识到，传统的"点式"旅游发展空间模式使得旅游活动在空间上呈现出"飞地"困境，导致旅游的空间流畅性和贯穿性受阻，狭窄的"点式"空间范围束缚了旅游活动、旅游产业、旅游管理的发展，亟须在区域范围对旅游进行"面式"扩展，让旅游基础设施辐射区域的全部空间范围，让旅游管理覆盖区域的全部空间范围，保障旅游空间移动性。

其次，发展全域旅游要认识到产业发展空间的不均衡性。全域旅游并非在我国全部地理空间范围内发展旅游，不是旅游发展的空间大跃进，不是旅游发展的空间全覆盖。全域旅游的空间性界定了发展的区域空间边界，承认空间的不均衡性就保证了旅游业发展不会突破区域经济发展的地理范围，避免了盲目追求空间绝对均衡化而导致区域经济增长无效的后果。

3. 带动性

带动性是指旅游产业对经济社会协调发展的促进作用。以旅游业作为区域发展的优势产业和核心动力，并引领和带动整个区域经济社会的改革创新、转型升级发展，促进区域经济社会的协调发展。这种带动性不仅体现在产业经济的带动性，而且体现在社会文化的带动性；不仅体现在单个产业发展的带动性，而且体现在多个产业融合发展的带动性；不仅体现在绿色增长方式的带动性，而且体现在社会治理方式的带动性；不仅体现在优化调整的带动性，而且体现在改革创新的带动性。

4. 整合性

整合性旨在有效利用社会经济各类资源促进旅游业的可持续发展。为实现全域旅游发展目标，需要从多个方面展开整合。首先是生产要素资源整合，要充分发挥市场在资源配置中的作用，整合资本、劳动力、土地、技术和信息等现代生产要素资源，从而提高生产效率。其次是产业资源整合，要充分发挥旅游业在发展过程中的融合作用，整合旅游业和第一、二、三产业的资源，推动产业融合发展。最后是社会管理要素资源整合，要发挥政府在社会管理中的引导作用，整合部门职能、体制机制、政策法规、公共服务和社会参与等社会管理要素资源，以提高公共管理效率。通过合理整合不同资源，全域旅游发展可以更加有效地推动旅游业的发展，促进经济社会的全面进步。

5.共享性

共享性是全域旅游发展的重要特征，意味着旅游发展成果应该惠及更广泛的人群，回归以人为本的理念。我国旅游业的发展始于人们的旅游需求，最终要服务于人的需求。虽然我国旅游经济总量经历了巨大增长，在全球旅游市场上也获得了实质性的地位巩固和提升，但旅游业发展仍然以资本回报和企业利润最大化为主导，导致旅游发展红利主要由旅游企业和少数群体享受，而未能惠及更广泛的社会主体。这反映了旅游业发展共享性的不足。全域旅游发展的目标在于推动全社会共建共享，让更多人在旅游业发展中获益。这需要对目前我国旅游业发展现状进行深刻反思，实现旅游发展的社会效益最大化，加强共享性的体现。要让广大群众真正受益于旅游发展，是对旅游业发展现阶段不足的深刻认识的结果，也是实现共享性的重要体现。

二、全域旅游与旅游大数据平台建设

从系统的角度来看，全域旅游是一个大的系统，包括游客子系统、旅游企业子系统、旅游目的地管理子系统和旅游吸引物子系统，全域旅游系统的各个子系统浑然一体。在外部环境（政策环境、经济环境、社会环境、文化环境、技术环境、自然环境等）影响下，各子系统相互作用、相互依赖，构成一个有机的整体。子系统之间除了能量流动和物质交换，还有一种非常重要的联系，那就是信息的传递，信息传递可以保证系统的正常运行。旅游大数据在系统中处于重要的地位，是系统中不可或缺的组成部分。要推动全域旅游系统的健康持续发展，旅游大数据至关重要。外部环境通过信息对全域旅游系统产生影响，系统内部的各个子系统则是在旅游大数据的指导下统一协同，发挥最大效益。

全域旅游发展最重要的是建好基础设施，有了良好的基础设施保证，全域旅游和智慧旅游才有可能推进。旅游大数据平台建设是全域旅游基础设施建设的重要内容，是全域旅游发展的基础。全域旅游大数据的发展和完善更离不开高水准的通信网、无线基站、中继设备、计算和服务中心及相关配套设施的支持。推进高质量的大数据基础设施建设是全域发展的必要条件。

要发展好旅游大数据，首先要搭建统一的旅游大数据平台。考虑到标准化、高性能、可扩展、绿色节能等因素，应以云计算为依托，由基础设施层、平台层、数据层、应用层、服务发布层等五个部分构成，实现旅游数据的"聚、通、用"。

基础设施层主要负责解决数据传输、存储和计算等关键问题，构成了旅游大数据平台建设的根基。它涵盖了中心大数据处理平台以及分布于不同区域的多个大数据分平台。这些分平台与中心平台之间通过一种松散耦合的方式相互连接。

平台层主要负责设计和构建各方数据接口与业务接口，旨在整合各方数据资源系统，实现数据的网络化集中。在这里，相关的旅游数据资源将得到汇聚。

数据层作为旅游大数据平台的核心，主要承担对各方数据的处理与运算任务。这包括全球用户数据、运营商基础数据、文化和旅游部数据、各省旅游数据以及外部数据的集中处理。依据业务模型的需求，数据层将从上述数据资源系统中提取所需数据，并通过本地化的 Hadoop 数据处理平台进行融合处理。

应用层主要包括基础功能系统、业务功能系统和指数构建三部分。基础功能主要是实现数据融合、数据分析、数据算法设计等。业务功能主要是根据用户需求提供科学定制模型，用于支撑旅游大数据应用的构建。旅游大数据指数构建主要分为实时旅游指数计算和预测指数计算两部分。

服务发布层主要用来统一向社会发布和提供服务。根据受众的不同，可以通过多种方式实现。

旅游大数据通过数据分析对全域旅游的各个方面进行精确解剖，完整地呈现出全域旅游的各种态势。依托于旅游大数据确定全域旅游的发展方向必然是准确的。现阶段，旅游大数据发展才刚刚开始，需要从基础做起，打通旅游产业上的各个数据"孤岛"，整合横向厅局涉旅部门、纵向旅游管理部门和旅游企业的数据，充分与运营商、大型互联网企业等进行数据合作，形成海量的旅游数据资源，依托大数据企业，通过市场化运作手段实现有管控的数据商业化，最终形成大数据产业和旅游产业共发展的态势，全面服务于全域旅游的发展。

为了实现旅游大数据与全域旅游的深度融合，旅游管理部门和企业需要采取一系列措施。首先，应建立统一的数据标准和交换机制，确保数据的兼容性和互操作性。其次，通过建立旅游大数据中心，实现数据的集中存储和管理，为数据分析和应用提供基础。最后，旅游大数据平台的建设应注重数据安全和隐私保护，确保用户信息的安全。

在旅游大数据平台的基础上，可以开发多种应用，以满足不同用户的需求。例如，可以为政府提供旅游决策支持系统，帮助政府更好地规划和管理旅游资源；为旅游企业提供市场分析和客户行为分析工具，帮助他们优化产品和服务；为游客提供个性化推荐和智能导游服务，提升旅游体验。

同时，旅游大数据平台的建设应注重开放性和扩展性，以便于未来与更多的合作伙伴进行数据共享和合作。通过与交通、文化、环保等其他行业的数据融合，旅游大数据平台可以为全域旅游提供更全面的支撑，实现跨行业的协同创新。

总之，旅游大数据平台的建设是实现全域旅游发展的关键，通过整合各方数据资源，提供精准的数据分析和应用，可以为旅游产业的转型升级提供强大的动力。未来，随着技术的不断进步和数据资源的不断丰富，旅游大数据平台将在全域旅游发展中发挥更加重要的作用。

第六章 大数据时代旅游产业的发展和创新策略

第一节 大数据时代旅游产业的发展策略

一、树立大数据意识

在大数据时代,数据将成为独立的生产要素。有人把大数据比喻为工业时代的石油,由此可见大数据在未来经济和社会发展中的重要性。唯有站在大数据发展前沿,把握大数据与旅游产业发展的脉动,才能迎接大数据给旅游产业带来的挑战,推动旅游产业的发展。培养和树立大数据意识,则是迎接大数据给旅游产业带来的挑战的基础。

(一)树立大数据的时代意识

有人将2013年称为"大数据元年",自这一年起,大数据从技术革新转变为一股社会浪潮,影响到社会和经济的方方面面,"网络化""数字化""虚拟化"深刻改变了人们的生存和思维方式。

面对激增的数据流量及其影响,旅游产业无可回避,只能全力应对。旅游产业通过大数据对游客的消费行为进行分析和预测,从而为旅游产业的发展、规划、营销和产品设计提供更好的服务。智慧旅游的发展充分揭示了旅游业已进入大数据时代的现实。因此,必须树立强烈的大数据时代意识,充分认识和理解大数据对旅游产业的影响,正确把握大数据与旅游产业管理之间的关系,并了解大数据技术在旅游产业中的应用,加快"大数据+旅游企业"建设的步伐;发挥市场机制作用,将网上与网下相结合,培育更多的"大数据+景区+旅行社+酒店"旅游新业态;将大数据与旅游企业深度融合,打破原有产业边界,借助互联网技术,将上游供应商、品牌商、旅游产品销售渠道和消费者有机结合,使他们参与整个旅游产品的生产、流通和消费过程,从而转变发展理念,抢占旅游企业变革先机,实现旅游产业历史性跨越。

(二)树立大数据的资源意识

被誉为大数据商业应用第一人的维克托·迈尔-舍恩伯格在《大数据时代》一书中指出:未来数据将会像土地、石油一样,成为经济运行中的根本性资源。渗透至社会各领域的海量数据正在成为一种资源、一种生产要素,而大数据技术则代表着一种最新的生产力。旅游产业涉及面广泛,时刻都在与自然系统和社会系统进行大数据的生产、中转、交换和使用。而在生产、中转、交换和使用的海量数据中,蕴藏着巨大的潜在价值。显而易见,大数据的资源属性也渗透在旅游产业生产、管理的领域和环节。对旅游产业的发展而言,大数据是价值连城的宝贵资源,管理和运用好这类资源,是旅游产业在激烈竞争中取得胜利的关键。

旅游产业可以从大数据资源中获取旅游业发展的动态信息,及时了解行业动态,及时提供旅游业管理的对策与措施,从而在源头治理层面减少旅游产业存在的各种问题;可以以大数据为依托,对获得的各种旅游数据进行处理与分析,为精准营销、事件管理、旅游警报等提供必要的对策和建议,以提高决策效率;可以通过对大数据的挖掘,及时掌握旅游危机事件的相关信息,在查明危机成因的同时,对危机进行动态监测和预判,最终控制危机,减少损失。

为高效利用大数据资源,旅游企业大数据的资源意识体现在三个方面:一是将大数据看成旅游产业融合兼并的战略资产,以形成竞争优势;二是在泛互联网时代,注意旅游数据的收集与积累,前瞻性地注意数据的来源和积累是中小旅游企业发展壮大的契机和重要路径;三是要有及时处理数据的能力,越及时、快速地处理数据,就能越早地获取信息,及时地作出商业选择。

(三)树立大数据的技术意识

大数据技术是一种收集和分析大量数据,并从大量信息中提炼知识或发现规律的技术。由于大数据具有体量大、高维、多变的特点,因此需要使用计算速度快、算法先进的计算机,以实现对数据的收集、存储、分配、管理和分析,从而发挥大数据的优势,促进旅游产业的发展。

实际上，大数据技术在各个领域均扮演着重要角色，显示出不可估量的价值前景。电信运营商利用大数据技术对用户的行为习惯进行分析，可以更有针对性地制定市场营销计划或开发出更多全新的商业模式和服务。金融行业利用大数据技术，可以更快速地分析在金融机构之间交换的营销与交易数据，以确保交易的安全可靠，预防欺诈。医疗卫生部门利用大数据技术，可以根据社会化网络媒体及搜索引擎上的数据来跟踪流感等传染性疾病的暴发，预测疫情可能暴发的地点和时间。智能城市及物联网领域利用大数据技术，可以更快地实现智能交通监控、智能公共安全管理、气象和污染变化的智能监控及预测等。

在旅游业中，大数据技术亦已显现出广阔的应用前景。要大力发展数据集成、数据管理和数据分析加工，培育新兴旅游信息服务业态，拓展创新信息服务模式；提升面向旅游业生产、生活和管理的信息产品、服务、内容的有效供给水平，深化企业信息化应用；运用大数据技术挖掘消费潜力，把加强用户信息的收集加工作为推动云计算服务商业化运营、云计算服务创新和商业模式创新的重要方式，引导旅游产业转型升级；在智慧旅游建设中加强数据资源建设，用以引导智能电网、智能交通、智慧景区、智慧国土、智慧物流等工程科学发展，提高旅游业服务水平。

（四）树立大数据的战略意识

战略意识就是一种对事物全局和长远发展的观察和思考，有清晰的战略才能更好地发展。从根本上讲，大数据是一种战略资产。越来越多的政府、企业等机构开始意识到数据正在成为组织最重要的资产。2012年，美国政府投资2亿美元实施"大数据研究和发展计划"，明确了大数据的战略资源属性，并把开发大数据技术上升至国家战略层面。这对旅游业发展而言，具有重大的启示意义。

一是旅游企业要树立大数据的战略意识，认识到大数据在旅游企业发展中的地位和作用。旅游企业应立足长远发展，全面规划，通过政策和资金的扶持，激励大数据技术的研发与应用，从而有效解决社会治理中的大数据技术需求，确保在大数据时代中占据先机。二是旅游产业要做好大数据的战略规划，高度重视大数据资源与技术的开发利用，培养能够灵活应用大数据的创新型人才，解决好旅游产业在大数据时代的人才短缺问题。三是政府需要提升服务和管理能力，改革现有的体制机制，增强信息透明度，打破部门间的数据割据与封锁，解决好社会治理在大数据时代的数据挖掘与利用问题，加快公共服务平台建设，逐步开放政府公共数据资源，方便企业获得各类数据信息，实现有效的资源共享，运用大数据、云计算等技术为旅游企业提供更有效的服务，尽快推动大数据的发展和应用。

二、培养大数据人才

麦肯锡公司提出:"大数据将成为全世界下一个创新、竞争和生产率提高的前沿。"大数据技术作为新一代信息技术的集中反映,是一种应用驱动性很强的服务性技术,具有无穷的发展潜力。大数据技术的发展前景取决于各国在相关各领域的人才状况。正因为如此,美国的一些大学已经开设了大数据技术的专业课程,培训下一代的"数据科学家"。美国一些企业也参与进来,向培训机构提供资助。这是夺取大数据时代科技制高点的战略之举。我国是世界性的数据中心,对相关人才的需求自然也远在其他任何国家之上。但由于观念、技术、体制机制等因素的制约,能在各个领域理解与应用大数据的创新型人才稀缺。中国工程院院士邬贺铨认为,大数据产业需要从业人员既懂数据分析工具,又懂行业分析,而这样的创新人才是奇缺的。在旅游管理领域,大数据技术人才的短缺更是制约旅游管理方式转变和效率提高的因素。在我国,无论是旅游企业,还是政府机构,都缺乏大数据系统建设的高端人才。因此,旅游产业要想适应大数据时代的现实需要和拥有广阔的发展前景,就必须强化人才意识,树立"人才是最宝贵的资源,是事业成败的关键"的人才观。

(一)高校与科研机构维度的大数据人才培养

高等院校和科研机构是人才培养的主要基地,往往走在时代的最前沿,也是时代发展的风向标,引领社会进步。在大数据时代,不仅要掌握或拥有庞大的数据信息,还要具备对这些数据进行分析挖掘和专业处理的能力,而这种能力的形成离不开大数据人才的培养。大数据人才需要具备产品和市场分析、安全和风险分析及商业智能等三个方面的能力。

一方面,大数据科学的研究和应用已经逐渐成为学术研究中的热点,不少著名学府和科研机构已经开始着手成立大数据研究基地,科学研究和人才培养并重。例如:北京大学成立了北京大学大数据技术研究院,对大数据这一跨领域的综合性问题开展深入研究;北京大学信息管理系也特设了情报学专业(大数据方向)的管理学硕士高级研修项目,面向社会招生,推动大数据产学研一体化的发展;清华大学在山东青岛建立清华—青岛数据科学研究院,培养大数据硕士学位研究生;中国科学院开始招收大数据技术与应用方向计算机技术工程硕士研究生。此外,IBM、中国移动与阿里巴巴集团等都已经开始与我国高校合作,推动大数据相关的学术研究,寻求共赢。我国许多大学、研究所都加大了对大数据人才培养的投入,加强相互之间的交流与探讨，取长补短，共同加速前行。

另一方面，大数据思维也显著地影响着人才走向，人才培养在大数据思维的帮助下迈向一个新的境界。大数据思维引发的社会和经济变革将以全新的视角重新解释"量变引起质变"，其更加关注事物之间的相关关系而非因果关系，会冲击乃至颠覆传统的思维模式，对人才培养的传统方法产生影响。

（二）企业维度的大数据人才培养

从企业维度来看，作为大数据应用的发源地，大型互联网企业自然是目前大数据应用的领军者，主要以谷歌、百度、腾讯、阿里巴巴等大型互联网公司为代表。在知识经济时代，企业的主要竞争优势并非传统的土地、原材料、能源或者资金，而是人才。众多企业利用多年来积累的数据优势进行自主研发，在实践中对人才进行培育，建立了相当多的高水平大数据人才队伍。

例如，百度作为中国最大的搜索引擎公司，拥有中国最大的消费者行为数据库。基于海量数据，百度建成了包括百度指数、司南、风云榜、数据研究中心和百度统计在内的五大数据体系平台，帮助企业实时了解消费者行为、兴趣变化，行业发展状况，市场动态和趋势，竞争对手动向等信息，以便适时调整营销策略。

又如腾讯，其相当完整地记录了人们在互联网上的行为轨迹和社会属性，将海量信息汇聚在一起，获取了用户的兴趣爱好、归属地、信息行为、社会关系链等一系列有价值的数据，进而利用大数据实现增值服务。

再如金融行业，在大数据技术的推动下，金融行业、互联网行业之间的界线日渐模糊，行业融合日渐深入，互联网环境改变了金融客户的行为习惯，促进了交易信息透明化，交易成本显著降低。随着金融行业非结构化数据的迅速增长，优秀的数据分析能力成为当今金融市场创新的关键。

三、消除大数据"孤岛"，实现数据共享

信息孤岛是指相互之间在功能上不关联互助、信息不共享互换，以及信息与业务流程和应用相互脱节的计算机应用系统。信息孤岛的主要类型有：数据无法共享和交换，数据重复、信息冗余的数据孤岛；相互孤立、各自为政、信息不能共享的系统孤岛；政府业务不能通过网络系统完整、顺利地执行和处理的业务孤岛。

旅游企业通过整合企业内部数据，统一和规范数据模型，消除大数据"孤岛"，实现数据共享，可保障数据质量，保护数据资产；深入了解自身业务发展情况、服

务水平、资源保障、组织效率和收益成本等；更快速、更便捷、更全面地了解客户，提供质优价廉的产品、服务等，提升精准营销能力；进行更全面、深入的实时分析，为企业决策提供更科学、更有效的保障；探索创新商业模式，融合业务创新，影响产业链上下游，构建多赢合作模式；获得基于信息共享的数字化运营整体最优方案，提升管理水平，节约成本，提高效率；将收集到的数据转换为有价值的"数据产品"，提供给不同的合作伙伴，如其他旅游企业、旅游纪念品行业、电商行业等；向有需求的企业提供精准营销及服务，并进行产品设计。通过不同价值企业数据的共享，实现不同领域的合作，可实现旅游产业与第三方的共赢，如交通业、医疗业、信息业、旅游商品业等。

（一）国家层面的支持和引导

2015年，国务院印发《促进大数据发展行动纲要》（以下简称《纲要》），从国家战略层面部署大数据发展工作。《纲要》提出，要加强顶层设计和统筹协调，大力推动政府信息系统和公共数据互联开放共享，加快政府信息平台整合，消除信息孤岛，推进数据资源向社会开放，增强政府公信力，引导社会发展，服务公众和企业。《纲要》强调，要大力推动政府部门数据共享，稳步推动公共数据资源开放，统筹规划大数据基础设施建设，支持宏观调控科学化，推动政府治理精准化，推进商事服务便捷化，促进安全保障高效化，加快民生服务普惠化。

具体而言，要做到以下几点：在数据开放方面，建立数据开放网站来解决数据孤岛问题。在大数据整合方面，需要对大数据基础设施进行规划，减少重复建设，避免造成公共大数据资源浪费。在系统整合方面，整合数据开放网站，建立大数据交换平台，以消除系统孤岛。在业务整合方面，通过建立"数据群"，创新数据共享形式。"数据群"是将不同机构和部门所获得的相关信息整合到一个主题下，形成一个数据整合或分类中心。例如，将所有与医疗相关的数据和信息整合在"医疗"的主题中，将与教育相关的数据整合在"教育"的主题中。"数据群"将各类信息进行分类与整合，创新了数据共享形式，有利于公众基于自身需求更快捷地获得所需信息。

（二）旅游企业大数据共享

孤立的数据价值要远远小于广泛连接的数据价值，数据的融合价值要远远大于种类单一的数据价值。但在我国的旅游管理组织中，不管是政府旅游管理部门的组织架构还是旅游企业的组织架构都以科层组织为主。科层组织导致部门与部门之间缺乏有效的沟通机制，数据孤岛、数据割据现象非常严重。旅游企业层面的大数据孤岛是指部门与部门之间完全孤立，各种信息（如财务信息、计划信息等）无法顺畅地在部门与部门之间流动。

　　旅游企业层面大数据孤岛产生的主要原因：一是数据产生的阶段性。企业信息化是一个循序渐进的过程。大多数企业的信息化建设是围绕不同的业务工作开发或引进不同的应用系统，一般不会统一考虑数据标准或信息共享问题，从而导致数据孤岛的不断产生。二是重硬轻软。长期以来，旅游企业用大量的资金购买或更新升级计算机基础设备，但是忽略数据资源的建设，进入重硬轻软的认识误区，导致数据资源的开发与利用滞后于基础设施建设。三是标准不统一。信息化起步早的企业，10年前甚至20年前就开始实施面向业务操作层面的部门业务计算机应用，形成了内部数据。但这些企业的部门主要从部门内部的业务出发，开发满足部门业务操作的管理系统，每建立一个应用系统，就单独建立一个数据库，这样不同的应用就拥有不同的数据库。这些数据库可能来自不同的厂商，版本也可能不同，各个数据库自成体系，互相之间没有联系，数据编码和信息标准也不统一。四是管理体制问题。企业的职能部门分管企业的各项业务，无意中分隔了企业内原本应该统一的信息数据。由于企业管理中信息化需求的不同，开发者、设计者及使用者关心的重点缺乏全局观，企业统一的业务流也未能反映到全部的信息系统上。由于每个信息系统都有独立而严格的数据和程序定义，这就决定了系统之间不可能顺畅地沟通。

　　基于旅游企业层面的数据孤岛产生的原因，可对旅游企业数据进行有针对性的整合。将供应链、业务流程和信息进行集成，就可形成完整的数据链，因此企业资源计划（Enterprise Resource Planning，ERP）是解决企业内部数据孤岛问题的有效方法。ERP的核心思想是供应链和信息集成，这是ERP能够消除信息孤岛的根本原因。供应链理论是将企业生产经营中的各个环节都看成一种"增值"过程，而ERP就是将这一过程完整地管理起来，因此ERP自然就整合了各个环节上的信息系统，这是业务整合。信息集成是一种软件设计思想，统一设计软件架构和数据结构，规范化实现软件功能，提高重用度，减少冗余。这种思想保证了系统各模块之间可以顺畅地交换数据，从而避免了系统内的信息孤岛问题。ERP很好地解决了早期信息孤岛问题，但是随着信息技术的发展，又出现了很多和ERP平行的新系统，其中最著名的有客户关系管理（Customer Relationship Management，CRM）、软件配置管理（Software Configuration Management，SCM）、商业智能（Business Intelligence，BI）和电子商务等，它们被称为"单项优势"系统，它们之间的孤岛问题ERP无法解决。遵循整合的策略，于是出现了ERP Ⅱ，也就是ERP二代。ERP Ⅱ不但支持和优化企业内部管理，而且支持和优化企业之间的商务交流，尤其是在行业内部。因此，ERP Ⅱ的基本思想是通过整合来解决信息孤岛问题。

（三）构建大数据资源共享模式

大数据资源共享的最终目标是形成一个统一的信息资源管理机构，将各企业、部门和地区提供的数据集中在一起，进行数据的收集、存储和处理，再提供给有需要的部门和地区，这样就可设计出数据资源共享模式。由各企业、部门和地区通过网络将原始数据信息导入系统平台，形成源数据信息，源数据存储于统一的数据库。同时，对没有标准化的源数据进行处理，形成标准化数据，并对其进行批处理、流处理、交互分析等计算处理，从而形成新的数据信息资源，即共享信息资源。共享信息资源被提供给用户使用，用户可以是政府各部门，也可以是各种旅游企业。

通过构建大数据资源共享模式，首先对信息资源进行全方位整合，最终形成统一的信息资源管理平台。线上旅游发展到现在，不可能把原有的信息网络和应用系统完全推倒，切实可行的办法就是对原有的信息化项目进行整合。根据旅游业信息的发展进程，依次对数据、应用系统和业务流程进行整合，对数据进行合理分类，提高数据的管理水平和利用效率，利用接口技术和二次开发实现已建应用系统的信息交流，对业务工作进行合理分解，优化业务流程。同样，对于将要建设的旅游信息化项目，也需要统一管理机构，梳理业务流程，建立统一的信息资源管理平台，然后开发大型平台软件对已有的和新建的各种信息网络进行无缝接入，进而对不同的门户、数据、内容、流程和应用进行高效管理，最终形成统一的门户管理系统。这样用户可以根据权限和业务需要，快速地找到所需数据内容。通过建立统一的信息管理平台，整合政府的内网、外网资源，可以大大提高政府面向旅游业的服务能力，促进旅游业的数据共享，减少数据孤岛。

（四）构建大数据的共享保障机制

1. 数据资源管理机制

共享的数据资源来自不同部门、企业和地区，分别隶属于不同的管理部门和机构，具有错综复杂的关系。这些关系将会影响数据资源的共享程度。因此，需要建立一个管理机构，专门负责数据资源的管理。这一专门机构主要负责保存和维护数据资源的工作，并且对在数据资源共享过程中各部门、企业和地区之间产生的问题和矛盾进行协调和解决。

2. 安全存储机制

数据资源共享的安全存储机制主要涉及两个方面的问题：一是数据本身的安全性。数据本身的存储安全是信息资源共享过程中必须保障的问题。数据信息通过网络导入系统平台，并存储在数据库中，病毒和黑客入侵等问题极大地影响了信息资源的安全存储。加密是安全保障机制中最传统也是最有效的方法之一。当大数据在云中或虚拟盘上存储时，很容易被泄露，应针对这些风险对静态的和使用、传输中的数据进行加密。同时，为了加强数据控制，要经常对数据进行备份。完整的数据备份也有助于保障数据安全。二是工作人员在操作和使用的过程中由于故意或无意而产生的安全性问题。操作失误或不当属于无意的，而主动泄露或利用信息谋取不当利益则属于故意的。应对此建立责任机制，规定责任人应承担的责任。

3. 监督机制

我国数据资源的管理和监督主要是企业或组织的自我监督。由于自我监督存在上下隶属关系和平行关系，使得监督效率较低。因此，可以引入第三方监督机构。第三方监督机构一般具有专业的监督技术和能力，可以对数据资源的准确性、安全性、及时性，以及数据资源导入、存储、处理、共享和使用的整个过程进行专业的监督，提高监督效率和质量。

4. 评价考核机制

如何评价和考核大数据资源共享的效率和质量是一个全新的课题。科学的评价考核机制要求建立评价指标体系，主要包括：一是对数据的评价，针对数据的来源、标准、准确性、及时性和安全性等方面建立评价指标体系；二是对技术的评价，针对数据导入、存储、处理和共享等方面的技术指标进行评价；三是用户给出的评价，主要由用户对政府信息资源的服务和使用信息资源的效果给予评价。建立和完善数据资源的评价考核机制，可以提高信息资源共享服务的质量和效率。

5. 法律保障机制

数据资源共享的法律保障机制可分为三个层面：一是针对数据资源共享制定并颁布全国性法律。当前，我国数据资源一方面得到广泛使用，取得了良好的经济效益和社会效益；另一方面缺乏专门的法律保障，造成了数据安全问题，也制约了数据共享的进一步发展。这就迫切要求我国出台专门性法律，规范数据共享，减少数据共享所产生的产权纠纷。二是颁布部门规章。部门规章具有周期短、灵活性强的特点。虽然在应用的范围和力度上，部门规章无法与法律相媲美，但在缺少相关法律的前提下，部门规章的制定有利于加强对政府信息资源共享的法律保障。三是制定地方性法律。地方性法律受到地域范围的限制，其法律效力是有限的，但对地方性的信息资源还是具有法律保障能力的。此外，旅游行业也可对信息资源共享进行规定，形成行业规范，加强数据共享方面的行业职业道德建设。

第二节　大数据时代旅游产业的创新策略

"创新"的概念最早可追溯到 1912 年，约瑟夫·熊彼特（Joseph Alois Schumpeter）在其著作中提出：创新是指把一种新的生产要素和生产条件的"新结合"引入生产体系。创新具体有 5 种形态，包括开发出新产品、推出新的生产方法、开辟新市场、获得新原料来源、采用新的产业组织形态。在"大数据+"时代，旅游市场面临信息化、市场化、全球化竞争日益激烈的局面，旅游企业只有在大数据背景下研究旅游产业的生产系统，才能获取持续的竞争力，从而保证自身的生存和发展。

一、明确创新目标

大数据驱动旅游产业创新的核心是对游客个性化旅游需求的满足，只有明确创新目标，旅游企业才能真正开展创新活动。大数据驱动的、为全方位满足游客个性化旅游需求的创新目标主要包括以下几个方面。

（一）实现游客的个性化价值主张

旅游产业通过布局大数据战略，利用大数据技术整合和分析容量巨大、类型多样的数据，全面洞察游客的偏好和购买习惯，实时模型化游客的行为，精准搜寻目标游客，实时为游客提供个性化的产品、服务和体验，对游客进行个性化营销，保证游客对企业活动的个性化、深度化参与，促使游客个性化的价值主张得以实现。

（二）精确地洞悉游客的真实需求

精准刻画游客的真实需求，是旅游产业实现游客个性化服务的基础。旅游企业可利用基于大数据分析技术的平台，将游客个性化需求融入传统价值链活动中，实时存储和整合游客的数据。通过数据分析挖掘游客的真实需求信息和购买行为信息，从多个不同的维度对游客进行更精准的细分，掌握每个游客的购买偏好，精准定位游客的潜在需求，快速精准地识别游客的购买决策，勾勒出一个 360 度游客全景视图，设计精准、实时的需求响应系统，满足游客个性化需求。

（三）变革企业文化

大数据背景下开展旅游企业创新必须变革传统的旅游企业文化。现行的旅游企业文化不是由大数据驱动而产生的，在这种旅游企业文化背景下，大数据无法融入旅游企业的创新过程中。要克服传统旅游企业文化对大数据的抵制，必须建立大数据驱动下的旅游企业文化及组织架构。要在旅游企业内部逐步建立起一种倡导员工之间和部门之间数据分享的文化，帮助大家共同利用大数据带来的优势和分享大数据带来的利益。在旅游企业外部，也要建立跨组织数据分析体系，鼓励物联网成员分享自己掌握的数据，实现数据共享共赢，尊重其他企业已有的数据所有权，建立互惠互信的大数据分享系统。

（四）运用大数据思维创造新型创业模式

大数据思维是指一种意识，认为公开的数据一旦处理得当，就能为千百万人急需解决的问题提供答案。通过运用大数据思维，数据不但可以被巧妙地用于刺激产生新产品和新服务，而且可以成为商业资本，成为一项重要的经济投入，带来全新的产业方向、商业模式和投资机会，从而创造新的经济利益。针对目前我国旅游业经济发展过程中面临的种种问题及挑战，通过大数据这种创新方式加强旅游行业与互联网企业的投资与合作，将创造新型创业模式，推动旅游企业升级。

要增强大数据观念，把大数据应用上升到旅游企业发展的战略高度。大数据已经悄然渗透到旅游行业的各个企业，并诞生出许多新的旅游业态。大数据已成为旅游企业实现转型升级、创新发展的重要途径。针对目前我国旅游企业大数据观念的现状，首先，政府层面要推动旅游业大数据的收集、分析和应用；其次，旅游企业层面要把大数据与旅游企业整合上升到战略高度，强化数据意识，提高旅游企业经营管理水平和创新水平；最后，要把大数据列入旅游企业资产负债表，时刻提醒旅游企业经营者要改变传统思维模式，用大数据思维创新旅游企业发展模式。

二、建立创新平台

在大数据时代，要想实现旅游产业创新，就要改造传统的信息系统，建立基于大数据生态系统的多元开放式旅游企业创新平台，以实现对内外部数据的获取、管理和应用。大数据旅游企业创新平台主要由两个部分组成，一是数据处理系统，二是数据支持系统。

（一）旅游企业创新平台数据处理系统

建立一个"以人为本"的、以使用者为中心的、多元开放的企业创新平台数据处理系统，是基于大数据背景的旅游企业创新的基础和核心。这个系统是在合适的大数据分析处理工具的辅助下，对广泛异构的各种有益于旅游企业创新的数据源进行采集和集成，按照统一的标准模式进行存储，并利用合适的大数据分析技术对这些数据进行分析，从中获取有益的知识和信息，用于旅游企业的创新研发。旅游企业创新平台数据处理系统主要包括数据获取与集成、数据分析和数据解释等3个子系统。

1. 数据获取与集成

这一模块的主要功能是获取旅游企业内部销售数据、市场信息（特别是目标消费者信息）和旅游企业运营信息，并分门别类地把这些信息整合在一起，建立一个统一的数据获取与集成系统，为旅游企业进一步开展创新研发活动奠定基础。但目前大多数旅游企业仍然采用传统的信息处理和管理系统，无法有效地对旅游企业内部数据进行复杂的整合分析，导致旅游企业创新研发人员面临大量的混乱数据而无所适从，最终导致旅游产品和旅游服务研发失败。当然，大数据背景下的旅游企业创新所需的数据不仅来自企业内部，旅游企业所在的供应链网络也是重要的数据来源，在设计旅游企业数据获取系统时必须进行充分考虑。获取旅游企业数据还必须关注一些新兴的交叉行业领域，甚至一些个人掌握的数据。这些数据在价值链中往往呈现出较高的碎片化和瞬时性特征，但有时对旅游创新却具有较大的价值。不同的利益相关者拥有不同的数据，他们也正在尝试把这些数据应用于产品和服务的创新中，从创新中获取应有的收益。旅游企业不仅要分析这些数据的价值，还要考虑不同利益主体的利益诉求，这样才能合法获得这些数据的使用和分析机会。由于旅游企业采集和存储的数据来源众多，格式和内容五花八门，因此在采集这些实时数据时，必须首先对这些数据进行初步的处理和编码，经过关联和聚合后再进行存储。要对一些冗余的数据进行处理，以保证这些数据的质量和可靠性。

2. 数据分析

数据分析子系统是旅游企业创新平台的核心。从企业内部和外部多个数据源获取和集成的多种数据就是该子系统进行分析的原始数据。根据旅游企业不同的需求，可以从这些原始数据中选择部分或全部进行分析。传统的数据分析方法已经不适应大数据背景下的旅游企业创新、研发需求，需要有新的方法。目前用于大数据分析的工具很多，但是各有优劣，要根据需要进行科学选择。

3.数据解释

数据分析子系统是旅游企业创新平台的基础和核心，但系统的用户、决策层更关心这个平台对数据分析结果的解释。如果数据分析的结果正确，但找不到合适的解释工具，用户和决策者很可能难以理解甚至理解错误，导致分析结果不但对旅游企业创新研发没有帮助，而且会阻碍产品和服务创新的研发。传统的用于解释普通小数据量的方法，如文本的方法，已经不适用于海量数据的解释。目前用于对大数据分析结果进行解释的工具主要有两类：一类是引入可视化技术，如标签云、历史流和空间信息流等；另一类是人机交互技术和数据源技术，这类技术可以让用户参与具体的分析过程，以帮助他们理解数据分析结果，并更好地应用于企业创新研发过程。

（二）旅游企业创新平台数据支持系统

旅游企业创新平台还需要物联网和云计算的支持。物联网的发展使得一切连在网上的传感器、控制器、机器、人和物成为大数据的主要来源，直接导致旅游企业创新所需要的"大数据"的产生。而云计算为物联网的实现提供了数据处理模式，使得"大数据"的获取、集成、分析与应用及企业创新成为可能。物联网和云计算对大数据旅游企业创新平台数据处理系统起到关键的支撑作用，是大数据背景下旅游企业创新的基石。

1.物联网

物联网是通过二维码识读设备、射频识别装置、红外感应器、全球定位系统和激光扫描器等信息传感设备，按约定的协议，把任何物品、任何人与互联网相连接，进行信息交换和通信，以实现智能化识别、定位、跟踪、监控和管理的一种网络结构。物联网通过智能感知和识别技术与通信感知技术等广泛应用于各种网络的融合中，具有智能、先进、互联等三个特性，主要解决物品与物品、人与物品、人与人之间的互联，是旅游企业创新所需大数据的主要源泉。

2.云计算

云计算是继大型计算机到客户端、服务器大转变之后的又一种信息技术巨变，是分布式计算、并行计算、效用计算、网络存储、虚拟化、负载均衡、热备份冗余等传统计算机技术和网络技术发展融合的产物。云计算由"云"与"端"两大部分构成，其中"云"是指高性能服务器，而"端"则强调移动、便携等方便使用的功能。云计算是移动互联网与物联网的典型计算模式，是与旅游企业创新相关的大数据的计算处理系统。云计算具有数据资源共享、可以随时随地按需访问等特点。利用云计算处理系统不仅可以促进企业内部的数据共享,而且可以促进企业间的数据共享,有助于旅游企业的创新。另外,由于云计算处理系统还具有信息转换方便、能够进行智能分析等优点,所以可以有效地串联起物联网上的各种数据,为旅游企业创新相关大数据的获取与集成、数据流通和数据分析应用提供了平台和保障。

三、从多个层面进行创新

(一)产品层面

产品层面的创新,即通过大数据挖掘游客对旅游产品的预期价值,重新配置旅游产品和服务,或者改变两者的组合方式,进行产品创新。游客的需求具有复杂性、易变性、隐蔽性和情景依赖性,利用历史的、静态的和结构化的数据很难把握游客的真实需求。旅游企业得到的游客的信息更多的是非结构化的,然而其原有的产品设计不具备从大量动态的非结构化信息中及时提炼出反映游客真实需求的信息,并在产品设计中加以应用的能力。大数据技术使旅游企业能根据游客动态变化的信息,设计出真正能满足游客真实需求的产品。大数据将对游客的浏览记录、兴趣爱好、性格等信息进行收集处理,及时把握游客当前对产品的需求并预测其未来对旅游产品的需求,将旅游产品或服务进行重新配置、整合,以此来满足游客对产品的预期。对各种非结构化信息的及时处理促成了旅游产品的及时、准确、动态定位,数据的收集、分析及反馈可以在极短的时间内完成。这一改变赋予旅游企业一种新的竞争优势,旅游企业可以准确地为自己的产品找到最合适的游客群,并高质量地满足游客的真实需求和潜在需求。当前,在线旅游零售商已经可以利用实时数据向游客进行准确的商品推介,促使交易成功的机会大大增加。

(二)企业层面

企业层面的创新,即通过大数据重新定义旅游企业的边界,改变旅游企业结构或者旅游企业在价值链中的地位。大数据不仅仅是一种新技术,还是一种思维方式,它改变了旅游企业生存所需要的资源环境、技术环境和需求环境,引发旅游企业对资源、价值、结构、关系、边界等传统观念的重构。在互联网技术日趋成熟的当代,旅游企业的边界已经越来越模糊,特别是大数据技术的应用,使得旅游企业开始重新定义边界的范围。在大数据时代,旅游企业层面的创新主要有以下几点:顾客价值主张创新、内部结构创新、盈利模式创新和与外部利益相关者关系的创新。

(三) 产业层面

不同的旅游企业在同大数据融合的过程中会在产业链上形成新的定位，引起旅游产业的创新。首先，大数据旅游产业链的核心是大数据产品在产业链上的流动与交易，这一过程大致如下：大量未经加工的原始数据→提炼总结出数据信息→形成知识→形成旅游产品。不同的旅游企业由于具有不同的核心业务和资源、不同种类和数量的原始数据，对大数据产品的利用程度也就不同，最终导致旅游企业在大数据旅游价值链上的定位存在差异。另外，由于大数据对不同的旅游企业技术应用能力的要求有差异，同时由于不同的旅游企业业务方面的不同，它们在创新发展过程中需要的数据资源可能其本身并不具备，这样就出现了专门生产数据的公司。这些数据公司有的只提供原始数据，这样就有新的公司加入旅游产业链中；有的将原始数据整合，形成完整的解决方案。专业的数据公司和旅游企业进行大数据生产，扰动了原有的旅游价值链，旅游企业不得不在大数据旅游价值链中寻找新的价值定位，为旅游产业层面的商业模式创新注入活力。

(四) 行业层面

行业层面的创新主要体现在跨界整合。大数据会使不同企业的核心能力发生变化，同时以大数据为基础的交易会大幅度降低成本，这就要求不同的行业在跨界创新过程中，在交易内容、机制和结构等方面进行创新。企业边界是指企业以其核心能力为基础，在与市场的相互作用过程中形成的经营范围和经营规模，其决定因素是经营效率。大数据技术引发了企业业务能力和效率的改变，使企业重新界定边界，从而引起旅游行业与其他行业的整合与融合。旅游企业利用大数据进行跨界经营，可以解决旅游行业本身存在的难题，开拓旅游行业之外新的业务。线上旅游公司利用大数据进行跨界经营就很有代表性。线上旅游可以定性为一个客户平台，也可以说是一个数据平台，甚至是技术平台。它的业务覆盖面非常广泛。由于它为个人客户端提供完全免费的服务，因而它可以获得非常精准的游客资料。作为反馈，线上旅游公司的产品越来越丰富，也越来越能吸引顾客，因而线上旅游公司的经济价值也越来越高。

四、旅游体验创新

旅游企业可以利用大数据技术不断优化游客的购物环境和购物内容，设计能够带给游客全新体验的旅游产品，更好地满足游客的心理诉求和体验偏好。

（一）利用大数据构建游客体验分类模型

旅游企业可以通过大数据技术收集和分析游客旅游过程中与旅游产品的每一次接触、消费和购买行为数据，依此数据判断和评价游客的购物体验状况，从中提取关键性的游客体验指标，并对指标进行聚类分析，归纳出游客体验的主要类型，构建游客体验差异分类模型；针对主要游客进行深入的旅游体验调查，依据调查结果进行旅游企业业务流程设计，优化旅游消费流程和环境，提升游客的体验水平。

（二）构建游客流失监测与预警模型

旅游企业可以运用大数据技术，收集和分析流失游客的行为特征和流失原因等信息，构建游客流失监测与预警模型，提前发现流失游客状况，及时、主动地关怀和挽留游客，降低游客流失率，延长游客的逗留时间，增加游客的消费额。

五、旅游营销创新

（一）改变旅游营销思维

大数据的发展让人们不再只关注因果关系，相关关系成为人们解决实际问题的首选。关联性思维给旅游营销理念带来了三个方面的变化：一是旅游营销统计数据从样本到总量的转变。大数据的统计不再使用抽样调查，而是将全部的样本都放入统计范围内。二是旅游营销市场调研从定性到定量的转变。传统的旅游市场调研分析存在一些不可量化因素，有很多定性分析，而大数据可将影响调研市场的因素量化。三是旅游营销核心资产从品牌到数据的转变。在大数据时代，数据成为旅游企业最有价值的资产。

（二）进行精准营销

在大数据时代，游客获取信息的渠道大大增加，更加追求个性化、差异化的产品和服务。而旅游企业则以大数据为基础，首先整合游客需求、行为偏好的数据，根据数据分析结果构建游客购物行为模型；其次在实时更新游客旅游消费行为模型的基础上，主动向游客提供优质的体验和关怀，精确推介符合游客需求的个性化产品或服务，实现精准营销，满足游客个性化需求。

（三）了解旅游市场需求

随着社交媒介在移动端的发展与创新，公众分享信息变得更加自由。游客在出发前，可以在网上查看旅游攻略、点评；在旅游途中，可以通过移动客户端查看景区客流量、周边实时交通信息，以及娱、购、住、食等方面的信息；在旅游结束后，可以在微博、博客、微信等社交媒介上撰写游记或者分享心得。旅游企业应对网络点评数据进行挖掘采集，建立网评大数据库，然后利用适当的技术分析游客的消费行为，了解游客反映的问题和游客的需求，以此来改进和创新产品，量化产品价值，制定合理的价格，提高服务质量，更好地制定营销策略，从而获取更大的收益。

（四）创新营销服务

在大数据时代，旅游产品和旅游服务创新更多体现在利用数据仓库、数据挖掘等技术推进新产品的研发和新服务的提供方面。以最大限度地满足游客需求为出发点，洞察游客需求，设计并创造合适的旅游产品和旅游服务，向游客提供崭新价值，为游客提供更好的体验、更方便的服务、更低廉的价格，让游客心情愉悦。通过互联网与物流、营销服务等结合，增加对游客目标的覆盖，开发出符合市场潜在需求的产品与服务，用增值的、差异化的东西给游客带来方便及创新的生活方式。例如，旅游业线上线下融合的O2O模式就是以互联网平台和实体店为媒介，消费者在线上完成下单、支付等流程，再到线下去享受体验、提取旅游等服务。旅行社根据旅游者的不同需求，让游客参与旅游产品设计，将"吃、住、行、游、购、娱"六大要素进行重新组合，设计、提供相应的旅游定制化产品，从而提高游客的满意度。

六、全渠道综合创新

大数据应用的优势之一就是加速产品及服务创新。由于受技术手段的限制，传统创新活动主要局限在企业内。而大数据以互联网为基础，开放性、网络式的创新为全渠道创新提供了可能性。旅游企业借助大数据，不仅可以开发出差异化产品，满足游客的不同需求，还可以采用合理的运作模式和决策机制来科学地实现供需的匹配，在全渠道供应链环境下进行综合创新。

（一）全渠道运营与创新

目前，关于旅游产业全渠道运营的内涵和外延还没有达成一致，但随着线上和线下旅游企业提供的产品和服务越来越多样化，游客将能够从全渠道获得旅游产品和服务。全渠道不仅影响游客的选择行为，还要求旅游企业从全渠道视角，在全渠道分销策略、多渠道定价、全渠道供应链服务等方面进行创新，以提高游客满意度。

在大数据环境下，旅游服务全渠道创新已成为当今旅游企业获取市场占有率的重要手段。传统旅游零售商通过和游客面对面的交互，可以为游客提供产品的基本服务和增值服务。在大数据全渠道环境中，基于游客需求，同时受价格和零售渠道服务水平的影响，旅游企业要在不同的市场结构下，采用实时的动态和静态均衡定价策略，不断提高旅游企业的服务水平，进行旅游全渠道创新。只有这样，旅游企业才能获得市场的主动权，取得较好的效益。

（二）大数据驱动下的旅游全渠道创新架构

大数据潜藏着巨大价值，现有的数据分析方法难以适应全渠道创新海量的实时数据和信息。针对旅游全渠道创新，需要建立一个新的分析框架结构，以更好地挖掘全渠道供应链中信息的价值，为旅游企业服务。

旅游全渠道创新需要的各种创新要素都可以从大数据中获得。依托全渠道大数据，可以提高预测的精度，形成科学正确的决策，确保服务创新能更好地满足游客的需要。当然，先验的专家知识与大数据结合，可以在旅游全渠道创新中更有效地利用数据，提高创新服务能力。

（三）旅游企业全渠道综合创新过程

大数据驱动的全渠道旅游产品和服务创新主要有以下四个步骤：①通过大数据分析，识别旅游产品或服务创新面临的市场需求；②将旅游产品或服务需求细分到旅游研发、生产、销售、售后等各个环节；③针对每个环节分别进行分析优化；④遵照旅游产品或服务持续创新要求，满足市场需求，实现全渠道创新协调。这样，旅游企业全渠道综合创新就是一个不断循环、不断改进的过程。

七、旅游产品开发众包

（一）大数据与网络众包

2006年，《连线》杂志的记者杰夫·豪（Jeff Howe）第一次提出"众包"这个概念，在互联网上掀起了轩然大波。所谓众包，是指一个公司或机构把过去由其员工执行的工作任务，以自由自愿的形式外包给非特定的（而且通常是大型的）网络上的大众的做法。众包的任务通常由个人来承担，但如果涉及需要多人协作完成的任务，也有可能以依靠个体生产的形式出现。这与以往内部业务外包的方式有很大不同：业务外包更多的是交给专业性的组织或团队，这种关系是有针对性和契约性的；而互联网上的外包范围则更加宽泛，参与者可以是该领域的专业人士，也可以是非专业人士（事实上更多的是非专业人士）。另外，任务的提出需求者（即提问者）和解决问题者之间不存在事先的契约，提问者只需要在众多的解决方案中选中自己最满意的答案并支付相应的酬金即可。这种众包方式可以节省大量的渠道成本、佣金，只需要向最终中标者支付一笔相对较少的酬金即可。

美国麻省理工学院斯隆管理学院教授埃里克·冯·希贝尔提出了"创新的民主化"这一趋势，认为创新体系正在从由生产商主导转向由消费者主导，并且以用户为中心的创新将比数年来占主流的以制造商为中心的创新更有价值。消费者创新正在成为一股不可忽视的力量，很多产品及服务领域都在提倡消费者参与产品及服务的设计和制造过程。众包模式正是大众创新的最优途径之一，消费者小到可以在网上提出自己对某产品包装设计的建议，大到可以为企业研发提出创造性建议或方案。企业利用众包来发现顾客需求或检验自身产品及服务的不足，并将其纳入企业的创新体系中，将不失为一种绝妙的经营管理思路。

（二）众包与旅游产业创新

由于旅游者有不同的文化背景，因此他们对旅游产品有不同的需求。同时，旅游过程也是一个文化体验过程，需要与众不同、新奇的产品来满足旅游者的心理需求。众包方式的出现，为旅游产品创新设计提供了新的机遇。

第一，众包能将具有复杂的、多元化的、不同教育和不同地域背景的设计者吸引到旅游产品设计中来，使得很多旅游产品在单一专业或文化背景下不能得到的启发和灵感，在众包模式下得到整合、发现。因为在众包模式下，旅游产品设计者不再局限于狭隘的专业领域和思维空间，而能够广泛地汲取各方面的经验和智慧，利用多元背景下互联网用户的技能和知识，设计出有价值的旅游创意产品。

第二，以众包方式创新的旅游产品更能满足旅游者的需求。在旅游产品众包开发中，人们发现一个有趣的现象：众多获得青睐的旅游产品设计往往是由非专业（职业）人士提出的。由于众包能够将跨文化、种族、地域的灵感汇聚起来，极大地扩展了旅游企业产品设计者的思维空间，使得最终的方案更加贴近市场需求，更加完善。

第三，众包大幅度降低了旅游组织的研发和产品开发成本，众包的酬金与旅游企业自主研发投入的成本相比是微不足道的。

第四，众包旅游产品设计模式打破了所谓精英和权威主导的时代，使旅游者有了更大的话语权，有了平等参与的机会。无论是传统意义上的旅游专家、权威，还是一般的旅游者，都可以畅所欲言，发表自己对问题的见解。也许一般旅游者的解决方案更容易获得问题提出者的青睐。众包让旅游者及外部人员均参与旅游产品设计过程，能获得更好的营销宣传推广效果，并由此探测市场对新产品、新业务的接受程度，有效降低市场风险。

（三）旅游产品众包模式作用机制探讨

随着大数据时代的到来，信息技术的强大交互功能积极推动了网络旅游产品众包模式的发展。网络众包模式与创新联系密切，但其对旅游产品创新的影响机制尚需进一步探讨。

1. 动力源分析

大数据给旅游产品设计创新带来了显著变化：旅游数据增量巨大、复杂性提高、数据分析难度增加，旅游信息处理设备需求增加、成本提高。同时，旅游数据本身也成为一种新的资源。传统的旅游产品开发与设计主要依靠旅游业内部自主研发、外部产学研合作，这种模式限制了旅游产品创新与市场之间的联系，无法适应大数据时代旅游个性化需求，因而传统的旅游产品开发与设计创新遭遇旅游个性化、新颖性需求的挑战。而网络众包旅游产品开发与设计模式打破了传统的内部设计模式，将各种创新要素涵盖在创新过程中，形成了创新网络。通过众包旅游产品开发与设计模式，可以广泛宣传旅游产品和项目，引起旅游者的重视和兴趣，吸引他们参与旅游产品的设计、开发、消费、体验过程；此外，旅游企业可以通过众包平台，充分利用创新资源，相互学习和竞争，从客观上促进彼此之间的交流，借助大量的外部智慧，形成更贴近市场、更具有竞争力的旅游产品。

2. 集聚效应分析

旅游产品要有创新性、文化性和广泛性。网络众包能将具有较强创新意识、不同文化背景的人从不同地区、不同行业聚集到旅游产品设计中来，依托大数据网络平台，形成旅游产品设计人才的集聚现象。传统的人才集聚以区域或行业为基础，因此人才集聚的过程也是人才流动的过程。在大数据技术推动下产生的网络众包模式，摆脱了传统意义上的创新人才集聚模式，将地理分布广泛、文化差异巨大的不同个体汇聚到同一个开放环境中。人才在网络集聚的过程中，通过相互合作、竞争和启发，提高工作效率，为设计出高品质、贴近旅游者需求的旅游产品打下了基础。随着大数据技术的不断发展，旅游者通过互联网获取旅游数据的能力也大幅度提高，参与旅游产品创新的机会越来越多。

3. 协同效应分析

在企业产品开发与创新过程中，需要组织或机构内外部创新者之间沟通与协作，整合各方观点，才能实现新技术的发展和创新。组织、机构内外部各创新主体之间相互影响、相互作用，通过密切合作使创新要素高度集聚、创新能量不断积累，各创新主体才能最大限度地在协同创新网络中发挥知识的外部正效应，带动高水平创新成果产出，这就是创新的协同效应。在大数据背景下，旅游企业通过内部创新成员与众多外部复杂创新要素协同作用，提高了旅游产品创新绩效。协同创新模式日益成为旅游产品设计、开发、创新的重要方式。而网络众包旅游产品的设计与开发模式正是旅游业协同创新的主要模式。网络众包旅游产品设计与开发模式使得各创新主体之间能够相互联系、相互作用，形成相应的协同创新系统，从而实现各创新主体间的资源共享、知识传递及技术扩散，获得"1+1>2"的协同效应。

（四）大数据背景下旅游产品设计与创新众包的实现路径

大数据时代的到来，使旅游产品设计与创新工作具有开放性、参与性、无边界性等特点。旅游产品设计与创新众包模式能够广泛使用各种旅游数据，集聚专业背景、文化背景、能力等方面有巨大差异的人才，从而更加有效地解决旅游产品设计与创新难题。

旅游产品设计与创新众包的主要过程是：

1. 网络旅游产品设计与创新众包任务发布

众包任务的发布者被称为发包方。为保证各方利益，旅游产品设计与创新众包首先需要建立众包平台。发包方（旅游企业）应当提供详细的资质证明，并在网络众包平台进行身份注册，缴纳一定的保证金。其次，发包方进入任务发布准备阶段。

在此阶段，考虑到并不是所有问题都适合直接采用网络众包模式加以解决，因而需对旅游产品设计与开发任务进行遴选。对遴选出的复杂程度较小、问题比较单一的任务直接进行设计；将遴选出的较为复杂的任务分解成多个微观子任务，并尽可能地保证各子任务之间的独立性。最后，发包方参照众包平台上其他相似任务的标价，根据待发布任务的难易程度等因素制定合理的任务标价。

2. 网络旅游产品设计与创新众包任务筛选

众包旅游产品设计与开发问题的解决者，即接包方由数量众多的互联网用户组成，既包括旅游专业人士，又包括旅游兴趣爱好者。他们借助互联网获取旅游产品设计众包任务，是众包任务的完成者。鉴于接包方也可能通过复制、捏造数据及提供虚假信息等方式骗取方案奖励或者众包平台奖励，因此也需对接包方进行管理和控制。首先，接包方必须与发包方一样遵循制度规定，出具各种资质材料；其次，接包方必须在网络众包平台进行身份注册，缴纳一定的保证金。接包方任务筛选的重点是挑选与自己知识水平、设计经验及兴趣相关的旅游产品设计任务，即应选择合适的旅游产品设计与开发众包任务。

3. 网络众包任务解决方案获取

首先接包方提交旅游产品设计与开发任务解决方案，通过众包平台交与旅游企业发包方进行评价；接着由旅游企业发包方对各方案打分，并将筛选出的优秀方案通过众包平台交予接包方继续修改完善；之后重复上述过程，直至选出最佳任务解决方案。发包方通过众包平台向最佳方案提供者发放相应酬劳，接包方通过众包平台获得相应的精神或物质奖励。

第七章 大数据旅游规划创新

第一节 旅游规划用地问题与用地创新

在旅游产业快速发展的过程中，旅游用地的配置和管理工作遇到了许多困难，出现了许多矛盾，亟须根据特定的自然环境、人文环境特点科学界定旅游用地的定义和分类标准，创新旅游用地管理政策和策略。

一、旅游用地的定义

旅游用地是土地利用的一种新方式，就其定义而言，在研究和管理上目前人们还没有对其形成统一的认识。基于中国知网、万方数据等数据库检索结果，不同学者从各自研究的角度和领域对旅游用地进行了阐释，综合起来主要有以下两种观点：①从狭义上来讲，旅游用地就是风景区内的所有土地。这一观点基于土地开发的主要功能，对土地利用有明确的指向性。但是，随着旅游业的快速发展，旅游用地的内涵和外延已经突破了风景区的概念，且不仅仅局限于建设用地的范畴。②从广义上来讲，即从综合、系统的角度来看，旅游用地就是满足旅游需求、与旅游业态相关的所有土地的总和。虽然这一观点跳出了狭义思维，但却难以与目前我国的土地管理分类体系相衔接、对应，不利于新常态下土地分类管理和旅游业发展。基于此，迫切需要提出适合旅游产业发展需要的旅游用地概念。

二、旅游用地的创新对策

（一）探索设立旅游规划建设专项用地标准

在符合国家相关法规前提下，尽早明确旅游规划建设专项用地标准或管理办法，是保障旅游用地分类清晰、实操有效的前提。建议以市场、用户为导向，将旅游用地分为自然旅游用地、文化旅游用地、度假旅游用地和乡村旅游用地四个大类，再根据每个大类相关的典型旅游活动和旅游场所，有针对性地划分旅游用地小类。

（二）以"点状供地"解决根本"痛点"

由"块状供地"转变为"点状供地"是解决旅游用地问题的合理且关键的选择。一方面，旅游项目开发大多依托自然条件良好的山地、森林、水体环境，其建设本身并不过多依赖项目内部的景观建设。因此，其内的道路、水体、绿地等类型用地都可以设定为租赁供地方式，而景区内具备游赏功能的道路甚至可以划归 A2 文化设施用地，采取划拨供地方式。尽管划拨用地不能计入业主资产，但仍会给旅游项目成本和品质带来支持。另一方面，"点状供地"是用建筑实际占地面积来核算用地指标，即以基地面积核算真正的用地指标，再根据土地价值核算土地价格，这样用地成本会降低很多。

"点状供地"还有很多优势：一是减轻旅游企业负担，降低获取土地的成本，旅游企业可以将更多资金投入核心吸引物项目建设中，避免资金压力导致的项目"烂尾"；二是政府管控能力加强，以租赁为主的用地方式令旅游活动空间和环境空间界定清晰，能够最大化避免土地指标的浪费，便于政府对整个项目的旅游产品和体验品质加以整体把控；三是保障项目用地，可以结合旅游项目建设类型的特点，保障项目建设用地和环境用地的均衡配搭；四是可以简化用地审批流程，结合国家的相关政策或用地法规进行简化操作，使项目审批相对便捷。

（三）旅游用地政策创新以规划为先导

首先是在法定规划中纳入旅游用地考量。在城乡总体规划的用地规划部分和土地利用规划中统筹旅游休闲相关各类用地的布局和指标。将旅游休闲重点项目新增建设用地纳入地方政府的土地利用年度计划，为其优先供应土地指标。在符合规划、不改变土地用途的前提下，国有机构土地权利人利用现有房产开发旅游设施的，可保持土地权属和分类不变。规范和鼓励农村集体经济组织依法灵活使用农村建设用地。只要严守基本农田"红线",农村建设用地是可以市场化的,包括宅基地也是可以市场交易的,如此将兼顾解决农民存量资产变现和旅游建设用地供给问题。

其次是提升重大旅游规划的法定地位。以全域旅游示范区、大型旅游功能区或协作区规划等涉及广泛、意义重大的重要旅游规划统筹相关区域的规划体系,鼓励重大旅游规划项目根据实际情况探索旅游休闲相关建设用地的类型归属和供应方式,逐步形成可供全国推广乃至纳入法定用地标准的系列标准模式。

最后是调整"点状供地"相关规划政策。"点状供地"会对控制性详细规划体系提出全新要求,需以规划政策调整为先导。现行控制性详细规划是以"块状用地"为标准,界定相应的强制性指标,对整体的地块进行开发建设管控。"点状供地"则需要进行控制性详细规划及修建性详细规划与概念性规划的结合,以便于"点状用地"政策的精准落地和执行。

旅游用地是关乎旅游业发展实效的核心问题,作为旅游价值链的上游环节,其标准、管理乃至规划实务的优化调整对旅游业的整体推进可谓"牵一发而动全身"。旅游业作为我国新常态下经济转型升级的战略性支柱产业,有理由在用地制度安排上获得如工业、农业那样的"待遇",应通过逐步落实专项旅游用地类型和旅游规划法定地位,实现以土地要素的科学精准管控与供给,促进旅游业综合发展绩效的可持续提升。

三、项目案例

嵊泗列岛素有"海上仙山"之称,是中国唯一的国家级列岛风景名胜区,以"碧海奇礁、金沙渔火"的海岛风光著称于世。嵊泗列岛位于杭州湾以东,长江口东南,由钱塘江与长江入海口汇合处的404座岛屿构成,有沙滩、海礁、奇洞、险峰、悬崖等景观。区域总面积8824平方千米,其中海域面积8738平方千米,陆域面积86平方千米。嵊泗县属亚热带海洋性季风气候,常年温和湿润,年平均气温15.8℃,十分适合发展旅游产业。

嵊泗列岛与大陆距离较远,因此主要的对外交通方式是水运。虽然自然资源丰富,但旅游资源仍处于待开发状态。目前规划主岛泗礁岛开通泗礁—芦潮港、泗礁—上海(十六浦)、泗礁—定海、泗礁—宁波等8条航线,设置2个对外码头,其中有2个1000吨级客运泊位和1个1000吨级车客渡。此外,马迹山规划建设的工作船码头,负责宝山钢铁公司的矿砂转运工作。嵊泗列岛还建有直升机场,是以舟山普陀山机场为基地的舟山岛际空中交通网络主要直升机起降点之一，主要担负岛际间的空中摆渡、空中游览、公务巡视和紧急救援等功能。

从嵊泗县经济与社会发展规划到其旅游用地的创新，我们可以看到嵊泗县的四个重大的转变：从封闭、单一的岛屿经济向岛陆一体化、开放复合的港口和海洋经济转变，从海洋渔业产品初级的供应基地向海洋渔业深加工产品的供应基地转变，从资源观光型旅游区向休闲度假型旅游区转变，从功能弱化分散的小城镇向功能强化集中的现代化港口旅游城市转变。另外，政府的大力规划与扶持为嵊泗县旅游产业的发展提供了有力的支撑。

综上所述，随着居民消费结构的升级和对外开放形势的变化，人们对旅游的要求已经从简单的观光旅游向休闲度假、康体娱乐、心灵修复等更高层次发展，旅游产业发展已经进入了提质扩容、转型升级阶段。在经济发展新常态的宏观背景下，旅游产业已经成为一个包容万象的平台，平台上搭建着生态休闲、文化体育、工业及乡村建设等诸多产业与新兴业态。未来，旅游产业将在经济结构调整升级中扮演重要角色。

第二节 旅游产业住宿业态创新

我国旅游产业在飞速发展的同时，也反映出了一些不容忽视的问题。依据以往的案例分析以及旅游产业的现状，酒店住宿领域存在着较大的改良空间。要想让地区旅游产业在科学发展的轨道上继续前进，有关部门以及旅游产业中的责任相关者应当更加清晰地为景点周边或者旅游区内的酒店住宿行业规划更具适应性的创新方案，并逐渐推进新业态的快速成长，为旅游产业的持续发展打下坚实的基础。本节将主要对旅游产业住宿业态创新进行研究。

业态是指流通企业经营、发展的形态，科学合理的业态往往能够让该企业或者行业呈现健康的发展模式。旅游业作为服务产业的领头羊，在经济繁荣的大环境下正在进行着快速的自主改良与升级，然而人们所采用的方式或者手段却呈现着极大的差异性与不稳定性。所以，在一个地区的旅游产业发展方案实施之前，人们应该对这一地区的实际情况、产业发展趋势以及相关行业的业态进行必要的调查研究。在某些领域的适当创新和突破，将在一定程度上改善旅游产业不健康、不经济的经营发展模式，为地区经济注入新的动力。

旅游业以及住宿行业是一个强调顾客反馈与实践操作的领域，要想实现业态创新，有关的部门和工作人员就要深入地了解消费者的实际需求，在实际的服务环节寻找突破口，并有计划地实施改良方案，这样才能够保证这一方面创新研究的可行性与可靠性。

一、国内旅游产业住宿业态现状

（一）国民旅游发展促成旅游住宿火爆局面

旅游是现代人生活中不可缺少的重要部分，人们通过进行短途、长途或者自驾、跟团等多种形式的旅行，放松身心、缓解压力。然而，从市场层面看，由于国内假期设置以及不同地区人们呈现出的出游地选择取向，导致国内旅游业格局呈现出淡旺季区分明显、客源集中、游客出行时间段集中等特点。此外，近年来许多地区出现了景区超负荷现象，即景区以及周边的餐饮、酒店等服务行业不能够满足大量游客的需求，一些景区只能通过限制游客数量和景区开放时间等手段，来缓解这种过分火爆的局面。各个景区内的住宿、餐饮等服务项目面临较大的挑战。不断上涨的收入水平以及越来越便捷的交通运输使得人们的出行变得方便快捷，更多的游客希望在"吃、住、游、购"等方面得到充分的满足，其中首要的要求便是良好的住宿。有许多游客在住宿方面产生过抱怨，比如房源有限订不上、实际住宿条件与宣传不符、酒店服务出现问题等。这些问题不仅会给前来休闲旅游的游客造成困扰，还很容易引起游客与酒店、旅行社之间的矛盾和纠纷，也会非常明显地影响该地旅游产业的持续发展。

（二）个别旅游区住宿分配失衡

旅游业作为一个朝阳产业，的确有着巨大的发展空间，特别是我国的旅游产业已经成为第三产业中的重要组成部分。各地区在不断发掘旅游资源、开发本地旅游产业的同时，也呈现出了一定的盲目性。度假村的跟风建设、重量不重质的景点的层出不穷，以及个别旅行社的不道德宣传，导致近年来以旅游为主体的纠纷案件不断出现。景点以及旅游区内的住宿问题比较常见，特别是年轻人比较钟爱的网上酒店预订更是频频引发纠纷，大多数都是酒店情况与网上宣传不符以及消费者退订之后定金难以返还等问题。造成这种情况的源头在于地区住宿容量与景区规模不匹配。在热门景区，很多游客面临无处落脚的窘境；而在一些等级较低的景点或旅游区，又存在大量空客房无人问津的情况。这大多与景区酒店建设初期不到位的市场预测有关，再加上本身资源上的弱势，导致旅游业的住宿行业两极分化逐渐严重。这种难以避免的建设惯性需要通过后期有关部门的科学调配以及资源优化配置得到逐渐的缓解。这在某种程度上为未来的旅游区建设敲响了警钟，相关部门以及开发者应该在做好严谨的市场预测与必要的实地调查之后，再科学地分配住宿、餐饮、娱乐等服务设施的位置和相应的密度，从而帮助游客减轻出游过程中的压力和烦恼。

（三）游客住宿质量引人担忧

旅游产业中的住宿业态划分比较明显，景点附近或者旅游区内的酒店按档次能够划分为多种类别。但实际上，由于各地区监管力度以及评定标准不同，游客的住宿质量以及接受的服务质量仍然参差不齐，需要相关部门以及地区旅游行业进行重点改良。

虽然旅游区的酒店只为游客提供短期的住宿服务，但在这过程中可能凸显的问题却不能忽视。比如，酒店提供的基础服务是否符合国家或地区行业标准，酒店内电梯、大厅等公共设施是否能够满足旺季大量游客要求，酒店内的应急逃生装置、危险提示标志等是否齐全，酒店员工及管理者是否有能力协调好顾客之间的矛盾，等等。这些问题都是在以往的旅游住宿案例中发生过的，也需要引起有关部门和人员的重视。

包含在旅游业中的酒店住宿服务往往需要有更高的要求与更加灵活的工作方法，这样才能够保证该领域业态的健康发展。一旦在游客的住宿环节产生问题，责任酒店、旅行社、景区负责人等都需要承担连带责任，这样不但会造成该旅游区的形象受损、客流量下降，还将对整个旅游行业以及酒店行业造成较大的打击，直接影响市场上潜在客源的信任度。

景点周边或者旅游区内的酒店行业应该认清自身的位置，除了占据一个有利的地理环境，还应该更加周到地为来此休闲游玩的顾客提供令其满意的服务，这才是服务行业的初衷，也是立身之本。

二、旅游产业住宿业态创新的要点

（一）住宿业态需适应旅游区人群消费水平

国内的旅游景点、景区以及热门旅游城市等，通常根据旅游资源密集程度、欣赏价值、历史价值以及建设水平被分为不同的种类，旅游业中的重要组成部分——

酒店住宿行业也在此基础上通过行业标准检测、消费者评价等被区分为多种类型。比如，度假酒店一般距离一些旅游景点较近，周边环境相对安静，适合游客进行舒适的休整与住宿。此类酒店为游客提供的服务到位且质量优良，自然住宿价格较高。还有一些中等价格或平价的酒店多配备了标准的服务性能，虽不及高档酒店装潢豪华、设施齐全，也能够较好地满足游客的各项需求，是大多数游客的首要选择。

旅游区的住宿业态分布除了要注重多样化，还要强调分配的科学性。比如，以休闲度假功能为主的著名旅游景点，往往会吸引国内甚至国外消费水平较高的游客，景区内的酒店设置应该适当地扩大高档酒店以及国际连锁酒店比例，从而满足大多数游客想要获得优质、高端服务的需求。而在一些以人文特色为主的旅游地，游客一般都会比较注重地区的人文特色，想要通过自由的游览来达到旅行的目的，他们会更加倾向于选择条件和服务一般、能提供休息场所的酒店。因此，可以适当增加平价酒店或者客房，来满足较大的客流量。包含在旅游业中的住宿行业应该在充分了解游客的消费水平、消费习惯以及市场趋势之后，进行业态的重新布局，有计划、有目的地调节不同业态的比例，以满足更多消费群体的需求。

（二）旅游区住宿应巧借地区特色

如今的生态特色旅游成了国内旅游行业的又一大亮点，各地的旅游产业都开始创建自己鲜明的品牌，以便吸引游客和消费者。以海南三亚为例，在中国国际热带兰花博览会召开期间，三亚作为知名的旅游度假城市，借这一活动主题将会展、地区农业以及旅游行业有机地结合起来，掀起了旅游高潮。在此基础上，该地以游客为主要顾客群体的酒店行业应该抓住这次得天独厚的机会，在保证住宿条件与服务水平的同时，创新地融入博览会的元素。在酒店设施方面，有关的工作人员可以在酒店大厅、会议厅、客房以及娱乐场所增加花卉摆设，更换部分装潢来配合博览会主题。此外，酒店可通过举办兰花摄影展、以兰花为主题的书画作品展等，让来三亚休闲度假的游客感受到酒店的细心与诚意。像这种借助地区特色来改良本地住宿行业的途径还有很多，需要行业人士投入一定的财力和心血才能够达到预期效果。这样的做法不仅对该地的酒店业有着积极的推动作用，还能够进一步保护和传承地区特色文化与习俗，有助于促进该地旅游产业的发展与经济繁荣。

（三）旅游产业住宿新业态应得到鼓励

酒店住宿借力于蓬勃发展的经济与旅游产业，已经逐渐形成了比较稳定和成熟的业态结构。以不同地区的市场需求以及不同旅游区的实际情况为依据，主题酒店、旅游酒店、家庭旅社等也逐渐获得了与之相适应的消费群体的青睐。这些住宿形式在不断的实践过程中得到了不同程度的提升。比如旅游酒店更加强调为游客提供旅游向导、出行建议、飞机票和火车票的代售服务等，能够保证游客在住宿的同时获得与旅游相关的帮助，体验一站式的便捷服务。家庭旅社能够方便游客更加全面地感受一个地区的风土人情与人文特色，尤其受到一些跨境游客的喜爱。游客能够与家庭旅社成员一起吃住、出游，不仅能够省下酒店过高的住宿费用，还能够与家庭旅社成员建立友情，最大限度地获得旅行中的乐趣。这些伴随旅游产业发展而来的新型住宿业态不仅丰富了游客的出行住宿选择，还有效地激发了国内旅游业、住宿业的多元化发展，将会对未来的旅游产业进步提供巨大的推动力。除此之外，迎合年轻消费群体的低价位住宿——青年旅社也在近几年快速发展。这一系列住宿新业态的产生不仅及时有效地解决了现阶段旅游产业中包含的住宿问题，还鲜明地向人们、向市场反映着它自身的发展转型方向。鼓励住宿新业态的成长与发展将为国内旅游产业带来新的突破点，也将帮助旅游产业进一步调整发展方案，增强协调性与可持续性，从而逐步提高旅游行业的服务质量，推动其良性发展。

国内的旅游产业正在飞速地发展，与之密切相关的酒店住宿领域的改革创新将十分显著地作用于现实生活。在组织旅游服务行业改良发展的过程中，要更加注重指导方向的正确性以及必要的前瞻性。有关住宿业态改良的创新尝试应建立在对旅游产业现状的客观认识之上。强调酒店住宿业对游客的适应性是创新尝试的一大重点，再加上对住宿新业态、新形式的大力支持，国内的酒店住宿业以及整个旅游产业将会呈现出更大的发展潜力与升值空间。

第三节　旅游规划助推旅游业成为战略性支柱产业的创新

旅游规划是提升旅游产业发展的助推器。本节通过分析旅游规划发展面临的新形势、新机遇和新趋势，把握旅游规划在推动旅游业发展中的作用，并提出了旅游规划的发展策略，意在使旅游规划及时转化为旅游生产力，展现规划在旅游产业发展中的基础作用。

当代旅游产业已发展成为世界上产业规模最大和发展势头最为强劲的产业，旅游产业发展速度之快，产业带动能力之强，使得许多国家和地区都纷纷把旅游产业作为经济发展的重要产业和先导产业。中国旅游产业取得了令人瞩目的成就，特别是在扩内需、调结构、保增长、惠民生等方面发挥着举足轻重的作用。

旅游发展，规划先行。旅游规划是人类活动发展到一定层次的标志，是旅游产业得以不断升级的方法。只有独具匠心的旅游规划才可以创造出独具魅力的旅游项目，才可以保证旅游产业在激烈的市场竞争中立于不败之地。

一、旅游规划发展的关注焦点

旅游规划的发展是一个动态过程，不同的历史阶段所面临的形势和机遇都不尽相同。这就需要我们把握旅游规划的发展脉搏，追踪发展动态，明确机遇与挑战，从而掌握整个旅游产业的发展趋势，有力推动地区旅游业的可持续发展。

（一）旅游规划发展的新机遇

随着我国国民经济的发展，人们的可自由支配收入不断增加，外出旅游的需求逐渐显现。扩大内需、增加就业、统筹城乡发展、调整产业结构和转变增长方式等不仅为旅游业发展创造了良好的发展环境，也对旅游规划提出了新的要求。在未来的规划中，要把旅游产业结构调整作为旅游规划编制的核心内容，不断提升旅游产业的整体素质，充分发挥旅游产业在社会经济发展中的助推、协调和统筹作用。通过科学合理的市场定位，改变单一客源市场结构，实现旅游的多元化发展；通过洞悉区内客源市场需求和进行针对性强的旅游产品体系规划，丰富旅游产品体系，挖掘旅游产品文化内涵，增加旅游产品科技含量，完善旅游产品功能结构；通过旅游配套产业的升级规划，完善旅游基础设施，降低交通等基础要素在旅游消费中的比重，刺激旅游者在购物、餐饮、娱乐等收入弹性高的项目进行消费，从而提升旅游消费档次，优化区内旅游收入结构。

（二）旅游规划发展的新趋势

随着经济全球化的发展，国家之间的界限正日渐模糊，不同文化背景的人的交流也日益频繁。在这样的环境下，旅游规划也必然呈现出全球化的趋势，在旅游市场的定位、旅游项目的设计、旅游教育和培训等方面与国际接轨。

爱德华·因斯克普（Edward Inskeep）教授认为，旅游规划应该发展为"全面规划"或"合成规划"，这实际上是对旅游规划的思维方式提出了新的要求。这主要体现在以下三点：一是价值诉求的多元化。旅游规划不再仅仅局限于追求旅游规划区经济效益最大化，而是实现经济、社会和环境的全面和谐发展，实现旅游的可持续发展。二是规划技术的多元化运用。旅游规划所涉及的内容综合性决定了规划技术和手段的多元化，同时旅游活动的社会性又决定了新兴的科学技术必须被不断地引入旅游活动中。三是市场需求的多元化。单一的旅游观赏娱乐目的已经难以满足旅游者的需求，个性化、多元化的旅游需求要求旅游规划适时考虑不同旅游者的需求，设计出适销对路的旅游产品。

二、旅游规划在助推旅游业发展中的三大职能

如同行军打仗需要计划谋略一样，旅游产业的发展也需要有规划指引。科学的旅游规划是使旅游产业快速高效、持续稳定增长的重要保证，是关系到旅游产业发展长远性和全局性的根本问题。

（一）盘活资源存量，提升经济效益

科学合理的旅游规划能够充分发挥资源整体效益。旅游规划可以结合规划区旅游资源的总体特征和分区特色，以游客需求为导向，全面、有效地整合区域内的旅游资源。通过旅游规划可以实现区域内旅游市场的有效共享、旅游信息的畅通传递、旅游整体形象的塑造等，同时加强旅游区内旅行社业、饭店业、餐饮业等配套产业的规划，实现旅游产业内各子部门的有效联动，延长旅游产业链条，实现旅游产业联动式发展，全面提升区域整体竞争力，充分发挥旅游业在区域社会经济发展中的助推作用。

（二）协调各方利益，改善生活质量

旅游规划逐渐融入了人文关怀理念，在规划中更多地强调社会效益，体现伦理道德，关注人类生活质量的提高。好的旅游规划可以造就良性的旅游发展。对于旅游者来说，可以通过旅游提高身体素质和文化素质，增长见识，陶冶情操；对于当地居民来说，旅游业的发展可以提供许多直接或间接的就业机会，缓解就业压力，同时，旅游基础设施的完善也为当地居民提供了良好的社会生活环境，改善了生活质量；对于整个社会发展来说，旅游活动为不同的社会地区和群体提供了交流与合作的平台，促进了知识、文化、科学技术的传播，推动了整个人类社会文明的发展与进步。

（三）保护生态环境，营造低碳旅游

旅游业被人们称作"无烟工业"，但并不表示对周边环境完全不产生影响，只是

影响较小。随着世界范围内生态环境的不断恶化，人们对可持续发展的认识越来越深入，旅游规划作为指导当地进行旅游开发和发展的纲领性文件，更要体现生态化的设计理念。在保证旅游地开展旅游活动获得经济利益的同时，也应该采取生态平衡的方式，努力使旅游者的活动及当地居民的生产和生活活动与旅游环境融为一体，以实现保护—利用—增值—保护的良性循环。

三、旅游规划助推旅游产业发展的步骤和对策

旅游产业的波动性特征，要求我们在进行旅游规划时，需要综合考虑当前旅游产业发展的新趋势和新问题，适时调整规划目标，运用创新理念，真正让旅游规划成为促进旅游业平稳快速发展的助推器。

（一）旅游规划助推旅游产业发展的步骤

1. 树立科学可行的规划理念

在进行旅游规划时，首先要树立正确的规划理念，这是进行旅游开发等一切旅游活动的前提。要正确认识旅游产业在扩内需、调结构、保增长、惠民生等方面的重大作用，努力将旅游产业培育成国民经济战略性支柱产业和让人民群众更加满意的现代服务业。

2. 全面推进规划方案的实施

一方面，要根据旅游规划区发展的实际需要，积极推进旅游管理体制改革，创新旅游发展体制机制，放宽旅游市场准入，引导外资企业进入中国市场；同时积极培育一批具有竞争力的大型旅游企业集团，让中国的旅游企业既能"走出去"又能"展得开"，具有国际市场竞争力。另一方面，要通过调整旅游产业结构，不断推动旅游规划区旅游产业由粗放式发展向集约式发展转变、由数量扩张型增长向质量效益型增长转变，全面推进旅游产业的升级；同时加强旅游基础设施建设，完善旅游社区服务体系，协调好当地居民和旅游发展之间的关系，最终达到提升旅游规划区整体竞争力的目标。

3. 建立健全旅游保障体系

旅游产业是一种涉及面广、带动性强的重要经济产业，它的良性发展有赖于完善的法规制度管理和政府、社会各界的广泛支持，特别是健全的旅游保障体系支撑。为了更好地推进旅游规划区的良性发展，旅游规划在编制过程中就需要加强对旅游保障体系的监控监管，完善保障政策，优化旅游企业组织体系，建立财政金融保障

体系，优化旅游安全保障体系。通过对各项保障体系的建立和完善，对旅游活动过程中可能出现的问题加以监管，使旅游活动有序、持久地开展。

（二）旅游规划助推旅游产业发展的对策

1. 大资源观彰显主题形象

在音乐中，主题是被不断重复的旋律。在旅游规划中，旅游主题也具有异曲同工之妙，它是区域旅游规划的理念核心，切合实际的旅游主题能够充分发挥旅游开发区的品牌优势，盘活旅游资源，广泛地吸引客源。因此，在旅游规划过程中要注意因地制宜、因势利导，发挥地域特色。应该明确当地的优势资源、品牌特色所在，包括区位特色、资源特色、历史特色、传统风俗特色等，将这些特色加以浓缩升华，形成鲜明的主题形象，并围绕主题形象进行资源开发，充分发挥当地旅游资源与众不同的独特气质。

2. 大市场观扩展多样产品

旅游产业是现代服务业中的核心组成部分，它提供给人们的是一种面对面服务，这就决定了旅游产业对市场的依赖特性，离开了市场的依托，旅游产业的生存与发展也就缺少了基石。因此，不论是一个国家和地区的旅游产业还是单个的旅游企业，都必须努力维持现有的旅游市场进而积极开发潜在的旅游市场。但旅游市场的开拓必须在科学正确的旅游规划指导下进行，只有通过旅游规划对旅游市场进行科学预测和定位，才能进一步对旅游产业发展作出战略性的安排和设计。同时，旅游规划还包括设计、生产适销对路的旅游产品。要以旅游者多样化需求为指导，在开发当地名品、精品和绝品的前提下不断推陈出新，满足旅游者的多种需求。

3. 大旅游观推动部门协调

旅游业内涵丰富、外延宽泛，具有产业要素"混合体"或"产业集群"的特征。传统意义上所指的旅游业主要就是指旅游服务业，即以旅游者为服务对象，为其旅游活动创造便利条件并提供其所需劳务的综合性产业。而"大旅游"观念不仅包括了旅游服务业，还包含了为旅游企业和旅游者提供直接生产资料和消费资料的旅游制造业。在当前旅游需求日益多样化和个性化的前提下，在服务业延伸发展空间和制造业提高服务比重的发展需求下，旅游服务业和旅游制造业的界限日益模糊，你中有我、我中有你的新型业态日益增多，形成了旅游产业融合大发展的局面。因此，旅游规划在"大旅游"的背景下，一方面通过旅游区域内旅行社业、饭店业、餐饮业等配套产业的规划，实现旅游产业内各子部门的有效联动，延长旅游产业链条；另一方面通过旅游区域内交通、人力资源及保障体系等方面的规划，实现旅游产业同交通部门、环境部门、财税部门等多个部门的联系与协作。这不仅可以为旅游产业发展提供和谐优良的外部环境，更有利于旅游区的旅游产业渗透。

4. 大创新观加速技术整合

21世纪是知识经济高速发展的时代，提倡企业管理创新和组织创新，呼唤创新在各个领域中的运用。由此可见，旅游产业的发展也必须对传统的管理方法和组织形式进行深刻的反思，只有引进创新的管理理念和科学的组织体系，才能紧跟时代步伐，不被创新时代淘汰。因此，落脚于旅游规划上，不能仅仅停留于传统套路，而需要运用创新思维，不断提高项目策划水平，设计新颖的旅游产品，同时加强先进技术的引入和运用，借鉴相关理论技术，从而保证旅游区形成较好的市场竞争性。

5. 大规划观保障持续发展

旅游规划必须具有全局观念，应该首先明确旅游资源的开发方向和客源市场，并且对地区旅游业发展所涉及的行业及相关部门的发展等问题作出总体规划，还要规划近期和长期的发展目标和发展重点，从而指导旅游业的有序持续发展。另外，环境问题已经上升为全球共同关注的焦点问题，环境保护刻不容缓。在进行旅游规划的过程中，时刻不能忽视对自然环境的保护，要减少旅游环境损耗，大力倡导绿色旅游和低碳旅游，以保持生态系统、环境系统和文化完整性为前提，以经济效益为动力，以社会效益为目的，实现环境、经济和社会三者的有机统一，从而保障旅游业的可持续发展。

6. 大社会观促进社会参与

旅游产业是一项高关联度和高综合性的产业，离开各部门、各行业之间的密切配合与协作，旅游发展便会成为无源之水、无本之木。特别是旅游区的综合开发与形象宣传，如果由单个企业直接运作是很难达到良好效果的，因此必须得到各个方面的大力支持和协调配合，使旅游效应发挥到最大化。在旅游规划过程中，应始终贯穿大社会的理念，加强部门间的交流与合作，为旅游发展创造良好的社会综合环境。

旅游规划是从系统的全局和整体出发，综合考虑旅游规划对象，正确处理旅游系统的复杂结构，对旅游规划区进行整体优化。通过科学、系统的旅游规划，旅游产业的发展会更好。

第四节　后现代主义城市规划视角下的旅游规划理念创新

后现代主义注重文化多元化，鼓励人与自然融合、和谐共处，给现代城市规划提供了新的思路。旅游规划是城市专项规划之一，如何更好地在后现代主义城市规划指导下进行旅游规划并且解决旅游规划中的隐患值得深思。本节结合后现代主义思想，从后现代主义城市规划视角探讨旅游规划理念创新，并从综合价值体系、人本主义、"慢"交通、生态与可持续发展、参与和话语权、"智慧"化与"大数据"、文脉域、公共设施服务、综合景观、规模与发展等方面构建了新理念的框架。

当今的旅游产业已经是城市发展的重要产业，旅游产业的发展与城市规划密不可分，而旅游规划也几乎被所有人认为是解决庞大旅游系统问题的最有效手段。近年来，国家对旅游规划的重视程度也与日俱增，先后出台了《关于加快发展旅游业的意见》《中华人民共和国旅游法》《中共中央关于全面深化改革若干重大问题的决定》等法律及文件。这些法律及文件对旅游产业的发展及旅游规划起着指导性作用，但旅游规划还未被纳入法定的规划编制体系中，从规划类型角度看依然为非法定规划。目前旅游规划还是依附于城市规划，作为城市规划中重要的专项规划而存在。旅游业的快速发展离不开城市规划的科学指导，旅游规划必须尊重城市规划，并不断对其进行科学合理的补充。

现代城市规划以"理性"主义为核心，遵循"功能主义""机械美学"等原则，主张用固定不变的逻辑和普遍有效的规律来阐释世界，从而造成现代城市规划缺乏对普通人的关注，忽视了人的基本需求和社会生活的多样性等问题，出现了内城衰退、社会两极分化日益严重、社会各阶层隔离等一系列的问题。然而，一种倡导挖掘城市中多元社会文化价值及深层次人类体验的后现代主义思潮的出现改变了城市规划的发展思路，正在有效地解决城市发展过程中出现的种种问题和矛盾。城市规划的思想核心逐渐由强调功能理性转变为呼唤人性、文化、多元价值的回归，城市规划进入一个强调人文精神的发展阶段。

受制于现代城市规划下的现代旅游规划依然没有摆脱科学主义、实证主义的影子，大量的旅游规划千篇一律，规划师企图用一种统一的模式来解决所有的问题，忽视人文精神和自然环境。此外，旅游规划中战略对策的通用化、产业定位的虚置化、区域定位的空泛化、市场定位的板块化、产品开发的雷同化、市场促销的套路化等问题层出不穷。波林·玛丽·罗斯诺（Pauline Marie Rosenau）认为：现代性已经不再是一种解放力量，相反，它是奴役、压迫和压抑的根源。后现代主义对城市规划的指导值得旅游规划学习借鉴。旅游规划的本义即解放身心、体验乐趣、感受文化，旅游规划的内容离不开创新，旅游规划的精神离不开自由，这些都与后现代主义思想一拍即合。基于此，笔者在遵循《旅游规划通则》的前提下，在后现代主义城市规划的视角下，从理念层面入手，对旅游规划的创新进行研究思考，试图对后现代主义旅游规划的理论研究进行补充和创新。

一、后现代主义城市规划与旅游规划的内涵

1987年，兰德曼出版社的《兰德曼英语语言词典》将后现代主义定义为："20世纪70年代以来，在艺术、文学领域发展而来的一种对现代主义原则、实践的反拨或抛弃的思潮。"《牛津英语词典》将后现代主义定义为："一种艺术、文学作品或建筑学思潮，以背离或抛弃认可的、传统的风格和价值为特征。"

后现代主义城市规划源于在城市化进程中出现了许多用现代主义思想无法解释的问题。随即，爱德华·索加（Edward Soja）等人开始提出后现代主义城市规划的设想。后现代主义城市规划基于后现代主义理念，摒弃现代城市规划中过分"理性"的理念导向，更多地强调"人性"的回归。分析可知，后现代主义城市规划在综合价值体系上提倡综合性社区的多元价值融合以及城市形象的文化注入，同时注重信息技术的使用，倡导利用城市"大数据"，结合物联网、移动终端、云技术等打造智慧城市；在局部交通方式上提倡"慢"交通理念，如在步行街区内尽量减少内部交通等；在城市文脉的划分上，反对功能分区，提倡以文脉为区域，修补历史，体现人文关怀街区设计；在城市公共服务设施方面，提倡反标准化建造，灵活化建造公共设施，提高公共设施的服务利用率；在综合景观方面，提倡人与自然共存的城市景观建设，城市景观要体现多样化与特色化兼容的特征。

崇尚"精英主义""功能主义"思想的传统旅游规划无限放大旅游规划师的作用，而部分旅游规划师拒绝与旅游规划的受益者对话，草草地作出决策，使旅游规划变为个人意志的表达。这种以自我为中心的规划缺乏对周边的调研和分析。旅游地作为一种人为参与主体的多要素复合空间，绝不是因果关系式的直线性理性思维所能完全把握的，个性化、地方性、特色性尤为重要。后现代主义旅游规划关注的是对旅游地差异的揭示，关注的是不可重复的、独一无二的事物，并且认为应当以更为规范、民主、灵活和更负责任的方式来对待文化上的差异性，在旅游规划中强调生态环境、社区居民、游客的和谐性，新旧建筑之间的关系，旅游区和公共游憩

空间的形式，追求内容和形式的统一。后现代主义旅游规划通过肯定多元价值、关注文化域、强调过程和参与、倡导生态环境保护等多个方面的努力，呼唤人性、文化、多元价值的回归，使得人文精神重新成为旅游规划关注的重要方面。它将现代旅游现象和现代旅游文化产业提升到文化政治的高度，发掘出国家在旅游生活构建中的价值与主体地位。

二、后现代主义旅游规划理念创新

后现代主义旅游规划倡导对多元的社会文化价值和深层次人类体验的发掘，旅游规划思想的核心由强调功能理性转变为呼唤人性、文化、多元价值的回归，使得旅游规划进入一个强调人文精神的发展阶段。笔者认为，后现代主义旅游规划理念创新体现为以下几个方面。

（一）综合价值理念

在综合价值体系上，后现代主义城市规划讲求构造多元价值融合的综合性社区，塑造城市文化形象。加拿大著名城市专家简·雅各布斯（Jane Jacobs）在其著作《美国大城市的死与生》中提到：多样化是大城市的天性，如何综合不同的用途，生发足够的多样性以支撑城市文明，是关于城市规划最重要的问题。可见，后现代主义城市规划强调多种价值观的体现。在此视角下的旅游规划亦要构造综合性的旅游社区，包含多元文化思想，拒绝通过单一的组织方式将旅游系统化，与人类、自然的生活模式隔离开来，同时追求创新、融合、多样性的旅游发展，摒弃雷同、商业、单一的旅游开发模式，在此基础上深度挖掘旅游区域文化，塑造旅游城市形象。

（二）人本主义理念

人本主义理念是后现代主义思想的核心内容，在城市规划当中，"人际理念"与多样化的设计思想及模式贯穿始终。在后现代的旅游观中，人本主义思想主要体现在：解构人的主体性；反对共性，强调个性；反对理性，崇尚感性；等等。基于此，旅游规划有必要还原旅游的"本真性"，开发以体验、情感、主动性为主的旅游产品及模式。

（三）交通方式与"慢"理念

旅游卫星城市的建立，在很大程度上缓解了交通问题。此外，后现代主义下的

"慢"理念对城市规划中公共交通体系的重点发展和步行尺度下的综合街区设立都有指导意义。旅游规划中的开放式、多样式旅游路线设计，环保、快捷、安全的旅游代步工具的开发，以及多样化的旅游内外交通的设计势必是后现代旅游规划中必不可少的内容。

（四）生态与可持续发展理念

美国学者伊恩·伦诺克斯·麦克哈格（Ian Lennox McHarg）在《设计结合自然》里批判了"人类中心论"。他认为后现代主义城市规划对生态环境的关注，并不是仅仅停留在技术层面，而是将生态环境与伦理观、价值观联系起来，从而为生态环境问题赋予了浓厚的人文色彩。在此影响下，旅游规划应该注重旅游吸引物的保护与开发并存的原则，同时要合理规划旅游环境容量，保护旅游资源的可持续利用性，建设低碳排放的旅游住宅，按照碳排放量对旅游活动分类，在旅游产品的设计观念上融入绿色理念，打造绿色旅游产品、绿色景观，同时抵制媚俗旅游。

（五）公众参与理念

后现代城市规划的一大显著特点就是反对精英主义。南·艾琳（Nan Ellin）在其著作《后现代城市主义》中提出，城市规划师应该有更少的权威性和更公开的政治性，目的是给市民以权力，让他们自己来改善他们的社区和环境。所有城市居民拥有同等的权利和义务，他们有权参与城市的规划。旅游作为一种集社会、文化、经济、环境为一体的综合性活动，在规划时更离不开各个学科背景、各种阶层人员的共同探讨，他们的参与能更好地协调环境、利益等诸多问题。与此同时，基于利益相关者理论的旅游规划强调规划必须兼顾规划委托方、旅游规划专家以及社区居民的利益。

（六）"智慧"化与大数据理念

后现代主义思想强调开放、随心所欲、多路径破解现代旅游的公共性特点。信息的快速传递与分享是基础的需求。大数据概念和技术的出现颠覆性地改变了未来人们旅游的方式，现代城市规划已经开始将"智慧城市"的理念加以应用，并试图在解决交通拥堵问题、提高城市免疫力以及对城市的监控方面进行初步的应用，同时在对城市交通、城市功能分区、城市等级体系的研究，以及构建基于大数据应用的城市时空行为的方法上有所探索。此外，在具体的应用上，大数据环境下的手机定位数据在城市规划中的实践也取得了进展。相比之下，后现代主义中的旅游规划也同样应该囊括智慧旅游、大数据思维。通过打造智慧旅游，旅游者可以借助便携的移动终端，主动感知旅游资源、旅游经济、旅游活动等各方面的信息，简化旅游方式。除此之外，传统的旅游解说系统、旅游信息点的布局也同样需要升级和完善。

（七）文脉区划理念

文脉域即以文脉为区域，反对现代城市规划中以功能分区域。柯林·罗（Colin Rowe）和弗瑞德·科特（Fred Koetter）在著作《拼贴城市》中提到，在尊重城市复杂性和矛盾性的基础上将断裂的历史重新修补起来。后现代主义城市规划将是对差别很大的空间与各种混合物进行"拼贴"，而不是追求以功能分区为基础的"零散"规划。除此之外，后现代主义城市规划还要具有人文关怀，比如挖掘街区文化，提升街区居民的归属感，建立街区的人性化尺度，强化街区功能的复合性。在此基础上，我国的旅游规划可以以文化衔接区域，打造完整的区域旅游系统，挖掘区域文化，反对功能分区，并通过"拼贴"的方式修补区域历史与文化，打造区域旅游文化，以"人性化尺度"设计旅游街区，充分体现旅游社区居民的认同感。

（八）服务、设施完备理念

后现代主义的"多元共生性"要求城市的公共设施和服务要满足不同种类的人群，因此需要在提高公共设施与服务利用率的前提下提供功能完善的公共设施与服务，在公共设施的建造上，融合当地的文化，反对标准化建造。随着后现代生活方式的自由与个性化，后现代的旅游产品也将颠覆现代旅游的观念，一些具有高危性、冒险性的旅游产品必定需要安全措施的保障，因此在完善公共旅游设施及服务的同时，要健全旅游安全保障设施与服务体系，除此之外还要提供完善的旅游装备。

（九）综合景观协调理念

后现代主义的多元文化包容性还体现在城市的建筑景观风格上，要设计人与自然和谐共存的城市景观，保证景观的多样性与特色性兼容。在后现代主义旅游规划中，要挖掘园林、街道、四合院、牌坊、宗教圣地等历史景观的文化价值，协调历史景观与现代景观的风貌，打造包容性、特色性与"折中主义"共存的旅游景观。

（十）边界—发展理念

后现代主义城市规划倡导有边界的发展模式，认为确定城市发展边界（Urban Growth Boundary，UGB）是城市规划应该首先解决的问题，城市只有在一定的规模内才能保证健康发展。对于发展缓慢的城区,只需在城市中心增建;对于发展快速的城区,则可以建设卫星城或新城,以此代替郊区的蔓延。同时,要确定中心城市的边界,为城区提供绿色空间,从而阻止中心城区的无序蔓延。对此,后现代主义旅游规划可以在因地制宜和突出个性的原则下,以与中心城市的依赖关系为核心,开发紧密型、松散型或者独立型旅游卫星城市。

现代主义规划思想虽然在历史上发挥过积极的作用,但也给当代城市带来了社会、精神、环境、生态等方面的危机。后现代主义规划思想提倡科学与人本主义思想多元化的结合,反对死板、统一的固定模式,顺应了时代发展的潮流。

总的来说,后现代主义是相对于现代主义而提出的一种对现代主义原则、实践的反拨,一种鼓励人与自然融合、和谐共处的观念。后现代主义能够适应现代规划的发展趋势,它的出现很好地解决了现代规划的危机。后现代主义旅游规划关注的是对差异的揭示,关注的是不可重复、独一无二的事物,认为应当用更为规范、民主、灵活和更负责任的方式来对待文化上的差异性,在规划中强调生态环境、社区居民、游客的和谐性,新旧建筑之间的关系,旅游区和公共游憩空间的形式,追求内容和形式的统一。

目前,旅游规划无论是理念思想还是具体范式都存在一系列值得深思和探讨的地方,尤其是其非法定规划的性质决定了它必须"依附"于城市规划。后现代主义城市规划仍在各行各界的热议中,后现代主义旅游规划也同样值得探究。笔者希望通过后现代主义城市规划视角进行旅游规划的思考能够给业界注入新的活力,激发学界对后现代旅游发展的深入研究。

第五节 基于旅游体验视角的旅游规划形式与内容的反思

旅游体验是主观、琐碎和肤浅的吗?本节以此为切入点展开旅游规划形式与内容的反思,指出4种旅游规划思想的优越性和局限性:艺术途径重视旅游资源的感官与形式属性,关注旅游审美愉悦,但也容易陷入形式主义的误区;市场途径强调旅游产品创新,但往往因为对旅游体验的过度包容而导致不负责任的规划行为;生态途径倡导旅游环境被"如其所是"地欣赏,但由于文化规律的难以把握,规划中可能涉及诸多伦理问题;伦理途径认为旅游规划不仅要解决旅游环境如何欣赏的问题,还要给出相应的理由,后者是难点。因此,旅游规划工作应积极吸纳不同规划思想的精华,规避潜在问题,保持规划工作的连续性、本真性、功能性与伦理性。

马克·吐温（Mark Twain）在《密西西比河上的生活》中写道：水的表面有时变幻为一本奇妙的书，游客不会读到这样的书，只看到其中各种各样的美丽图画，有太阳描绘的，有云层荫庇的，然而对于训练有素的眼光，这些根本不是图画，而是最严厉的和最棘手的解读。太阳意味着来日有风；水面上斜斜的标记提示有一处垂直的暗礁；高大的枯树仅存一根活着的树枝，它的生命即将终结，因而没有古老温暖的标记。在此，马克·吐温描述了由河流而产生的两种不同的体验：一种是游客在欣赏"各种各样的美丽图画"时所获得的旅游体验，另一种是训练有素的眼光借助专业知识而获得的对河流的认知体验。马克·吐温还暗示这两种体验是相互排斥的，或者最起码是相互干扰的。他认为游客如果知晓河流潜藏的意义，则会遗落一些永远不会回来的东西，所有的优雅、美丽和诗意在这条伟大河流之外消逝了。以此而论，旅游体验只涉及形式的鉴赏而排斥了对内容的关注。那么，这种观点在目前旅游体验的理论研究中是否存在呢？

旅游体验在 20 世纪 80 年代初被提出，但在国内被学术界广泛关注则始于谢彦君对这一概念的经典论述。也正如其所预示的，旅游体验已经成为旅游学理论体系中最厚重的模块和最有力的支撑。此概念的核心是将旅游体验解释为一种综合性的体验，并以超功利性体验为主。更进一步，将旅游体验划分为旅游审美愉悦和旅游世俗愉悦。

所谓旅游审美愉悦，是旅游者在欣赏美的自然、艺术品和其他人类产品时所产生的一种心理体验，是一种在没有利害感的观照中所得到的享受。也就是说，旅游审美愉悦是通过对日常功利（如实践或个人利益）的隔离而形成的一种无利害性静观。用伊曼努尔·康德（Immanuel Kant）的经典表述来说，这种审美愉悦不涉及对象的任何功利、概念、目的，只涉及对象的纯粹形式。更具体地说，这种审美愉悦就是对象的纯粹形式所引起的想象力和知解力之间的和谐合作。

这一概念可以解释马克·吐温提出的旅游审美体验和认知体验之间的冲突：旅游审美体验只涉及形式的鉴赏而排除了对内容的任何关注，前者不需要理解意义的知识，后者需要这种知识，但因为知识从审美体验中被排除出来，所以理解内容的意义无论需要哪种知识，至少与审美鉴赏不相关，在最坏的情况下会与审美体验发生冲突。在这样的观点中，无利害性概念容易使旅游审美愉悦成为一种罕见的纯粹经验，脱离与体验对象实质内容和表现意义的联系。这种观点会误导旅游规划工作者将目光不恰当地放在旅游资源的感官与形式属性上，甚至将其无限夸大而放弃旅游资源的内在体验价值，游客的旅游体验也会被误导。

此外，谢彦君将旅游审美愉悦以外的愉悦归为旅游世俗愉悦，是建立在对感知对象功利性认识的基础上，通常通过视听感官以外的其他感官来获得，是人生的通常愉悦形式。游客甚至宁愿把这种愉悦的追求当作旅游体验的主要目标。这很容易引发质疑：难道旅游体验究其本质而言，是一些主观、琐碎和肤浅的认知吗？

如何才能为游客创造高质量的旅游体验呢？不同的规划思想侧重点不同：艺术途径重视旅游资源的感官与形式属性，并努力带给游客较高的旅游审美愉悦；市场途径紧随游客脚步，强调旅游产品的创新，为游客创造满意的旅游体验；生态途径重视对游客旅游体验的引导，倡导游客如其所是地去体验；伦理途径强调游客旅游体验中的人文关怀，更加关注旅游产业发展中社会、文化和环境之间的公正。旅游规划实践必须明确4种规划思想存在的局限性。4种规划思想不应孤立存在，而应取长补短、相互促进，这对游客旅游体验质量的提升具有重要的指导意义。笔者以旅游体验为切入点，致力于旅游规划形式与内容的反思，以期规避旅游规划工作中存在的潜在威胁。

一、艺术途径

（一）对象模式与景观模式

旅游体验更多地体现为一种环境体验，这与艺术欣赏不同。在艺术欣赏中，观众知道欣赏什么以及如何欣赏，能够清晰分辨哪些是艺术，哪些不是艺术，也能够区分艺术作品的不同审美属性。而旅游环境是一种无定性的对象，具有多样性，而且寓意深刻，游客有极大的自由去选择和组织，这使得艺术途径在处理旅游体验问题时遇到了困难。

观众在欣赏一件艺术作品时所关注的是这件作品中与审美相关的感官和形式属性，以及这件作品所具有的某些抽象的表现属性，这与作品所处的周边环境没有直接的联系，这种艺术欣赏途径可以称为对象模式。在旅游规划中，这种模式能够反映旅游环境中旅游资源的自然属性，但容易忽视其所处的环境，割裂旅游资源与本土环境之间的联系，容易影响游客的旅游体验。例如，我国旅游资源调查与评价方法中对旅游资源感官和形式属性的分析是非常详尽的，而且至今仍有学者试图寻找一种定量评价的科学方法。这些方法虽然看上去是那么直观形象，但对环境因素的排斥也是显而易见的，这对旅游规划工作非常不利。比如，古敢水族乡是云南省唯一的水族乡，有5个近乎清一色的水族聚居村寨，俗称"水五寨"，"干栏式"民居依山傍水，分布在黄泥河、补掌河沿岸。但在近年来的旅游规划与开发中，特色的水族民居被白墙青瓦的建筑所取代,这满足了游客的旅游审美愉悦,但对水族建筑文化的认知却是片面的。

旅游资源与周围环境有着千丝万缕的联系,通过环境营造的推动力才能彰显出本真的魅力。香格里拉青稞架有着单调的结构,却承载着人类赖以存活的阳光。那粗犷结实的原木,经过人们的处理,靠自身的卯榫结合在一起,将伟岸的身躯伸向蓝天。到了秋天,青稞架上搭挂着金色的青稞,青稞贴近木架,十分美丽。青稞架在创造它的环境之中,被赋予了更为丰富的审美属性,这些属性与环境相伴而生。正是这些具有表现力的属性使其更为亲切生动,并为游客展现出它与环境间的相互联系。

景观模式与风景画这种艺术形式有着密切的联系。在风景画上,绘画的重点集中在对绘画起决定作用的属性上。与此类似,在处理旅游环境欣赏时,景观模式也常常将重点放在环境中那些如画性的属性上,这要求游客把环境当作风景画感知。比如,旅游规划工作者惯用的一种景观处理手法是将自然环境分割成单个的场景,并设定风景视点来引导游客欣赏;旅游地也通常凭借相片、明信片来宣传其如画性的景观。这些做法有助于激发游客的旅游审美愉悦,而且通过观景点的设置,这种愉悦的体验会得到增强,游客也渴望欣赏这种"完美"的景观。但这种模式也具有一定的局限性:需要从特定视点欣赏旅游环境分割成的场景,并设定适当的空间距离。这就需要静态地再现旅游环境,并将旅游环境简化成一个场景或一个视图,使游客仿佛置身于户外画廊。但是实际上,旅游环境既非一个场景,也非一个视图。举一个简单的例子,游客欣赏一幅画所获得的感受与他们走在真实环境中所获得的感受并不一样。因此,景观模式在为游客创造如画性景观时应关注游客的环境感知,并引导游客如其所是地欣赏。

(二)旅游规划工作者的景观

秉持艺术途径的旅游规划工作者很容易将旅游环境视作艺术品来塑造,并期望游客按照他们的意图来欣赏。也就是说,游客欣赏的是旅游规划工作者的景观。这经常导致旅游规划工作者将工作的重点放在旅游环境中那些可以与艺术品相媲美的旅游资源上,并追求那些只有在艺术作品中才能体验到的审美愉悦。在此视角下,旅游资源通常被理解为视觉上能为游客带来愉悦感的东西。而且,旅游资源价值的决定和测量是建立在旅游规划工作者经验判断和主观偏好的基础上。这种经验研究由于概念的单一、知觉上的趋同和高度的臆测而忽视了游客与旅游环境的基本互动。一言以蔽之,游客所欣赏的无非是旅游规划工作者所塑造的个人作品。然而,旅游规划工作者所构建的图景并不一定能够如他们想象的那样得到人们的认可,尽管有的旅游规划图件做得非常精美,景观与设施看上去就像它们应该如此一样,但往往在后期的实施过程中会产生诸多问题。

综上所述,艺术途径使游客以一种静观的态度关注与自身分离的对象,这从一开始就很武断。旅游规划工作者在选择和组织旅游环境时如果只注重景观形式的立面,势必会割裂它们与所处自然环境与文化环境的紧密联系。旅游体验不完全是视觉的,它是综合的,包括了所有的感觉形式,需要一种开放的、积极的方式参与。此外,在旅游规划工作中,旅游规划工作者也应该避免产生自负心理。

二、市场途径

(一)真实性与满意度

市场途径对游客的需求较为宽容。游客的满意度是评价旅游规划工作的重要指标,这极大地激发了旅游规划工作者的创造力。他们工作的重心就是创造具有吸引力、竞争力和生命力的旅游产品,为游客创造满意的旅游体验。迪士尼乐园的诞生增强了市场途径的自信心,并树立了可供效仿的范式。游客在迪士尼乐园中真情释放、无忧无虑,正如阿诺德·柏林特(Arnold Berleant)所描述的:尽管到处都是人群和活动,但从来不会让人感觉到压抑,游客仿佛置身于仙境,日常生活的态度和行为已全然忘却。迪士尼乐园在20世纪90年代对我国产生了较为深远的影响,中华大地一时之间出现了形形色色的主题公园。同时,人们也对市场途径借由夸张的想象力所营造的旅游环境开始担心。实践证明,这种担心是必要的,市场途径本身所具有的光明前景激发了旅游规划工作者的冲动,真实性在有些人心中变得无关紧要,他们不会害怕产生什么不快的结果,因为市场途径所产生的成就感足以取代这种担心。以全国各地的民族村为例,村寨中拥有民族景观的复制品、民俗风情以及民族工艺品等,当然还包括这个村寨的人。有些旅游规划工作者试图通过这些来传输民族文化信息,但这些复制的景观以及灿烂的表现手法实际上包含了很多层面的虚构。即使某物本身是真实的,但其所处的背景也让它变得虚假。在这种没有民族真实生活场景的环境下,什么是真实的呢?是否还有一种真实的事物存在呢?

(二)催眠性和剥削性

市场途径注重为游客创造没有生活中各种限制的地方,详细的规划和精心的管理保证了时间和空间上的流畅性。景区内的每一个旅游项目、每一件物品似乎都是为了让人放松和愉悦而规划设计的，消费文化充斥着每一个角落。游客会发现在这里消费是件非常容易而且非常舒服的事情。在优美闲适的环境中，游客处于一种完全放松的状态，而无心去考虑这种微妙的渗透性。这种温和的方式是市场途径惯用的手法，它可以使游客放松警惕心而完全陶醉其中。以丽江古城为例，笔者在2007年初冬第一次走进古城，清晨的古城非常安静，哗哗的流水声显得异常清亮，当时正下着小雪，雪中漫步古城别有一番情调，古城如梦境，如仙境……渐渐地，雪停了，平静的古城开始热闹起来，古城的门窗打开了，映入眼帘的并不是期盼的纳西人民，而是琳琅满目的商店。后来笔者才发现在古城内与纳西人民邂逅是一件很困难的事情。游客在古城内乐此不疲地购物、尽情地消费似乎才是当下应该做的事情。一家披肩店内，一位纳西族装扮的女孩正忙着织布，并不时向游客推销她的产品。这种表演式的销售策略确实奏效，一会儿工夫便成交几笔生意。丽江古城俨然成为"消费主义者的仙境"，免费门票让人产生了一种金钱上的错觉。

市场途径几乎可以将每一件事物转化为可供消费的形式，比如旅游目的地的历史、文化，甚至还有当地居民的生活方式。这些改造影响着游客对民族文化的认知，在景观所制造的兴奋以及愉悦的购物环境中，隐藏在背后的文化信息被篡改的事实却被有效地接受了。当游客在温和的哄骗中愉快地接受市场途径所营造的环境时，他们实际上正在遭受着某种程度的剥削。这种剥削表象的弊端很隐匿，为了表现一种永久的美好形式，旅游地的现实被单向地摒弃了。生态环境恶化、民族文化信仰丧失、社区冲突加剧逐渐显现，但这些伤痛被一种温和的方式掩盖了。以云南西双版纳傣族园为例，泼水节被转化为可供游客消费的旅游产品，民族文化的实践意义却被过滤掉。再如，傣族园内不同的文化实体组成一个庞大的集合体，旅游规划工作者试图以此来描绘傣族的真实风貌，但这种文化碎片所构成的民族文化实体几乎不可能使游客真实地了解傣族。虽然这些形式具有一种强烈的认知性，能够带给游客愉悦感，但也因此失去了重要的文化内涵，甚至会导致严重的文化分裂症。

（三）旅游体验被过度包容

市场途径对旅游体验需求的宽容有时也会转变成一种过度的包容，所产生的影响是惊人的。首先，市场途径的过度包容可能使旅游成为一种新的"殖民主义"，使旅游规划工作者与其支持者如旅游地政府、社区以及旅游企业等陷入一种交易。这种交易经常因力量的悬殊而使旅游规划工作者对旅游地的责任感缺失。有些旅游规划工作者在发展旅游产业的名义下任意侵犯旅游地的自然资源与文化资源，甚至出现篡改、挪用的现象。他们认为旅游地的真实与虚构不是游客所关心的。丽江古城虽然还保留着民族建筑，但这仅仅是表面的真实，这里已没有纳西人民生活的场景，文化脉络已被切断，丽江古城实际上已经"易主"。其次，一旦旅游规划致使游客的旅游体验仅仅局限于一些主观、琐碎和肤浅的认知，旅游规划工作也就出现了价值观扭曲的问题，失去了其存在的本真意义。

综上所述，市场途径拥有创新的激情，也有着仁慈的、宽容的外表，能够使游客沉浸于令人愉悦的旅游产品交易中，这是值得肯定的。但是，应避免缺乏责任感的规划行为，要尊重旅游地的自然资源和文化资源，体现旅游规划工作的本真意义。

三、生态途径

（一）生态适宜性

生态途径尝试将旅游环境视为一种多层的、有着紧密联系的生态系统，追求旅游体验的生态适宜性。生态学强调自然世界由复杂、密切联系的生态系统所组成，每一种生态系统必须与其他生态系统相互配合，追求生态适宜。没有这种适宜，无论是单个有机体还是整个生态系统都无法长期生存下去。旅游环境中没有一个对象能够在孤立的状态下得以充分欣赏，只有将旅游环境视为一个相互联系、功能上相互配合的生态系统，旅游环境才能呈现出某种有机的连续性。为实现这种生态功能的适宜性，最主要的是将旅游环境塑造成相互契合的整体。比如，在香格里拉纳帕海湿地公园内，有极具特色、错落有致的土掌房，当地人民的生活情景与高原湿地在功能上相互契合，塑造出美丽的高原湿地景观。相似地，在婺源等诸多美丽的乡村地区，这种适宜性也体现得非常明显。当生态适宜性在这些地区得以实现的时候，这里所发生的所有事情便营造出一种自然和谐的、看上去本应如此的氛围。但是，这种自然的氛围并不像想象的那样容易维持，为满足游客骑马的需要，纳帕海已变得满目疮痍。旅游产业的快速发展使这种生态适宜性遭受到前所未有的威胁乃至破坏。

（二）如其所是地欣赏

生态途径还强调旅游环境应该被"如其所是"地欣赏。这是一个重要的观点，也是旅游体验的应然需求。依据生态适宜性，旅游环境的真实性指引着游客的旅游体验。笔者在梅里雪山雨崩村调研时发现，诸多游客主动请当地的村民做向导，并乐于体验原汁原味的土著居民的生活方式。游客关注的已不仅仅局限于雪山、冰川、湖泊等壮丽的自然环境，其他的方方面面都可能成为游客的兴趣点。哪怕是高山牧场的牛粪,也可能成为旅游体验中一个不可或缺的因素。最值得一提的是,雨崩村的一种区别于星级酒店的藏族客栈备受青睐,虽然条件简陋,但游客没有任何芥蒂地与当地村民同吃同住、欢声笑语,好不热闹。

(三)生态途径的窘境

生态途径不仅关心游客的旅游体验质量,还涉及环境的保护问题。它尝试将美学层面的"美"与生态层面的"好"联系起来,实现旅游体验的生态适宜。旅游环境中的所有旅游活动能够营造出一种恰当的氛围,一种看上去本应如此的氛围。这不仅能够满足游客的旅游体验需求,而且在生态上也是健康的。但是,有一点需要进一步明确,生态途径在处理自然环境问题方面显得得心应手,是因为通过自然科学知识可以把握自然环境的规律性,然而文化似乎没有这种相似的规律性。文化在旅游环境的塑造过程中扮演着重要的角色,它使环境中的不同有机体或者系统彼此间配合得非常默契,看上去就如同它们本应如此。这是生态途径所要极力维护的状态,并且这种状态可以提供更多的旅游体验趣味和价值。但是,由于文化规律难以把握,将环境塑造成看上去如同它们本应如此的因素可能遭到质疑,它们的价值甚至不会得到认同。因为这些因素在社会层面上可能涉及民族情感问题,在经济层面上可能涉及资源掠夺,甚至在政治层面上还会涉及腐败堕落。生态途径想直接将这些因素带到游客面前,因为这些负面因素也是构成旅游地生态适宜性的有机部分。但是这种方式无疑是在纵容那些伤害民族情感、掠夺资源以及腐败堕落的行为继续"塑造"旅游地的环境。难道存在这样一种规划思想,使得旅游规划工作者作出在道德层面上不负责任的规划吗?因此,如何将文化考虑带入旅游规划中,并通过寻找文化在旅游规划中的必然性,使得文化和自然协调一致,成为生态途径所面临的困境。

四、伦理途径

(一)旅游体验的伦理诉求

对于旅游规划而言,如果不考虑任何伦理问题,有可能导致不负责任的规划行为。例如,如果旅游规划工作倡导游客"如其所好"地参与旅游环境的欣赏,并以游客的名义肆无忌惮地挪用历史文化,那么这种行为产生的后果将会是惊人的。一些旅游规划中隐藏的虚伪操纵,可能致使游客意识不到社会、文化与环境正在出现的有害后果,已经发生的伤痛也在其营造的轻松氛围中被忘却。如果游客认识到这是不负责任的规划行为,他们还会对那些令人兴奋的旅游产品表示满意吗?

(二)价值判断与伦理途径

旅游环境具有两个方面的重要价值:一方面是旅游环境中对象的物理属性,可以称其为外在价值;另一方面是旅游环境带给游客的内在知觉价值,可以称其为内在价值。比如,当游客漫步于孔府时,他们看到的不单单是那些赏心悦目的建筑,感受到的也不单单是那肃穆的文化氛围,这里的一切深深地影响着游客的记忆与游览过程中的感受,从而生成一份深厚的文化情感。旅游环境所表现的内在价值通常是那些能够反映形成旅游环境本质的动力要素。这些要素涉及旅游环境的自然属性及社会文化属性。内在价值得以表达常常涉及两个价值判断:一是旅游规划工作者对原生环境的评估,二是游客对旅游环境的感知。旅游规划工作者的任务不仅是解决旅游环境如何欣赏的问题,还要给出相应的理由。如果涉及民族问题、资源掠夺问题或者是腐败堕落问题,那么这些价值的表达就会与伦理问题有着密切的关系,旅游规划工作者应对其进行评估并作出判断。当道德问题和旅游体验发生冲突时,促成前者的价值应该高于后者。无论是社会文化伦理还是环境伦理,其关注点在于旅游与社会、文化、环境之间的公正;一旦出现不一致的地方,就需要相互协调,按照公正的原则妥善地处理。

五、前景展望

综上所述,每一种规划思想都有其自身的局限性。艺术途径经常因过于关注旅游资源的自然维度而忽视其环境维度,限制甚至误导游客的旅游体验;市场途径也潜藏着巨大的威胁,如果旅游规划工作者以过度的功利心态去开展工作,也会使游客陷入极具催眠性的愉悦中,并导致不负责任的规划行为;生态途径倡导游客如其所是地欣赏,但在处理文化问题上显得力不从心;伦理途径强调游客的旅游体验应多一些伦理关怀,但在规划工作中仅限于原则性的指导作用。因此,科学的旅游规划工作应拓展思路、兼收并蓄,积极吸纳不同规划思想的精华,规避其潜在问题。综合以上分析,科学的旅游规划思想应该具有以下四个方面的特质。

(一)连续性:环境体验的视角

著名建筑师弗兰克·劳埃德·赖特(Frank Lloyd Wright)曾这样评价自己田园风格的作品:一个建筑应当看上去如同从场地中生长出来,并且被塑造成与周围的环境仿佛和谐共生一般。草原有其自身的美，应当认同（草原所具有的）恬静（韵味），并加以强化。因此，舒缓的坡屋顶、低矮的体量与恬静的天际线完美地融合在一起。同样地，旅游规划也应该尝试保持旅游环境的连续性。比如，文化景观是与特定地理环境相适应而产生的，已经与环境形成了良好的融合关系。沿海居民的海草房、黄土高原的窑洞、红土高原的土掌房以及西双版纳的傣族竹楼等，它们与环境之间均呈现出某种必然性。但是，社会的变迁使当地居民逐渐摒弃这些建筑。如何权衡原著居民的生活需求与乡土建筑的保护常常是旅游规划工作最为棘手的问题之一。当环境被概念化为一种景观时，有些旅游规划工作者的注意力不是放在乡土建筑和环境之间的必然联系上，而是转向了景观的整体构图和形式属性上。他们常用的手法就是选择某个视角、某个尺度，并运用标准的艺术手法如取景、框景等来展现景观的美。这样的景观虽然审美属性被大大增强，但通常是没有历史和内容的虚无的立面。但是，换一种视角，将旅游环境看成具有独特地质结构、地表形态和地域文化特色的环境，在处理上述问题时就会有所改观，至少不会为了追求华丽的立面来牺牲旅游环境的连续性。

（二）本真性：科学知识的指引

旅游体验不是没有任何意义和侧重点的生理感知。如同艺术欣赏需要艺术学知识一样，旅游体验也不应该将知识剔除在外，科学知识应该在旅游体验中扮演着重要角色。在科学知识的指引下，旅游体验会转化为富有意义的精神财富。例如，游客欣赏的焦点不再局限于环境中如画性的景观上，而是对其内在的价值进行探索，从而唤起更为丰富的情感升华。同样，游客所知晓的知识将产生对旅游体验而言适当的限制。比如，科学的生态知识可使游客与旅游环境之间保持适当的距离，有利于保护生态环境。所以，科学知识不仅与游客欣赏什么这一问题有关，而且与如何欣赏有关。旅游环境有多种类型，需要不同的欣赏方式。游客所知晓的知识能够告诉他们如何去欣赏。这就如同艺术一样，必要的艺术知识有助于对艺术作品的欣赏。因此，科学的知识可以为游客提供合适的欣赏焦点、欣赏边界以及相对应的欣赏方式，从而使游客更好地认识旅游环境的真实本性。同样地，旅游规划工作也应该由科学的知识所指引，在进行规划之前，旅游规划工作者必须知晓不同环境类型的性质、功能以及构成要素。同时，其规划行为也应该有利于引导游客采用正确的欣赏方式，因为不能期望游客一开始就具有相关的科学知识，也不能奢望游客去主动地接受这些科学知识。这也正是旅游规划的重要任务：如何通过合理的方式积极引导游客在科学知识的指引下去认识旅游环境的真实本性。

（三）功能性：旅游环境的结构

旅游环境是一种功能性的环境，但功能性的实现不仅仅局限于空间的组织，还应把时间和感知等因素纳入规划的考虑之中。旅游环境不单是各种景物、景观的聚集地，也是游客进行各种旅游活动的场所，具有复杂的结构。如果认识不到旅游环境内部所包含的时间概念，就不能很好地理解旅游环境。作为特殊参照物的游客在旅游环境规划中占有中心地位，旅游环境的功能性要反映游客的旅游体验要求。因此，要控制影响游客感知的条件。游客所处的旅游环境包围着游客，这种事实衍生了多重结果：游客不但身处体验对象之中，而且体验对象也构成了游客的体验环境。因此，当游客身处其中，体验对象就会强烈地作用于他们的全部感官。无论是停驻其间抑或是活动于其中，游客都目有所视、耳有所听、鼻有所闻、肤有所感，甚至舌有所尝。简而言之，旅游体验一开始就是开敞的、紧密的而且是包容的。因而，除了在空间组织上考虑游客的需求，旅游规划需要创造一个有主题故事的旅游环境，调动游客的多种感官，重视旅游体验的联系和不同的体验模式，使游客能够更好地感受异域文化空间的另一种生活状态和存在方式。

（四）伦理性：人文主义的关怀

对于人与环境的关系大致有两种观点：一种认为人始终独立于环境之外，而另一种则认为环境是有包容性的，包含着人类及其他一切。艺术途径和市场途径常被责难成人类中心主义，其规划思想被认为漠视环境的真实本性，始终将人独立于环境之外。这些观点也同样影响着旅游规划的价值判断和伦理标准。旅游规划工作会涉及非常复杂的价值判断，这些价值主体在根本上有着密切联系。要想使旅游规划取得成功，就必须改变通过否定或者消灭一方来照顾另一方的做法，必须正视和理解它们之间的关系。这并不表示所有的价值主体都拥有同等的地位，但必须承认每一方都有权被正视和认真对待。当想尽一切办法优化选择和作出抉择时，必须付出同样的努力，保持同等程度的尊重，而不是厚此薄彼。比如，在环境脆弱的生态旅游区修建公路，虽然保证了游客旅行的方便，也使环境看起来整洁许多，但它对环境的影响是不会在华丽的外表下被湮没的；再如，许多旅游地为保证能够获得巨大的经济效益，将世代生活的原住居民外迁并侵占他们的生活空间，将文化浓郁的生活环境变成消费主义的场所，并且为保证"原汁原味"的魅力标签，积极吸引原住居民参与表演或者服务，虽然经济补偿弥补了物质损失，但民族情感的伤害却是无法抹去的。因此，旅游规划必须被正确的伦理标准指引，尊重所有的价值主体。

第八章 大数据时代旅游服务创新

第一节 形体语言与旅游服务

随着经济的快速发展,旅游已经成为人们生活中的一个重要组成部分,对旅游服务人员的要求也越来越高。旅游服务人员不仅要有扎实的理论知识、扎实的语言功底,而且在旅游服务中要仪态端庄、大方得体,这就要求旅游服务人员正确地应用形体语言。

一、形体语言概念及分类

(一)概念

形体语言也叫非语言交际,主要是指通过面部表情、手势以及身体的姿态来表达思想感情的一种方式。形体语言是有声语言之外传达感情的工具,是沟通思想的桥梁。它像一种无声的语言一样展示着一个人的气质、爱好和文化修养。在旅游服务中形体语言得体,势必会一定程度上提升服务质量。

(二)分类

形体语言有很多种分类方法,本节主要从形体语言的概念上进行分类。按照形体语言的概念,可以将形体语言分为以下几类:

1. 表情语

表情语是指通过面部表情来表达思想感情的方式,通过眉毛、口鼻的动作引发感受的变化,是人们思想感情外部表现的主要方式之一。旅游服务主要涉及目光语和微笑语两种表情语。旅游服务人员在提供旅游服务的过程中要注意观察游客的一颦一笑、神色变化，从神态、表情等非语言行为中了解对方的弦外之音。

2. 姿态语

姿态语是指通过身体来传递信息和感情的一种语言形式。旅游服务主要涉及站姿、坐姿两种姿态语。用优美的仪态来进行表达能获得更好的效果。

3. 动作语

动作语是指通过身体某一部位的动作来传递感情和信息的一种体态语言。旅游服务主要涉及首语、手势语两种动作语。优雅的动作能体现旅游服务人员的高素质。

二、形体语言在旅游服务的作用

形体语言是一种无声的名片，它在无声的世界里向游客展示旅游服务人员的气质、才干、阅历和精神面貌，在旅游服务中起到不可忽视的重要作用，直接关系到游客的满意度和影响到旅游事业的繁荣与发展。

（一）带给游客更多美的感受

形体语言属于仪态美学的范畴，恰当地使用形体语言，可以展示一个人良好的仪态，不仅能给游客留下良好的第一印象，带给游客视觉上的美感，而且会产生晕轮效应，在一定程度上影响游客对旅游从业人员的看法和后续的旅游服务工作，同时从侧面反映出所代表的旅游服务公司的形象和服务水平。因此，旅游服务人员在旅游服务工作中一定要重视形体语言并正确地使用形体语言。试想一下：一个穿着整洁、大方的旅游服务人员和一个衣衫不整、不修边幅的旅游服务人员，游客会更喜欢哪一个呢？答案肯定是：游客会更喜欢干净、整洁、利落的旅游服务人员。

（二）营造和谐的旅游氛围

在旅游服务中，旅游服务人员除了要提供周到细致的服务，还要尽量营造一种热情、和谐的氛围，主要是通过面部表情，比如微笑来营造这种氛围。微笑是唯一一种全世界范围内通用的语言。旅游服务人员面带真诚的微笑能让游客在短时间内迅速消除陌生感，感到亲切自然，引发旅游者内心的好感，拉近与游客之间的心理距离。除此之外，在旅游服务工作中，微笑也会给旅游服务人员带来工作的热情，旅游服务人员会自然而然地向游客提供真诚、热情的服务，营造出和谐的旅游氛围。

（三）表现旅游服务人员高雅的气质

良好的仪态像一种无声的语言，能展示一个人的气质和精神面貌。旅游服务人员的一言一行不仅反映了个人的素质水平，而且展示了一个地区、一个民族甚至一个国家的精神面貌。站、立、行，一颦一笑皆是语言，在服务过程中都在无声地传达某种信息和感情。旅游服务人员的形体语言优美，不仅能表现得落落大方、和蔼可亲，给游客带来美感，而且能无声地展现个人高雅的气质，传递一种文化。

三、形体语言在旅游服务中的正确使用

（一）注意服务姿态，提高服务质量

服务姿态是旅游服务人员综合素质的体现，旅游服务人员要注意自己的站姿、坐姿、走姿等。中国人讲究"站如松"，在站立时要像松树一样挺拔；讲究"坐如钟"，在坐下时动作要轻而缓，坐在椅子的三分之二或二分之一处，女士双膝并拢，体现女士的矜持与端庄；讲究"行如风"，行走时要像风一样轻盈，双臂自然摆动，摆幅适中，矫健大方。特别需要指出的是，在服务过程中不要突然无理由地奔跑，这种行为会给旅游者带来不必要的恐慌。

（二）正确使用面部表情和眼神，营造和谐的工作氛围

首先，在服务过程中要面带微笑。微笑是不用翻译的世界语言，它传递着亲切、友好和热情，可以产生意想不到的效果，具有无穷的魅力。其次，表情语在传递细微感情方面有着不可替代的作用，尤其是眼睛。眼睛是心灵的窗口，人类87%的信息来自视觉。巧妙运用目光语不仅能传达千变万化的感情，更能起到调节气氛、加强沟通交流的作用。在服务过程中，旅游服务人员要注意有收有放，根据与他人交流的情况和个人特点适时地展现微笑，而且微笑要诚恳和发自内心，这样才能让游客产生温暖、共鸣。

（三）选择端庄而富有民族特点的服饰，传递民族文化

服饰是一种文化，得体的服饰会起到画龙点睛的作用。旅游服务人员的服饰不必像礼服那样奢华昂贵，但是一定要端庄、大方，符合个人的形象和气质，更要符合自身的身份和所从事的工作，当然，可以根据具体的服务工作内容选择庄重而富

有民族特色的服饰，这样不仅可以向游客传递民族文化，而且会给游客带来一场别样的视觉盛宴。

形体语言既代表了旅游服务人员的个人形象又代表了企业现象。需要特别指出的是，在服务过程中，形体语言一定要职业化、个性化，而且要随着服务的具体内容有所调整，在国家历史、文化传承等方面一定要体现出严肃的态度。

重视旅游活动过程中服务活动的细节，恰当使用形体语言，提升旅游服务人员的素质是一个只有起点没有终点的系统工程，每一位旅游服务人员都应该自觉规范自己的形体语言，遵守礼仪规范，从而赢得游客的信赖和掌声。

第二节　旅游语言与旅游服务

在社会不断发展与人们物质生活水平不断提高的今天，我国的旅游行业得到了飞速的发展。对消费者来说，他们对旅游的需求也越来越多样化，这使得许多旅游企业要不断地改进自己的经营手段，并不断地对旅游资源信息服务平台进行开发、创新与应用，从而保证综合型旅游产品的提供，实现旅游业的现代化。

如今，我国的信息技术不断地发展，在带动社会上各行各业发展的同时，也带动了我国旅游产业的发展。旅游产业需要信息技术作为支持，优化结构，为游客提供优质服务，满足不同游客的需求。本节基于现如今我国旅游产业的发展，讨论当下流行的二次元元素，将其应用于旅游资源信息服务平台，极大地增加了平台的便利性，且增强了视觉效果，将不同区域的特性展现得淋漓尽致，使区域的地理坐标、特色风景等风格化，提升了不同区域的品牌效果，极大满足了不同游客的多样化需求，丰富了游客的旅游体验，对现代化的旅游产业来说意义重大。

一、二次元含义简述

很多人都接触过二次元文化，尤其是学生群体，对动漫、3D手游与网游等十分热衷，网络上到处可见与这些内容有关的贴吧、群、社团、组织等，可见二次元概念在广大年轻人中广泛普及。二次元这个概念源自日本，本意指二维空间。众所周知，日本是二次元漫画的发源地。二次元曾一度被广泛应用于漫画、动漫以及游戏等文化圈中，类似于人们想象出来的美好世界或唯美结局，可以给人们带来极好的视觉体验。人们在二次元世界中有着各种美好的憧憬。

二次元概念如今从漫画、动漫、游戏中逐渐地被延伸到很多领域，如旅游产业，形成了一种文化。从以上的分析可知，我国大多数青少年受到二次元文化的积极影响，很多喜欢二次元的人成为二次元文化的粉丝，二次元文化在我国已成为一种主流文化。有专家曾预计，我国二次元群体的总人数将持续增加。二次元群体的共同特点是喜欢传播，且会不自主地消费。因此，有必要对二次元文化进行研究，创新旅游资源信息服务平台，增加平台的粉丝量，推动旅游产业更好、更快地发展。

二、在旅游资源信息服务平台的开发中应用二次元的重要意义

现如今，二次元不断地渗透人们的生活，包括上海迪士尼乐园、大连发现王国主题公园等知名旅游场所都有其身影，可以说二次元驱动着中国旅游产业的发展。因此，在旅游资源信息服务平台的开发中应用二次元是大势所趋。二次元应用于线上旅游服务平台有以下几个特点。

（一）便利性强

二次元具有二维性，二次元旅游资源信息服务平台可以对旅游资源信息进行分类管理，并准确放置于景点的坐标中，其呈现出来的景点在视觉上给人在图中旅游的感觉，比传统的旅游资源信息服务平台更具便利性。首先，可以使景点的位置更加清晰，给游客以视觉体验。游客可以直观地知晓每个景点的位置，从而对自己的行程作出安排。而且景点的信息量较大，与高德、百度等地图软件相比，二次元旅游资源信息服务平台更具便利性，游客可以不受其他信息的干扰。其次，查找信息方便。较之传统的旅游平台，二次元旅游资源信息服务平台省去了游客大量的时间，为游客提供了便捷、到位的服务，游客不需要花费大量的精力去筛选信息，不需要切换页面就能看到全部的旅游资源信息。

（二）视觉体验感强

二次元与艺术完美结合，在旅游服务平台的应用中具有一定的特色。二次元旅游资源信息服务平台可以给游客带来美的视觉体验，具有独特的魅力。人们在介于现实与虚拟之间的体验中能够得到快乐与享受。二次元旅游资源信息服务平台可以将现实存在的旅游资源通过夸张的艺术语言信息、唯美的造型表现出来，极具想象力、创造力，可以满足游客对美的追求以及对目标景点的向往，让游客像憧憬美好未来一样想要迫不及待地去往心中的圣地。

(三)展示景点区域特色

二次元在旅游资源信息服务平台的应用可以让所表达的景点信息具有生活元素,将区域的特色及外观以具有审美逻辑的方式展现出来,并赋予其独特的造型风格,使得区域景点的文化特色得以重塑,彰显形式更具特色,并提升人们的认同感,促进区域特色及文化的传承,符合新时代的文化追求,具有与时俱进的特点,构建出民族的、社会的特色景色。与传统的旅游服务中过于单一的景点图片相比,二次元旅游资源信息服务平台所提供的景点信息更加直观,更符合现代社会的审美逻辑。

三、二次元在旅游资源信息服务平台中的应用形式

(一)景点位置的拟人化

国内、市内以及区域内的所有景点都可以应用板绘技术来实现拟人化。通过拟人化的方式进行表达,并融入高科技手段的地图技术,除了可以准确地描述景点的地理位置,还可以以独特的二次元艺术来对人们造成视觉的冲击,将区域景点坐标用二次元角色来表示,将二次元地图呈现出来。这样的形式可以起到加深游客印象的作用,使游客对区域景点有所了解,并达到吸引游客的目的。基于此,板绘不能只注重区域景点的表面,还要讲究表现手法,在角色形象上融入一些元素,表现出该区域的形象,让游客可以产生一定的联想。将二次元的具体应用形式与实际要表现的区域结合起来,可以发现其中应加入区域中的角色的独特的、可令人产生无限遐想的魅力。在实际的应用中,角色的表现形式应具有现代审美逻辑。可以利用二次元角色的服装、造型、动作等把区域所具有的独特的魅力体现出来,然后将区域景点中的历史、文化等要素展示出来,让景点所表现出来的美感动游客。

(二)风景图像的风格化

在设计中,设计师要进行实地景点采集,然后以此为依据在设计中将这些现实中的景与物体现出来,实现景与物的重组,构建出一个电子版的世界。这个过程讲究一定的功夫,要将自然景色、文化特色以及社会环境等元素综合地表现出来。在此过程中,利用板绘技术对各种元素进行整合,加入二次元风格,结合元素所具有的特色来呈现具有创作力、新颖的风格,以极具艺术性的表达手法来吸引游客,并将所要表达的内容展现出来。在风景图像中融入二次元元素,可以有效地利用二次

元风格将其中所蕴含的区域景点的风光特色以最精致的形式展现出来，利用旅游资源信息服务平台的虚拟网络空间来打造一个具有现实世界特点的唯美的世界，给人以美的视觉体验，让人无限遐想与神往。

综上所述，二次元文化在广大青少年的心中已根深蒂固，未来还会吸引更多人的关注。将二次元文化应用于旅游资源信息服务平台的开发利用中，可以将区域景色、文化内涵等以别具一格的形式展现出来，吸引人的眼球，给人以良好的旅游体验，未来有着很好的发展前景。

第三节 翻译服务与跨境旅游

随着经济全球化的逐步深入，全球化得到迅速发展。作为全球化的一个重要内容，文化全球化已经成为当今世界的一个重要现象。文化全球化中的语言差异导致旅游服务中的翻译服务需求量与日俱增。智能翻译的出现一定程度上缓解了翻译服务紧缺的难题，但其在语音识别、情感等方面还存在一定的局限性，在很多方面远远达不到优秀的人工译员的精准度与感染力。基于此，笔者通过访谈式调查，对比分析智能翻译与人工翻译在跨境旅游中的应用现状，发现这两种翻译服务在跨境旅游中还各自存在着一定的缺陷。在智慧旅游服务中，为了使翻译服务能够更好地满足不同人群的需求，融合运用两种翻译方式将会带给跨境游客不一样的旅途体验和感知。

在文化全球化的影响下，跨境旅游这一热潮也随之出现。2023年，国内旅游人数约45.5亿人次，同比增长约80%，约恢复至2019年的76%。实现国内旅游收入约4万亿元，同比增长约95%，约恢复至2019年的71%。

跨境游客量的增长致使旅游服务中的翻译服务需求量与日俱增。目前研究翻译服务的学者将视角更多地集中在政治、经济、教学、医疗等领域，例如，熊伟提出大国外交呼唤更多更好的翻译服务，赖文斌谈及语言服务中的口笔译在中小企业对外贸易中的作用，唐蕾等研究了智能语音翻译对外语教学的启示，孙疆卫等研究了翻译服务在助力抗击疫情中的应用。而翻译服务在跨境旅游中应用的相关问题研究领域却极为罕见。基于此，本节通过访谈式调查，研究智能翻译与人工翻译在跨境旅游中的应用现状，以此来弥补研究空白，同时也为翻译服务在跨境旅游中更好地融合发展提供理论参考。

一、研究对象及数据来源

本节采用访谈式调查,对一部分旅游企业、导游和旅游者进行语音访谈,最终将访谈记录整理成文字,作为本节研究的一手数据。鉴于疫情期间数据获取较为困难,本节的跨境旅游研究对象主要是我国的出境旅游者。

二、翻译服务在跨境旅游中的应用现状分析

(一)人工翻译在跨境旅游中的应用现状分析

根据中国旅游研究院的年度出境旅游报告,2018年组团出境旅游的游客比例达55.24%,50.65%的受访者(多为出国旅游次数少、经验不足,有老人和小孩,希望省心省力、有人服务的中高收入人群)参加旅游团的意愿强烈。中国已经是世界上第一大出境旅游客源国,超过半数的出境游客之所以选择跟团游,主要是因为语言不通。

人工翻译仍是目前跟团出境游的首选,这与它自身的优势是密不可分的。首先,人工翻译具有一定的灵活性和时效性。人工译员除了能够掌握语言表面层次的信息,还能够掌握其背后的文化内涵,根据不同的文化知识及时、灵活地处理翻译中的文化差异,减少文化障碍,进而使文化得到有效的传播。其次,人工翻译更具有人性化。人工译员可以根据语境和语气判断出说话人的情感倾向,通过肢体动作、表情、语音语调等,与客户有效地进行交流,以调整翻译用词、改进翻译效果,更好地提供翻译服务。

但是,人工翻译也有一定的局限性。首先,受到精力和体力的限制,人工翻译的工作时长和词汇翻译的效率无法与智能翻译相媲美。其次,高水准的专业口译员匮乏,费用也不菲。再次,人工译员对专业及生僻词汇记忆和多语种翻译能力不如人工智能。最后,人工翻译缺口很大,质量参差不齐。

(二)智能翻译在跨境旅游中的应用现状分析

智能翻译是需要借助大数据、人工智能、云通信等科技的支撑,以智能翻译设备和翻译软件为载体,提供语音翻译、拍照翻译等服务的行为,主要区别于人工翻译,其翻译质量是人为因素不可控制的,译文在语序上达到了更加接近人工翻译的

程度，展现了取代一些初级译员的潜能。

目前，出境游逐步年轻化，"90后"逐渐成为出游主力军，后起的"00后"也在慢慢成长。2018年，"90后"的游客占比为18%，"00后"占比为13%。年轻群体中尤其是"90后""00后"热衷于"说走就走"的旅行，倾向于出境自由行。对游客来说，在问路、购物、点菜时遇到一系列的语言沟通问题，除了用手势，也可以使用智能翻译设备、软件手动输入，或通过语音识别进行翻译。游客如果不认识标识或菜单，可以直接使用拍照翻译功能，智能翻译会将照片内的英文内容识别出来并且翻译成中文。第三代的智能翻译设备还支持全球上网、离线翻译，甚至变身AI语音导游进行景区导览。另外，一些研发公司对智能翻译设备实施"租售并举"的方式，促进了游客对智能翻译服务的使用与体验。

1. 智能翻译在旅游服务中的优势

第一，智能翻译不受时间和地点的限制，游客出行相对更自由，而且翻译速度快、效率高，大大降低了人工投入的成本。智能翻译能够在较短的时间内完成多语种多语言的翻译。比如科大讯飞的翻译机能支持59种语言的互译，覆盖全球200多个国家。

第二，专业用词或生僻词汇的存储量大，并且实时更新词汇储存库，进行更正记忆。借助大数据这一技术，智能翻译拥有自己强大的词汇储备库，可以随时随地提取出旅游中需要的专业的或是接地气的表达方式；对一些出错频率高的词汇，会进行存储。

第三，在新型冠状病毒感染疫情防控期间，防控常态化、旅游服务的无人化更是为智能翻译的应用提供了广阔的空间。在酒店中，通过人工智能翻译设备，一方面可以吸引游客的注意力，另一方面可以通过无人化的科技服务来减少人与人之间的接触。

2. 智能翻译在应用中存在的问题

智能翻译的优势促使很多公司纷纷加入智能翻译这一领域，催生了各种各样的翻译设备和软件的问世，翻译功能也在逐渐增多，但是智能翻译依然存在瓶颈，翻译效果与质量仍然不尽如人意。造成这些问题的不仅有技术上的因素，也有语言学、语义学等领域的因素。因为人类语言在实际的应用中是复杂的，翻译也不仅仅是对字面意思进行转换。通过问卷数据的整理发现，智能翻译主要存在以下几个问题：

第一，对数据的依赖程度很高，如果数据有缺陷，智能翻译的质量也会受到影响。高质量及大规模的数据获取是智能翻译的基础，但是数据积累的速度无法及时满足要求，甚至有时只能在错误发生后进行补充或更正。在语言翻译的过程中，涉及某些领域的专业词汇、网络用词和常识俚语等，到目前为止，机器还没有方法很好地翻译。语料库中没有的，它就不能理解，也无法翻译。

第二，智能翻译是没有感情与感染力的，它可以完成直译的任务，但难以胜任意译的要求。机器没有足够的抽象能力和理解能力，无法完成需要理解语境有感情地翻译的语句，缺乏亲和性，在某些方面无法引起游客的共鸣。

第三，受到噪声环境、口音、语气和语音等方面的困扰，智能翻译的连贯性和准确性也有待提高。

三、研究结论

人工翻译可提供人性化服务和灵活性，仍是组团游客的首选，配备一到两个人工译员以提供人性化与精准的服务仍是目前的趋势。但是由于人工翻译的匮乏与其自身局限性，不能根据游客自身的特点采取个性化的介绍，无法满足部分游客的需求。

智能翻译服务是目前大多数自由行游客的选择，凡涉及出行、购物、饮食、住宿等场景的基本沟通，智能翻译基本可以解决。但由于智能翻译需借助于智能翻译设备和软件，且过分依赖于大数据提供的资源，在精准度和感染力等方面都有很大的发展空间。

综合来看，在跨境旅游中，智能翻译和人工翻译各具优势。目前，智能翻译只能够取代人工翻译当中比较单一的部分，要想使智能翻译更多地参与智慧旅游服务，不管是在技术上还是在应用上，仍需要相当长时间的发展与完善。对优秀的人工译员而言，所面临的不是智能翻译带来的挑战，而是其给予的巨大帮助。因此，在智慧旅游服务中，针对不同的游客需求，通过二者的融合能带给跨境游客不一样的旅途体验和感知，更好地促进文化的输出与传递。

在中国某些历史文化深厚的景点，人工翻译大多会按照展馆顺序或者时间顺序进行讲解，忽略了游客的个性化需求与兴趣，使得人工翻译服务与游客的现实需求背离。若将智能翻译设备引入，则游客除了听人工翻译的讲解，还可以通过智能设备提供的智能翻译服务进行交流，里面植入的很多关于景区的信息，可以帮助他们更加自由地行动；通过智能翻译设备对景区的整体介绍，游客可以对景区有大致的了解，人工翻译只需对游客存有疑惑的问题进行解答，让游客了解历史文化资源的发展脉络，解决因文化背景不同造成的理解偏差，就能更好地服务于游客，促进文化的交流与传播。

另外，中国的智能翻译设备研发公司可通过与政府、景区或者酒店合作，利用智能翻译服务的全球化使游客的出境游变得更便捷，使跨语言沟通变得更简单。在国内，一些小景区一方面希望外国游客前来旅游，而另一方面又担心有语言障碍。研发公司可帮助他们配备智能翻译设备，为外国游客提供智能翻译服务，方便外国游客入境游。

在国外，中国的研发公司可与当地的旅游局合作，在各大景区游客中心及旅游团中直接配备智能翻译机，使中国游客在人工翻译的带领下，在智能翻译设备的辅助下能更好地畅游。

第四节　自助服务设施与旅游产业的发展

本节通过对自助服务设施在旅游业六大要素中的应用现状梳理，分析其应用价值和潜在问题。自助服务设施给旅游者带来了便捷服务和新奇体验，为旅游企业节约了成本并展示了企业的形象与品质。然而，复杂的操作设计、难以弥补的服务失败、使用者的态度差异、缓慢的推广进程也制约了其进一步发展。笔者提出对自助旅游服务设施的发展展望，以期为我国旅游信息技术研究提供有益的参考。

一、自助旅游服务设施的定义

自助服务技术最早出现在20世纪80年代早期，以自动柜员机、自助加油机为代表，21世纪初互联网的应用与发展，使其拓展到各行各业之中。自助服务技术最早被定义为顾客凭借企业技术硬件，利用自身知识完成服务过程的技术。有学者认为自助服务技术是一种高效的交互方式，服务过程无须受空间与人工面对面交互的限制，同时将自助服务技术划分为四类：电话交互技术、互联网技术、电子设备交互技术和影音播放。

服务设施是技术的载体，根据载体的不同，自助服务技术可以被划分为两种类型，即物理渠道自助服务和虚拟渠道自助服务，前者以实体的硬件设施为平台，后者以网络软件系统为基础。旅游设施是指旅游目的地旅游行业人员向游客提供服务时依托的各项物质设施和设备，所以自助旅游服务设施应界定在物理渠道的类型之中，可以被理解为旅游行业帮助游客自主完成旅游服务过程所提供的物质设施。传统上对旅游企业或旅游目的地服务质量的讨论，习惯于将其划分为硬件（有形设施设备、实物产品）质量和软件（无形劳务服务）质量两部分。然而，自助服务设在旅游业中的应用已模糊了其中的界限，它既是有形的物质设施，又包含游客自主完成的服务项目，兼具旅游设施与服务的双重特点。

二、自助旅游服务设施的应用现状与分类

（一）餐饮类自助服务设施

餐饮类自助服务设施可以满足游客对快捷餐饮的需求并分担景区服务压力。除了简单的零食贩卖机，更加复杂的餐饮形式也正被尝试着自助销售给游客，例如浙江湘湖景区提供具有冷藏、消毒和加热功能的盒饭自助销售机，意大利生产的比萨自助售货机，可以供顾客自选口味并观看制作流程。即使就餐时间充裕，餐饮类自助服务设施的体验性与个性化同样可以增强游客的旅游兴趣。欧美许多国家的森林公园、汽车露营地等场所都提供免费的自助烧烤台，为游客提供了亲近自然的餐饮方式，使旅游者享受返璞归真的情趣。温州纱帽河、无锡蠡园等景区引入国外流行的自助冰激凌店，满足了消费者的好奇心，让游客可以吃出新鲜和创意。

（二）住宿类自助服务设施

住宿类自助服务设施产生于21世纪初，主要指酒店应用的自助入住与退房系统。在波兰丽笙酒店，顾客通过自助服务可以在30秒内完成酒店入住与退房，大大节省了顾客的服务等待时间。除此之外，酒店自助服务设施还可以提供更为丰富的服务。马里奥特酒店集团的自助服务机可以提供打印、会员礼物选择等功能，并作为酒店营销平台进行使用。凯悦集团在北美的酒店自助服务机可以供顾客自主选择报纸递送、送餐服务，并预订当地的旅游产品。

（三）交通类自助服务设施

交通类自助服务设施是基于智能交通系统的服务平台。在旅游行业中，自助交通工具租赁、智能导视系统、自助停车设施已经在旅游目的地和景区加以运用。杭州西湖景区设立30个公共自行车租赁点，游客可以在办卡后实现自助借车，类似措施随后在济南趵突泉、苏州石湖等国内很多景区得到推广。导视系统是帮助游客实现自助旅游的基础设施，除了传统形式之外，智能导视系统可以给游客带来更多便利。合肥野生动物园在出入口、主要展馆与交通节点建立不同高度的多媒体导览地图台，便于成人和儿童通过触摸进行自助导览和信息查询。自助停车设施起源于

1935 年在美国俄克拉何马城投入使用的自动停车计时器,现已发展为管理、收费、服务几项功能一体化的智能自助服务系统。常州环球恐龙城停车场通过高清摄像机识别车辆信息,运用车辆引导系统帮助游客顺利泊车,车主可以选择自助缴费机、人工缴费、二维码支付等多种方式缴纳停车费。

(四)游览类自助服务设施

游览类自助服务设施主要分为固定式和便携式两种。固定式自助服务设施以信息触摸屏为主,通常包括景点介绍、信息检索、音视频播放等功能,现已作为我国景区质量评定的标准之一,在旅游目的地集散中心,景区游客中心等处广泛应用。便携式自助服务设施以电子导游讲解器为代表,发展至今大致可分为 5 种类型:大范围广播式、无线发射式、录制点播式、红外感应式、定位导航式。比较先进的红外感应式自助讲解设备可以感应游客行为,并定向广播介绍内容,在上海博物馆、重庆三峡博物馆等许多室内旅游场所应用。定位导航式设备是户外自助导游设施的主流,其运用移动定位和 GIS 技术,通过设备实时获取游客所处的地理位置信息,自动判断并讲解景点内容。

(五)购物类自助服务设施

购物类自助服务设施包括自助销售设施与自助结账设施。自助售货机是商业自动化的常用设备,销售的商品从食品饮料、旅游纪念品逐步发展到户外用品、运动鞋等旅游装备以及香水、珠宝等高端产品。自动售票机是自助销售设施在旅游行业应用的典型案例,从 2007 年开始,在我国九寨沟、普陀山、乌镇等景区陆续投入使用。九寨沟景区、上海世博园等地的应用实践表明,自动售票机具有方便快捷、24 小时工作的特点,销售过程仅需 20~30 秒。自助结账设施是借助电子价签和无线射频识别技术帮助顾客自行扫描商品进行结账的设备,美国塞班岛、丹麦乐高主题公园等旅游景区的纪念品商店广泛应用了此项技术。

(六)娱乐类自助服务设施

自助娱乐设备大多为简单安全的小型娱乐项目,游客可以查阅项目说明自行操作。现代自助娱乐设备往往依托于多媒体技术创造的虚拟环境,通过故事化的表达方式,带给游客丰富的视听感受和情感体验,在博物馆、科技馆等室内旅游场所较为常见。在伦敦科学博物馆,游客可以亲自操作电浆球,了解火箭发射台,可以进入到飞行模拟驾驶舱获得驾驶体验。在瑞典卡尔斯克鲁纳海事博物馆,游客可以在游戏中向对方的军舰开炮,听见逼真的战斗音效。在南京科举博物馆,游客可以参加虚拟科举考试,并感受金榜题名的过程。

三、自助旅游服务设施的应用价值

(一)提供便捷服务

自助服务设施的应用价值首先在于其服务的便捷性,主要包含方便自由和高效快捷两层含义。自助服务设施的服务时间长、范围广,很多设施可以24小时工作,甚至可以异地工作,例如:檀香山机场设立希尔顿酒店自助入住机,上海世博会则在银行、邮局、地铁站设立自动售票机,方便游客自由选择接受服务的时间地点。除此之外,旅游者还可以通过自助导游器、智能导视系统等设备自主选择游览信息和服务内容,而不是接受固定的人工服务程序。由于旅游行程时间紧,游客大多希望服务高效迅速,而在旅游旺季或热门旅游目的地,数量众多的游客给旅游企业服务带来巨大压力。马通明调查发现,长白山景区在2013年国庆期间游客排队购票时间竟长达2个小时;冯刚等对九寨沟景区的调查发现,由于就餐游客过于集中,等待时间长而实际就餐时间短,导致游客满意度降低。如果引入酒店自助入住机、自助售票机等自助旅游设施则可以在短时间内完成服务过程,减少顾客等待时间。NCR公司的研究表明,自助服务设施可以减少20%的服务过程时间和40%的服务等待时间,其便捷性对旅游者很有吸引力,也为旅游企业缓解客流压力提供了解决方案。

(二)创造新奇体验

顾客对服务质量评价来自服务期望与结果之间的差异对比,由于旅游是一种高层次的精神需求,游客对旅游期望普遍较高,要想游客愉悦就需要创造惊喜的产品并让游客参与体验服务过程。自助服务设施大多基于信息技术研制,从外观到内容都时尚新鲜,又因为其自助服务的特点,游客可以全过程参与服务过程,易于产生惊喜体验与操作成就感。游客在法国卢浮宫可以租用任天堂3DS多媒体导览设备,透过其裸眼3D屏幕欣赏立体油画,体验更加逼真的参观感受。有学者对酒店信息技术应用的研究表明,酒店自助设备与使用者形成一种服务合作者的关系,顾客更加信赖自己的操作过程,容易产生愉悦感。旅游业是体验经济时代的代表性产业,而自助服务设施为游客营造的新奇体验与体验经济的本质属性不谋而合,在旅游业中将有广阔的应用前景。

(三)降低服务成本

旅游业是劳动密集型产业,人力成本占企业运营成本的很大比重。虽然目前没有关于自助服务设施与旅游企业人力成本关系的研究报告,然而类比其他服务行业,不难发现它将是缓解旅游企业成本压力的可行方案。人力成本的降低源于采用自助服务技术后企业可以提高服务效率,并使顾客享受自主创造的劳动成果。企业可以在保证服务质量的同时,合理分配相应岗位的工作人员,这对于旅游企业和旅游者来说无疑是共赢的。

(四)体现企业品质

信息科技是旅游业发展的重要驱动力,是酒店业发展五大要素之首。高玲等分析认为,科学技术是提高旅游企业核心竞争力的主要因素,可以改善旅游企业内外部环境,提高企业应变能力,促使消费者对企业保持忠诚度。首先,自助旅游服务设施是旅游者和旅游科技接触的重要平台,其便捷性与易用性会提高旅游者满意度;其次,自助服务设施的新颖性和体验性易于给游客带来惊喜体验,比起一般程度的满意而言,惊喜体验是影响顾客口碑效应和忠诚度更加重要的因素。

四、应用自助旅游服务设施的现存问题

(一)复杂难懂的操作设计

王姗姗曾经这样形容高科技自助服务的负面影响:"科技的飞速发展剥夺了人类以往熟悉的记忆和情感,产品华丽的外表下隐含着让用户无法分辨的复杂信息,经常会让用户感到惊慌失措,浪费大量时间。"人们不禁思考在将高科技植入自助旅游服务设施,试图给游客带来方便的同时,其预期效果是否能够真正实现。莫伊特等分析了顾客使用自助设备失败的原因,其中 36% 的失败是因为不良的技术或服务设计所造成的。有学者发现,当酒店自助服务设施操作过于复杂时,游客宁愿使用等待时间更长的人工服务。游客往往行程时间紧张,有时候异地旅行还存在着语言障碍和操作习惯差异,面对复杂难懂的服务设施时,没有时间和能力去细细琢磨,这就导致某些自助旅游服务设施使用率低下。

（二）难以弥补的服务失败

根据相关调查，大多数受访者提到不愿意使用自助服务设施的原因是技术失败，这包括机器无法运转和操作过程出现差错。有学者认为，技术和服务的失败是人们停止使用自助服务设施的首要原因。任何服务都有可能产生失败，自助服务的出错机会并不比人工服务多，然而自助旅游服务设施的失误却更加难以弥补。首先，时间上难以弥补，企业运用自助服务设施的目的就是代替相应的人工服务，很多自助服务设施附近没有服务人员。当自助旅游设备发生故障时，企业需要派人前往帮助，而旅游行程时间有限，游客往往来不及等待帮助。其次，空间上难以弥补，旅游活动的异地性使得企业大部分的补偿服务因为难以实现而失去意义。再次，服务内容上难以弥补，以娱乐类自助服务设施为例，它们大多科技含量较高，运用多媒体信息技术提供服务，一旦设备故障，人工服务无法代替。最后，旅游体验难以弥补，旅游活动强调体验性与精神愉悦感，自助服务设施高效方便的特点又提高了游客的预期，一旦遇到服务失败，游客会觉得非常沮丧并且影响整个旅游活动的心情和体验。

（三）态度各异的使用人群

即使避免了技术失败，简化了操作过程，自助服务设施还是无法受到所有游客的喜爱，因为使用者态度差异明显。首先是技术焦虑，表现为使用者对计算机的非理性恐惧感和避免使用计算机的行为。自助旅游服务设施的使用对象大多是中青年人，而老年游客往往对其望而生畏。李果对张家界国家森林公园的调查发现，55岁以上年龄段的游客对电子导游仪和手机导游的使用度明显低于其他年龄段的游客。技术焦虑不仅影响使用者对自助服务设施的使用选择，而且影响他们的使用体验。然而这种来自使用者内心的技术焦虑，难以通过外在调整改变。其次是文化差异，在社会等级差异比较明显的地区，拥有权力的阶层会觉得使用自助服务设施是降低身份的表现，在强调规则和传统、不确定性忍受程度低的社会风气中，人们也不容易接纳自助服务设施。最后应当承认，人与人接触是旅游过程的一部分，部分游客更享受人工服务中交流的乐趣，如空巢老人、退休者或缺乏朋友的人，所以他们也不愿意使用自助服务设施。

（四）缓慢艰难的普及过程

由于技术和使用者方面的潜在问题，自助服务设施在旅游业中的普及速度是比较缓慢的。以酒店为例，尽管有 43% 的顾客愿意使用自助服务设施，然而在现实的旅游过程中，有 62% 的顾客从未实际使用过酒店自助服务设施，只有 7% 的顾客经常使用。从游客的角度看，习惯使用自助服务设备需要经过了解、调查、评判、试用、重复使用、依赖六个阶段，并非一蹴而就的事。同时，旅游企业也对其应用保持谨慎，虽然自助服务设施可以降低人力成本，但是开发投入和维护费用相应升高。在技术成熟和推广之前，需要较高的前期投入。上海世博会开发电子导游设备花费几百万元，但日均 40 万的参观者中，只有 100 多人租借，导致开发企业难以收回成本。度假酒店则担忧自助服务设施的使用障碍和低使用率，所以 56% 的运营商并不打算短期内应用此项技术。研究发现，当自助服务设备应用推广缓慢时，企业不仅需要负担设备维护费用，而且无法降低人力成本，因为需要部分员工进行自助服务设备推广与操作指导。

自助旅游的发展改变了传统旅游服务模式，也对旅游设施提出了新的要求，自助旅游服务设施在此背景下应运而生。通过对旅游业六大要素的梳理，我们可以发现自助服务设施在旅游领域内大有可为。然而在这些现象背后，其应用价值也值得人们深思。一方面，应该看到自助服务设施给游客带来了自由便捷的服务和新奇的体验，为旅游企业降低了人力成本，并展示了旅游企业良好的形象与品质。另一方面，也不能忽视复杂的操作设计、难以弥补的服务失败可能对游客的旅游体验产生的负面影响。游客年龄和文化的差异、企业对自助服务技术的信心都影响着自助服务设施在旅游业中的进一步推广。

科技是支撑旅游业快速发展的重要支柱，而自助服务设施是科技在旅游业中应用的重要成果。笔者对自助服务设施应用现状的梳理与价值分析，希望能引起我国旅游业对此方面研究的重视。此外，还有更多课题值得关注，例如自助旅游服务设施的设计原则与方法研究，自助旅游服务设施时空布局研究，自助服务设施与游客满意度的关系研究，自助服务设施与人工服务互补工作机制研究等。研究这些课题有助于在开发应用中解决潜在的问题，更好地满足不同游客的需求，并为旅游企业带来效益。自助服务技术与旅游业的结合定能带来光明的前景，但我们也应该清晰地认识到自助旅游服务设施还远没有发展成熟，它的技术特点、开发原则和应用效果都有待未来研究的进一步探索。

第五节　导游服务 App 与智慧旅游

随着智慧旅游时代到来，导游服务 App 的应用日益广泛。导游服务 App 能够确保导游服务质量，有效降低人工导游的噪声污染，提供更优质的导游讲解服务。在智慧旅游应用中，导游服务 App 具有地图指引、旅游咨询、旅游体验分享、导游词讲解等多项功能，可以为游客提供更加简洁、方便的操作页面，提供个性化信息服务，利用云计算、大数据拓展软件功能，收集游客的反馈意见，提高旅游服务质量，制定相应的发展对策。

在移动互联网时代，旅游服务商除了为游客提供传统的景点景区旅游服务，还需在营销模式和导游服务方面进行创新并为游客提供个性化服务。智慧旅游的体验式服务得益于多维技术的不断突破和移动智能终端的不断进步。导游服务 App 的诞生帮助游客实现了低成本、更便捷的出游，智慧旅游的"触摸时代"已经到来。

国际上比较注重游客与旅游的深层次关系以及智慧旅游给旅游业带来的整体效益，有学者把智慧旅游定义为使用移动数字连接技术创造更智慧、有意义和可持续的游客与城市之间的关联。而国内学术界更注重技术管理给旅游带来的效益。以张凌云、史云姬为代表的"管理变革论"，认为智慧旅游是以改善旅游体验、创新旅游管理、优化旅游资源配置为目标，进而提高旅游行业管理水平、扩大行业规模的现代化工程。笔者认为智慧旅游是利用云计算、物联网和移动互联网等新技术，通过互联网和便携的移动终端设备，主动感知旅游资源、经济活动和游客信息并及时发布，让游客准确了解旅游信息，帮助游客合理安排旅游计划。智慧旅游作为"互联网+"时代的创新产品，充分体现了以人为本的精神。

一、导游服务 App 的应用前景及优势

（一）导游服务 App 的应用前景

导游服务 App 是应用于智能手机等移动终端的第三方应用程序，主要提供与旅游景区导游相关的各种信息化服务。随着移动互联网技术的快速发展和智能手机的逐渐普及，移动手机应用软件的下载使用量激增，App 应用前景可观，国内 App 市场发展潜力巨大。App 技术的广泛应用为导游服务 App 的发展提供了良好基础。

(二)导游服务 App 的优势

1. 确保导游服务质量

导游服务 App 与人工导游讲解相比,能避免导游个人因素造成的服务质量良莠不齐,从而确保导游服务质量标准化,更在一定程度上解决了导游匮乏的问题,提升了旅游业的整体服务水平。

2. 有效降低人工导游的噪声污染

随着我国热门景点旅游人次的增多,噪声污染成为旅游景点面临的新问题。导游服务 App 中有讲解音频,游客可以使用导游服务 App 边浏览景点边听电子讲解。导游服务 App 避免了人工导游"讲解大喇叭"带来的噪声污染,能够为游客提供更加文明、和谐的旅游环境。

3. 提供更优质的导游讲解服务

传统的电子导游讲解器功能单一、适用范围狭窄、讲解内容单调、无法重复播放,无法适应游客的服务需求。导游服务 App 则更加智能,在实现各项基础功能的同时,还通过移动终端向游客展示了更多景点信息,使游客可以在欣赏风景的同时更深入了解景点的文化内涵。

4. 满足游客的个性化需求

导游服务 App 能利用物联网、云计算获取大数据,通过数据对游客进行深入了解,主动了解游客的个性化需求,为游客提供满意的服务。由"你卖什么我买什么"的传统旅游信息化模式转变为"我要什么你给什么"甚至"你能给我意想不到的服务"的高品质导游服务。例如热门的"小鹿智游"App,可以在游客旅游时轻松检测到附近景区的位置,游客到达景区后可以对所有具有游览价值的景点有所了解,而且它提供的电子讲解可以切换多种语言,游客只需下载一个简单的移动终端 App,便可感受到高效便捷的智慧旅游,极大地提升游客的旅游体验,让游客感受到全新的旅游乐趣。

二、导游服务 App 在智慧旅游中的应用

(一)具有地图指引功能

导游服务 App 中包含多种类型的网络地图、便捷的自动导航、丰富的旅游攻略和科学的旅游路线。例如,"美丽中国"App 向游客提供景区的旅游景点全景图片,

游客可以利用三维视角身临其境般地查看景区的风景、旅游设施和游览地图;"百度地图"App 可自动识别出到达景区的最短路线,为游客节约往返时间,使游客体验到高效便捷的旅游服务。

(二)具有旅游咨询功能

"百度地图"App 自动整合了旅游目的地"吃、住、行、游、购、娱"六项咨询服务,根据游客需要自动显示旅游目的地周边的餐饮、住宿、景点、购物、娱乐等情况,并向游客提供各种优惠、团购信息,使游客可以方便快捷地了解旅游目的地全部信息,实现了智慧旅游的体验式服务。

(三)具有网上分享旅游体验功能

游客可以在导游服务 App 上上传照片,分享旅游体验的方式和旅游心得,使其他游客了解景区的情况,并制作旅游攻略分享给其他游客,方便其他游客旅游出行。"美丽中国"App 开通了社交功能,游客可以通过微博、微信等社交账号登录 App,并同步微博、微信好友,好友们可实时了解到游客旅游轨迹。

(四)具有导游词讲解功能

"美丽中国"App 内置语音导游词讲解功能,游客可离线下载景区语音讲解文件或线上收听景点讲解词,讲解词设有多种语种及国内方言,任游客选择;语音导游词摒弃了传统讲解词的枯燥乏味,在总结了景点文化、历史等精华的基础上,由专业播音人员进行播报,为游客带来自在舒适的旅游体验。

三、导游服务 App 发展对策

(一)注重页面设计,为游客提供简洁、方便的操作页面

由于移动终端显示屏面积小、操作方式有限,导游服务 App 需要为游客提供更加简洁、方便的页面和操作系统。游客可以在操作页面中快速查询到景区的游玩攻略,从而加强游客的旅游体验。

(二)提供个性化信息服务

去哪儿旅行、携程旅行以及"飞常准"等应用软件已具备查询航班起降信息的

功能，为游客和接机人员提供了便利。过去只能在机场大屏幕前等待航班信息更新，而现在打开手机即可获得准确资讯。"飞常准"应用软件甚至可以提供飞机的飞行动态和出发地及目的地天气信息，这种特色信息服务对游客而言非常实用。此外，还可以在导游服务 App 中添加景点票务预订、景点图片查询和出行前注意事项等板块，更加方便游客规划行程。

（三）利用云计算、大数据拓展软件功能

可利用互联网、物联网和移动终端，通过导游服务 App，在游客登录使用后，自动记忆游客的资料和查询事项，整合游客的各项信息数据，经过智能的云计算、大数据处理，向游客推送其潜在需要的旅游信息和产品，既可以方便游客使用，又可以为旅游业创造更多价值。

（四）收集游客反馈意见，提高旅游服务质量

导游服务 App 可设置游客满意度调查板块，同旅游服务商合作，在游客使用软件及游览景区后让游客进行满意度评价，并将评价资料反馈给旅游服务商，方便其及时对景区设施和服务加以改进。

第九章　新媒体背景下旅游营销面临的挑战及对策研究

第一节　新媒体及旅游营销概述

一、新媒体

新媒体是指通过互联网和移动通信等数字技术进行信息传播的新型媒体形式。与传统媒体相比，新媒体具有互动性强、传播速度快、覆盖面广等特点，已成为信息传播的重要途径。新媒体的主要形式包括社交媒体、博客、视频分享平台、在线新闻网站等。

新媒体的出现和发展不仅改变了信息传播的方式，也大大影响了人们的生活方式和社会交往模式。社交媒体平台如微博、微信、Facebook、Twitter等，已成为人们日常交流和获取信息的主要渠道。视频分享平台如YouTube、抖音和快手等，不仅为普通用户提供了展示自我的舞台，也成为品牌推广和市场营销的重要阵地。此外，新媒体还具有数据驱动的优势，通过大数据分析和人工智能技术，可以更精准地了解用户行为和偏好，从而实现个性化推荐和精准营销。这种特性使得新媒体在广告投放、品牌传播和用户互动等方面，具有传统媒体无法比拟的优势。

二、旅游营销

旅游营销是指旅游企业通过各种市场营销手段和渠道，向潜在游客推广其产品和服务，以吸引更多游客消费并提高其满意度的过程。旅游营销的核心在于了解游客需求，制定有针对性的营销策略，从而实现旅游企业的市场目标。

旅游营销的成功与否，取决于对市场和消费者的深入研究。通过市场调研和数据分析，旅游企业可以了解不同游客群体的需求、兴趣和购买行为，从而制定出更具吸引力的旅游产品和服务。例如，有些游客偏爱自然风光，有些则钟情于文化体验，还有些关注旅游的舒适度和服务质量。针对这些不同的需求，旅游企业可以设计出多样化的旅游线路和产品，满足不同游客的期望。

同时，随着数字技术的发展，旅游营销的方式也在不断创新。通过新媒体平台，旅游企业可以更加便捷地与游客互动，发布最新的旅游资讯和优惠活动，利用用户生成内容（UGC）进行口碑传播，甚至通过虚拟现实（VR）和增强现实（AR）技术提供沉浸式的旅游体验。这些新兴技术和手段，不仅提升了游客的参与感和满意度，也为旅游企业带来了新的增长机遇。

第二节　新媒体背景下旅游营销面临的挑战

一、旅游营销理念落后，无法适应新媒体要求

在新媒体快速发展的背景下，传统的旅游营销理念显得尤为滞后。许多旅游企业仍然依赖于传统的营销手段，如广告、宣传册等，忽视了新媒体所带来的互动性和即时性。这使得他们在面对年轻一代消费者时，难以有效吸引和留住顾客。此外，传统营销理念往往以旅游企业为中心，忽视了以消费者为中心的需求，无法充分利用新媒体平台的优势，导致营销效果不佳。

二、缺乏完善的旅游产品划分标准体系

在新媒体时代，消费者对于旅游产品的需求日益多样化和个性化。然而，许多旅游企业缺乏一个科学、系统的旅游产品划分标准体系，导致产品同质化严重，无法满足不同消费者的个性化需求。这不仅影响了消费者的选择体验，也制约了旅游企业在新媒体上的精准营销能力。

三、旅游营销模式较为单一,缺乏多元化

目前,许多旅游企业的营销模式仍然较为单一,主要依赖于传统的广告推送和简单的线上促销活动。这种模式在新媒体环境下显得格外乏力,无法充分调动消费者的参与感和积极性。缺乏多元化的营销策略,如社交媒体互动、内容营销、用户生成内容等,使得旅游企业难以在竞争激烈的市场中脱颖而出。

四、缺乏完善的售后服务体系

新媒体的即时性和互动性要求旅游企业不仅要在售前和售中提供优质服务,还要在售后阶段保持与消费者的紧密联系。然而,许多旅游企业在售后服务方面存在明显不足,缺乏系统和高效的服务体系,无法及时处理消费者投诉和反馈。这不仅影响了消费者的满意度,也对旅游企业的品牌形象造成了负面影响。

五、缺乏专业的新媒体旅游营销人员

新媒体营销需要具备专业的知识和技能,包括内容创作、数据分析、社交媒体运营等,然而,目前许多旅游企业在这方面的人才储备明显不足,既缺乏系统的培训机制,也缺乏专业的营销团队。人才短缺导致旅游企业在新媒体上的营销活动往往质量不高,难以取得预期效果。

六、缺少科学营销规划和实施策略

科学的营销规划和实施策略是确保营销效果的关键。然而,许多旅游企业在新媒体营销方面缺乏系统的规划和策略,往往是临时起意、随意操作。这种缺乏战略性的营销行为不仅浪费了资源,还可能导致品牌形象的混乱和消费者信任度的下降。

第三节 新媒体背景下旅游营销应对挑战的对策

面对上述挑战,旅游企业需要采取一系列有效的对策,以适应新媒体环境下的

市场需求。

一、更新旅游营销理念，适应新媒体要求

在当今数字化和信息化迅速发展的时代，传统的旅游营销方式已经难以满足日益变化的消费者需求。旅游企业应当主动更新营销理念，认识到新媒体所带来的互动性和即时性优势，并将营销重心从旅游企业自身的宣传转向满足消费者的需求。

首先，旅游企业应充分利用社交媒体平台，如微信、微博等，通过这些平台与消费者进行实时互动，分享旅游资讯、旅游攻略和用户体验故事。通过发布高质量的内容和开展线上互动活动，吸引潜在客户的关注，并增强现有客户的忠诚度。同时，结合热点话题和节日活动，推出有针对性的营销活动，提升品牌的曝光率和影响力。

其次，直播平台和短视频应用也成为旅游企业不可忽视的营销渠道。通过直播旅游景点、酒店设施和本地特色活动，旅游企业可以让消费者身临其境般地感受旅游产品的魅力，激发他们的旅游欲望。短视频平台如抖音、快手等，因其短小精悍、直观生动的特点，能够迅速吸引用户的注意力。旅游企业可以通过创意短视频展示产品特色和用户体验，进一步增强品牌的吸引力和用户黏性。

二、建立科学的旅游产品划分标准体系

为了更好地满足消费者多样化和个性化的旅游需求，旅游企业应当建立科学、系统的旅游产品划分标准体系。这不仅有助于旅游企业精准定位消费者需求，还能提升产品的市场竞争力和消费者的满意度。

首先，旅游企业应根据不同的消费者群体，制定详细的产品划分标准。比如，可以根据年龄、性别、收入水平、兴趣爱好、旅游偏好等因素，将消费者划分为不同的细分市场。针对每个细分市场，设计和推出符合其需求的旅游产品。例如，针对亲子家庭，可以推出包含乐园游、亲子活动的家庭套餐；针对年轻情侣，可以设计浪漫主题的蜜月旅行产品；针对老年群体，可以推出舒适、安全的养生旅游线路。

其次，利用大数据分析技术，对市场需求进行精准把握。通过分析消费者的历史购买记录、搜索行为、社交媒体互动等数据，了解他们的真实需求和偏好。基于这些数据，旅游企业可以进行产品的细分和定制，提供更加个性化的服务和体验。例如，可以通过数据分析发现某一段时间内某地的旅游热度较高，及时推出相应的

旅游线路和优惠活动。

最后，建立科学的旅游产品划分标准体系还需要考虑产品的多样性和创新性。在保证产品基本质量的前提下，不断推出新颖、有特色的旅游产品，以满足消费者日益增长的多样化需求。例如，可以结合当地的文化和自然资源，设计独具特色的主题旅游线路，如文化遗产游、生态旅游、探险旅游等。

三、多元化营销模式，提升用户参与感

旅游企业应当探索多元化的营销模式，以满足现代消费者日益多样化的需求。在社交媒体互动方面，可以通过举办线上线下活动、发布有趣的互动内容来吸引用户参与，并利用用户生成内容（UGC）来增强社交媒体的活跃度和用户黏性。内容营销方面，可以通过制作高质量的旅游攻略、目的地介绍、旅行故事等，吸引用户关注和分享，从而提升品牌知名度和美誉度。此外，还可以与旅游博主、关键意见领袖（Key Opinion Leader，KOL）合作，通过他们的影响力带动品牌的传播和销售。在用户生成内容方面，可以鼓励用户分享自己的旅行体验和照片，通过设立奖励机制，如点赞数最高的用户可以获得免费旅游套餐或其他奖励，激发用户的参与热情。这些多元化的营销手段不仅可以提升用户的参与感和积极性，还能增强品牌的吸引力和影响力，形成良好的口碑传播效应，进一步推动旅游企业的发展。

四、完善售后服务体系，提高用户满意度

旅游企业应当建立完善的售后服务体系，确保在服务的各个环节都能及时、有效地解决消费者的问题。这不仅包括传统的电话和邮件支持，还应当充分利用现代化的技术手段，如在线客服、社交媒体反馈以及智能客服机器人等渠道。通过这些多元化的渠道，旅游企业可以实现全天候的客户支持，缩短响应时间，快速解决用户在使用产品或服务过程中遇到的各种问题。

同时，旅游企业还应定期分析和总结消费者的反馈信息，及时调整和优化售后服务策略。通过数据分析，识别出服务中的薄弱环节，制定针对性的改进措施。旅游企业还可以建立客户满意度调查机制，定期收集用户的意见和建议，了解用户对售后服务的满意度及其需求变化，从而持续优化服务质量。

此外，为了进一步提高用户满意度和忠诚度，旅游企业可以引入个性化服务策略。例如，根据用户的历史购买记录和行为数据，提供定制化的解决方案和专属优

惠。通过这些措施，旅游企业不仅能够提高用户对品牌的信任度，还能增强其用户黏性，形成良好的口碑效应。

五、培养专业的新媒体旅游营销人员

旅游企业应当加强对新媒体旅游营销人员的培训和培养，建立系统的人才培养机制。首先，旅游企业需要引进具备新媒体营销经验和旅游行业知识的专业人才，为团队注入新鲜血液。这些专业人才能够带来先进的营销理念和实战经验，帮助旅游企业在新媒体平台上更好地开展营销活动。

其次，旅游企业应当为现有员工提供系统化的内部培训，内容涵盖新媒体运营技巧、数据分析能力、内容创作能力等方面。通过定期举办培训课程、工作坊和研讨会，提升团队成员的专业素质和综合能力。旅游企业还可以鼓励员工参加行业内的专业认证考试，提升其职业素养和竞争力。

在新媒体营销人员的培养方面，旅游企业应定期组织内部培训和外部学习交流活动，帮助员工及时了解行业动态和新媒体营销的最新趋势。此外，企业还可以与高校、研究机构合作，共同开展新媒体营销相关的课题研究，为员工提供更广阔的学习平台。

再次，旅游企业还应注重新媒体营销人员的激励机制。通过提供具有竞争力的薪酬福利、职业发展机会以及团队建设活动，增强员工的归属感和工作积极性。同时，企业可以设立奖励制度，对于在新媒体营销中表现突出的员工给予物质和精神上的奖励，以激发团队的创新精神和工作热情。

为了保证新媒体营销活动的高效开展，旅游企业应当建立明确的绩效考核机制，对新媒体营销人员的工作效果进行定期评估。通过设立明确的绩效指标，如社交媒体的粉丝增长量、用户互动率、内容传播效果等，激励员工不断提升工作质量和效率。

最后，旅游企业应重视新媒体营销人员的个人成长和职业规划。通过建立完善的晋升机制和职业发展路径，帮助员工明确职业目标，激发其长期为企业发展贡献力量的动力。

六、制定科学的营销规划和实施策略

在当今竞争激烈的市场环境中，科学的营销规划和实施策略对于旅游企业的成功至关重要。旅游企业应当深刻理解市场动态和消费者需求，制定出精准的营销策略，确保每一次营销活动都有明确的目标和步骤，从而实现品牌价值的提升和市场份额的扩展。

首先，旅游企业需要进行全面的市场调研和数据分析。通过调研可以了解市场的需求变化、竞争对手的动态以及消费者的购买行为和偏好。数据分析则能够帮助旅游企业掌握市场的整体趋势和潜在机会。通过将市场调研与数据分析结果相结合，旅游企业可以制定出切实可行的营销方案，为营销活动奠定坚实的基础。

其次，明确的目标设定是科学营销规划的核心。旅游企业应当根据市场调研结果和自身的战略目标，设定具体、可衡量、可实现、相关性强且有时间限制的营销目标（即 SMART 原则）。明确的目标有助于旅游企业在营销过程中保持方向一致，并能够在实施过程中进行有效的监控和调整。

最后，旅游企业需要制定详细的实施策略和步骤。实施策略应包括目标市场的选择、营销渠道的确定、营销信息的传递方式以及营销预算的分配等内容。旅游企业可以通过多种渠道，如数字营销、社交媒体、传统广告、公关活动等，来传递品牌信息和推广产品。同时，合理分配和利用资源，确保每一分钱都花在刀刃上，以达到最佳的营销效果。在实施策略中，旅游企业还应注重营销活动的创新性和互动性。现代消费者更倾向于参与互动性强、体验感好的营销活动。因此，旅游企业可以通过创意营销活动、线上线下联动、用户生成内容等方式，增强消费者的参与感和品牌忠诚度。

综上所述，新媒体的迅猛发展为旅游营销带来了机遇，也带来了挑战。旅游企业需要在新的媒体环境中不断学习和适应，通过更新旅游营销理念、完善售后服务体系、培养专业的新媒体旅游营销人员等措施，进行精准营销、品牌建设，提升自身的市场竞争力。未来，随着新媒体技术的进一步发展，旅游营销将迎来更多的变化和可能性，旅游企业需要保持敏锐的市场洞察力，不断调整和优化其营销策略。

第十章 数字化营销对旅游景区和智慧平台乡村旅游提升建设探究

第一节 数字化营销在旅游景区领域的探究

  旅游业是拉动服务业的龙头产业，航空、餐饮、酒店等行业都和其存在着较大的关系。在国民经济发展的历程中，旅游业每增加1元收入，都会给相关的产业带来4.3元的增值效益。旅游业产业结构的调整，可以在很大程度上解决一部分的就业问题和统筹城乡发展的问题，尤其是对地方经济的拉动，起到了很强的突出性作用。以微信、微博等代表的Web 2.0，也开始逐渐向着个性化、去中心化Web 3.0过渡，网络营销价值将越来越凸显。旅游活动方面的消费者，也开始结合个性化需求，建立数字化的营销方式，比如消费者在线购票的消费习惯已经逐渐养成。数字化营销体现了很强的信息集成性、产品信息丰富性、跨时空性、经济性、服务个性化特点。数字营销在旅游景区应用的历程中，挖掘了大量潜在旅游消费者，让旅游景区营销信息传递更有效。但是，在实践的过程中，依然存在景区营销理念相对滞后，景区营销人才相对匮乏，存在数据泛滥化趋势和潜在道德风险，精准营销拓展市场难度较大等问题。鉴于此，如何将数字化技术融入营销方式中？旅游景区领域如何打造品牌知名度，吸引更多的潜在客户？这些问题成为了当前趋势下，需要重点探究的对象。

一、大数据视域下旅游景区营销创新的必要性

  第一，景区的吸引力下降，并且竞争力出现了弱化的现象，那么旅游景区就需

要结合实际，对数字化营销实施有效的创新。对于部分旅游景区来说，基本上都是属于资源导向的类型，并且在供应链的建设上，处于初级、低端的层面上，游客想要获得门票，方式也比较单一。依靠自然的吸引力或者是竞争力的能力开始逐渐降低，并且还有不少旅游景区出现了明显的滞后性。在当前的历史时代中，呈现了体验式的发展路径。旅游景区也需要依据游客的意愿服务，让游客真实地感知到过程付费的体验感。以此为基础，建立新型的盈利点，结合资源优势，打造情感的体验品牌，保持很好的创造性。要最大限度地让游客在旅游景区"空间与时间"的转化下，感知深度的体验，并且提升大众对景区的深度理解。

第二，随着数字化的不断发展，数字化技术为各个领域注入了新鲜的"血液"。旅游景区也不例外，也需要在数字化的技术上，建立新型的数字化营销模式。但是，在实际的发展历程中，旅客对传统的营销模式已经审美疲劳，如果旅游景区不能及时创新，就会降低自身的核心竞争力。在传统理念的基础上，旅游景区仅仅使用自身的自然资源，已经不能满足当前的发展需求。需要建立多渠道的营销方式，创新营销形式，保持景区的吸引力，保持合理的审美水平。结合多元化的游客需求，保持旅游产品服务与数字化的结合。

第三，随着信息化技术的不断普及，大数据也逐渐得到了很强的应用。大数据的营销方式给景区的营销思维带来了很大的冲击力。旅游景区的数据化营销方式，可以在时间和空间不受限制的情况下，得到很好的诠释。大数据的方式，可以让旅游景区的营销更加精准，定位更加清晰，保持数据支持的可靠性。要在大数据的基础上，分析游客的行为习惯与消费特征，并且转变为实际的旅游景区销售，达到创新性的变革。

二、数字化营销在旅游景区领域的应用

旅游业作为全球经济的重要组成部分，随着数字化科技的进步而不断发展。数字化营销在旅游景区的应用，不仅提高了景区的知名度和吸引力，还改善了游客的整体体验。本文将从三个方面探讨数字化营销在旅游景区的应用：社交媒体营销、移动应用程序和大数据分析。

（一）社交媒体营销

社交媒体已成为当今世界信息传播和交流的重要平台。对于旅游景区而言，社交媒体不仅是展示自身形象的窗口，更是吸引游客的有效渠道。

1. 建立品牌形象

旅游景区通过社交媒体可以轻松建立和维护品牌形象。以 Instagram 和 Facebook 为例，景区可以通过发布美丽的照片、吸引人的视频和精彩的故事来吸引游客的眼球。这些内容能够直观地展示景区的独特魅力，激发潜在游客的探访欲望。例如，国内一些著名景区通过发布高质量的风景照片和游客的积极评价，成功吸引了大量关注者。

2. 用户生成内容 (UGC) 的力量

用户生成内容在社交媒体营销中具有重要作用。游客在游览过程中的照片、视频和评论，不仅能够提升目的地的可信度，还能产生强有力的口碑效应。当潜在游客看到身边人分享的真实体验时，往往会更加倾向于选择该景区。为了激励游客分享，许多景区会组织摄影比赛或提供社交媒体分享的优惠活动，使游客愿意积极参与内容生成。

3. 精准营销与广告投放

社交媒体平台提供的广告工具，使景区能够进行精准的市场营销。通过分析用户的互动行为和偏好，景区可以将广告投放给特定的目标群体，提高广告的触达率。例如，某旅游景区可以使用 Facebook 的广告投放功能，将广告定向到对户外探险感兴趣的用户，从而有效地提高点击率和转化率。

（二）移动应用程序

随着智能手机普及，旅游景区开发专属的移动应用程序已成为新趋势。移动应用为游客提供了更便捷的服务，同时也是景区进行数字化营销的重要工具。

1. 提供便捷的游览服务

移动应用程序可以为游客提供方便的游览服务，如电子门票购买、导览图以及游览推荐等功能。这些服务使游客能够在访景区时更加顺利，提高了整体体验。例如，一些景区应用提供了实时的排队信息，帮助游客合理安排游览时间，避免长时间排队的困扰。

2. 个性化推荐与营销

通过收集用户在应用中的行为数据，景区可以实现个性化的推荐服务。例如，如果用户在应用中选择了某个特定的活动或景点，系统可以根据他们的兴趣和偏好，推送相关的产品和信息。这种个性化的体验不仅使用户感到受到重视，同时也能够有效提高景区的二次消费。

3. 互动与社群建设

在旅游行业中，精准把握不同人群的消费需求是制定有效广告投放策略的关键。随着旅游市场的多元化发展，消费者的偏好日益细分，从年轻背包客的探险寻求，到家庭出游的温馨体验，再到中老年群体的养生休闲，每个群体都有其独特的旅行愿望和消费习惯。

对于追求新鲜刺激的年轻人而言，社交媒体上的极限运动、特色民宿和异国美食的广告更能吸引他们的注意。这些广告往往采用动感十足的视觉效果和个性化的语言，鼓励年轻人走出舒适区，探索未知的世界。

家庭出游的决策则更多地围绕着孩子的教育与娱乐，以及家庭成员间的互动体验。因此，针对这一人群的广告投放应聚焦于亲子游项目、寓教于乐的主题公园以及安全舒适的住宿选择，传递出温馨、快乐的家庭氛围。

中老年群体则更倾向于选择环境优美、设施完善的度假胜地，以享受宁静的退休生活和健康的养生体验。针对他们的广告投放，应强调旅游目的地的自然风光、空气质量、医疗设施及特色养生服务，传递出健康、安逸的生活理念。

通过深入分析不同人群的消费需求，旅游企业可以更加精准地定位目标客户，设计符合其期望的旅游产品和服务。同时，结合大数据和人工智能技术，实现广告的个性化推送，不仅提升了广告投放的效率，也增强了消费者的旅游体验，促进了旅游市场的繁荣发展。

第二节　基于智慧平台的乡村旅游提升建设探究——以江西婺源为例

一、婺源乡村旅游发展现状分析

（一）旅游资源丰富

婺源是我国典型的山区县，拥有良好的生态环境和丰富的人文资源，被誉为"中国最美的乡村"，是全国唯一一个以整个县命名的国家AAA级旅游景区。目前县域内有1个5A级乡村旅游景区，3个国家历史文化名村、12个全国民俗文化村、10个省级历史文化名村，全国文物保护单位13处，2个古村落列入世界文化遗产预备名单。婺源现有古祠堂113座，古府第28栋，古桥187座，古民居更是数不胜数，乡村旅游资源十分丰富。

（二）发展背景优越

婺源位于赣东北，区位优势较好。周边有庐山、黄山、武夷山等著名旅游景区，世界文化遗产聚集。境内主要交通有307、308省道及杭瑞、杭新高速，合福铁路与九景衢铁路的建成进一步完善了婺源交通体系。此外，婺源县政府重视旅游发展，致力于打造"中国第一旅游强县"，乡村旅游发展具有较好的政策优势。2012年，婺源被批准为国家乡村旅游度假试点，2013年婺源县被成功列入国家智慧城市试点县，这些都为婺源乡村旅游的信息化发展和转型升级提供了良好的机遇。

（三）品牌知名度高

婺源乡村旅游经多年发展获得了系列荣誉，如："首批中国旅游强县""国家级文化与生态旅游县""全国生态农业旅游区""中国青年喜爱的旅游目的地""CCTV中国最美村镇年度品牌""中国最佳山水文化旅游名县""全国休闲农业与乡村旅游示范县""全国旅游标准化示范县"等。2023年，旅游人数飙升至2620.3万人次，旅游综合收入也达到了256.8亿元。集众多美誉于一身的"全国最美乡村"具有很高的市场知名度与美誉度，为县域旅游品牌的提升打下了良好的基础。

二、婺源乡村旅游发展存在的问题

（一）旅游资源保护不足

文物资源保护不足。在"现代化"和经济利益的驱使下，村民拆古建盖新房、任意沿巷道破墙开店的现象层出不穷，给古村落风貌带来了不协调；有些巷道和古建，由于年久失修，保护资金不足，出现电线老化、白蚁侵蚀等问题，受损严重；部分村落在开发建设中，由于缺乏科学合理的规划，使古村落的"乡村性"受到破坏。此外，随着游客数量的不断增多，节庆期间景区游客容量超载，给乡村生态环境也带来了一定程度的破坏。

（二）旅游产品层次单一

目前婺源的乡村景区多局限于古村落和农业观光型旅游产品，乡村休闲度假深度体验类旅游产品仍有待加强建设,大部分旅游乡村都还面临着转型升级的迫切需求。尤其在游览项目的布局和建设上,由于缺乏参与性、体验性、趣味性的娱乐项目,致使对游客的吸引力不足,游客在景区逗留的时间短、消费低,重游率不高。其次,婺源古村落具有悠久的历史传承和丰厚的文化积淀,但由于对乡村文化内涵挖掘不足,造成乡村景区的特色性和差异性缺失,使游客对乡村景区具体形象的感知度不高。

(三)旅游基础设施不完善

婺源地处赣东北丘陵地带,道路弯曲复杂,交通道路多由村级道路升级而来,交通路网不发达,现有的交通标识系统也不够完善,不利于旅游高峰期人流、车流的顺利流通。在住宿方面,婺源的旅游宾馆数量较多,但部分旅游宾馆设施简陋,服务意识较差,旅游服务质量总体水平还比较低,尤其是在旺季,很多宾馆的价格高得令人咋舌。旅游餐饮方面,质量水平参差不齐,部分乡村旅游餐饮地点的卫生条件不能得到保障,且存在着"宰客"现象。旅游基础设施的不完善,影响着婺源乡村旅游者的旅游体验,不利于游客满意度的提高。

(四)乡村旅游产业有待提升

目前婺源乡村旅游产品的层次还比较单一,乡村旅游在与旅游地产、康体养生、会议会展、文化娱乐、商业等的融合度上还较低,使得乡村旅游产业链较短,制约了婺源乡村旅游产业的关联带动作用,影响着乡村旅游经济结构的优化。长期以来,门票是婺源乡村景区的主要收入,景区内部旅游六大要素配置不合理,社区居民的参与能力不足,旅游经济的带动效应不明显,社区居民获益有限,导致社区与景区矛盾激化,影响着景区的可持续发展。

三、智慧旅游提升婺源乡村旅游的内容和路径分析

(一)打造婺源智慧乡村旅游云数据中心

打造一个集成婺源所有乡村旅游资源、旅游信息、乡村旅游"吃、住、行、游、购、娱"六大要素相关的数据库,全面地反映婺源乡村旅游资源的概况。婺源智慧乡村旅游数据库可包括以下几个子数据库:婺源乡村旅游景点资源数据库、婺源乡村旅游者数据库、婺源乡村餐馆数据库、婺源乡村旅馆数据库、婺源乡村旅游娱乐

项目数据库、婺源乡村特色商品和特色农产品数据库、婺源乡村旅游自助线路数据库等。该数据库与各行业有关部门的网络互联互通，并建立与之配套的信息共享机制、各部门协调运行机制，保证数据的动态更新与维护，为整个旅游信息管理体系提供数据支持，为管理者的决策提供科学依据。

（二）构建婺源智慧乡村旅游管理体系

1. 实现对旅游资源的有效管理

首先，智慧旅游能够有效地整合乡村旅游资源，突出各乡村旅游资源的特色，有利于不同乡村主题的营造，避免资源的重复建设和浪费。通过网络智能监控，还能够对乡村旅游经营实况进行全方位管理，有利于乡村旅游资源的统一规划、建设和管理。其次，智慧旅游的网络监管技术能克服乡村旅游资源分布分散的劣势，实现对乡村的文物保护、大气环境、水体环境、生物环境、垃圾排放等的有效监控，借助数据分析系统，为乡村旅游的可持续发展提供技术指导。

2. 打造智慧乡村旅游安全管理系统

借助婺源智慧试点城市的打造，与公安、市场监督管理、质检、交通等部门合作，共享智慧旅游网络系统信息数据，生成智慧旅游预警机制和智慧旅游预测机制。同时更好地对市场秩序进行监管，避免旅游经营中强买强卖等不良现象的发生。通过实时监控，变被动管理为主动管理。

3. 提升对旅游交通系统的智慧管理

借助物联网、WLAN 等技术，管理部门可对旅游交通进行实时监测，对进入婺源县的游客进行定位，通过短信或终端的方式对各乡村旅游路段的交通状况、停车位状况进行实时播报，引导旅游者到交通路段良好的乡村旅游点优先游玩，从而有效地避免交通拥堵。

（三）完善婺源智慧乡村旅游服务体系

智慧旅游以旅游者的需求为核心，按照旅游者旅游前、旅游中、旅游后三个阶段不同的心理状态，为游客打造全方位个性化、贴心化、智能化的旅游服务。

出游前，游客可登录婺源智慧乡村旅游网站，获取乡村旅游的全面信息，包括目的地乡村当前的天气、游客量、正在举办的旅游活动等，为出行决策提供依据；同时游客还可在该平台获得乡村旅游地门票、餐饮、住宿、娱乐、交通等相关预订和支付服务。

在旅游活动过程中，游客可在乡村旅游目的地获得免费的 Wi-Fi 服务，同时还可登录智慧旅游平台或扫客服中心的二维码，下载乡村旅游目的地的乡村智慧旅游App。该软件可以为游客提供导航、导览、导游、导购等智能服务。游客可借助智能手机、平板电脑等终端自主导览，碰到感兴趣的景点，可扫景点标识系统上的二维码进行深入了解，延长旅游者在目的地停留的时间。在节省旅行费用的同时，加强游客对乡村旅游目的地的深层感知，以及对乡村旅游目的地民风民俗的深入体验。

游览结束后，旅游者可以登录智慧乡村旅游平台或通过微博、微信等方式，进行互动点评，对旅游景点、餐饮、住宿、娱乐活动等进行评论分享。若旅游行程中有所不满，则可在该平台的智慧旅游诚信系统进行投诉，从而保障旅游者权益，推动政府部门对乡村旅游市场的有效监管，对乡村旅游服务水平的提高也起到了无形的监督作用。

（四）创新婺源智慧乡村旅游营销体系

1. 完善婺源乡村旅游官网

首先，增加旅游餐饮、住宿、门票等预订、支付服务，提升婺源乡村旅游在线服务的功能。其次，鼓励帮助乡村旅游农家乐、民俗户等建立自己的相关网站，提高农户的旅游参与水平，同时满足游客不同层次的、多元化的住宿、餐饮、娱乐需求。

2. 打造智慧乡村旅游全程营销体系

游客在进入婺源时，会收到相关景区推送信息；在乡村景点旅游时，会收到周边餐饮、住宿、娱乐等推送信息，有利于乡村旅游资源要素的合理配置；游客在游完景区后，可及时通过微博、微信、网络社区等与人分享旅游的精彩图片等内容，实现分享营销。

3. 打造智慧乡村旅游微营销体系

加强微博、微信、微视频、微电影等微营销，使交通闭塞的乡村旅游地跳出地理、资金等方面的劣势，通过多媒体资源的全方位展示，提升乡村目的地的游客感知度。

4. 建立特色商品、农产品营销体系

智慧旅游可以促进旅游业、农业、信息化产业融合发展，对乡村旅游商品的营销体系进行创新。如引入FTF（Farm to Family）概念，把土地针对城市旅游者进行拍卖，旅游者可选择土地种植的作物，聘请社区农民进行看护、管理，并在家中对自己的"农场"进行实时视频观测。看到农产品成熟时，便可驱车前来采摘。这种方式避免了农民对信息化、在线营销不敏感的因素，同时能增加旅游者对目的地旅游乡村的情感依恋，增加旅游者的重游率。

（五）构建婺源智慧乡村旅游人文体系

1. 要加强智慧旅游与乡村旅游文化的融合

首先，通过现代技术促进旅游资源与乡村文化历史、艺术、民间瑰宝传承的结合，凸显乡村旅游的文化内涵。如对一些残损的古建筑，游客通过扫二维码，可以观览到建筑古时的完好风貌，甚至进行虚拟体验。其次，智慧乡村在建设中要注意合理布置电子触摸屏等终端设备、隐形监控设备、智能标识牌等硬件设备，防止对"乡村性"的破坏。

2. 注重人文关怀，打造智慧乡村

智慧乡村旅游的建设不单服务于游客，也应使乡村居民获益。政府通过智慧管理系统建设，可对乡村的排水、排污等卫生环境进行提升改造，为社区营造良好的环境。通过加强对社区居民信息化技能水平和服务意识的培训，协助农家乐、民俗户等开发独立网站，加强社区居民与旅游者的直接互动，推动乡村C2C（Customer to Customer，个人与个人之间的电子商务）直销模式的形成，提高社区居民的旅游参与度，增加其旅游收益，促进乡村旅游的和谐发展。

参考文献

[1] 赵桂红，郭家羽，王琳烁，等.老年旅客"管家式"数智化旅游服务推荐——基于服务供应链的方案设计［J］.综合运输，2024，46（07）：152-158.

[2] 李晓光.数智化打开登封文旅创新发展新场景［N］.郑州日报，2024-07-17（005）.

[3] 孙颖.文旅融合背景下高校英语教学数智化转型路径探索［N］.中国旅游报，2024-07-15（004）.

[4] 卞铖.数智赋能鄞州特色文化创意产业高质量发展路径研究［J］.现代商业，2024（13）：93-96.

[5] 王金伟，陆林，王兆峰，等.新质生产力赋能旅游业高质量发展：理论内涵与科学问题［J］.自然资源学报，2024，39（07）：1643-1663.

[6] 于霞，张密，郭向超.新文科背景下旅游管理专业教学改革路径：数智化［J］.杨凌职业技术学院学报，2024，23（02）：95-98.

[7] 张芳方，唐玉藏.浙江省数智化旅游服务贸易国际竞争力提升研究［J］.中国市场，2024（16）：13-16.

[8] 孟文杰，孙晓瑜，王政凯，等.数智化背景下山东文旅数据中台设计［J］.无线互联科技，2024，21（10）：93-95.

[9] 王雪平.数智化背景下聊城市文化旅游业升级策略研究［J］.西部旅游，2024（10）：58-60.

[10] 孙中芹.数智赋能体育旅游品牌创新、质量提升的机制及路径研究［J］.体育科技文献通报，2024，32（05）：108-111.

[11] 崔冰艺.数智化赋能旅游业高质量发展的作用机理研究［J］.旅游与摄影，2023（18）：4-6.

[12] 封国佳.桂林市体育旅游数智化发展策略研究［D］.广西师范大学，2023.

[13]杨颖,郭晶."数智化"赋能革命老区特种旅游应用途径及发展策略[J].社会科学家,2022(12):58-64.

[14]王曰影.数智化赋能旅游业高质量发展的作用机理与实施方略[J].价格理论与实践,2022(10):179-182+215.

图书在版编目（CIP）数据

数智化背景下旅游产业发展与创新研究 / 冯国华著.
北京：旅游教育出版社，2024.12. -- ISBN 978-7
-5637-4778-8

Ⅰ．F592.3

中国国家版本馆CIP数据核字第2024MA8454号

数智化背景下旅游产业发展与创新研究

冯国华　著

策　　划	李荣强
责任编辑	李荣强
出版单位	旅游教育出版社
地　　址	北京市朝阳区定福庄南里1号
邮　　编	100024
发行电话	（010）65778403　65728372　65767462（传真）
本社网址	www.tepcb.com
E - mail	tepfx@163.com
排版单位	北京旅教文化传播有限公司
印刷单位	唐山玺诚印务有限公司
经销单位	新华书店
开　　本	787毫米×1092毫米　1/16
印　　张	13
字　　数	198千字
版　　次	2024年12月第1版
印　　次	2024年12月第1次印刷
定　　价	78.00元

（图书如有装订差错请与发行部联系）